dtv MERIAN reiseführer

# Wien

Von Lukas Lessing



Deutscher
Taschenbuch
Verlag

Gräfe und Unzer Verlag, München
Reiseredaktion
Redaktion: Claudia Strand
Lektorat: Karin Szpott
Bildredaktion: Claudia Strand
Kartenredaktion: Dagmar Piontkowski

**Wir freuen uns, Ihre Meinung zu diesem Reiseführer zu erfahren. Bitte schreiben Sie uns, wenn Sie Berichtigungen und Ergänzungsvorschläge haben oder wenn Ihnen etwas besonders gut gefällt.**

Gräfe und Unzer Verlag
Reiseredaktion
Stichwort: dtv MERIAN
Postfach 40 07 09
Isabellastraße 32
80 707 München

Originalausgabe
1. Auflage 1995
Deutscher Taschenbuch Verlag
GmbH & Co. KG, München

Visuelles Konzept und
Umschlaggestaltung:
Klaus Meyer/Jorge Schmidt,
München
Umschlagfoto: Hans Madej
Das Riesenrad auf dem Prater
Kartographie: Huber, München
Produktion:
Verlagsbüro Walter Lachenmann,
Waakirchen-Schaftlach
Druck und Bindung:
Kösel, Kempten

Printed in Germany
ISBN 3-423-37008-4

## Inhalt

## Spaziergänge und Ausflüge

A ↓ Z

## Allgemeine Informationen



Bei eine »Melange« ode einem »Kleine Braunen« läßt es sich im Kaffee haus trefflich diskutierer

Täglich frischer
Apfelstrudel

# Erste Begegnung mit Wien

## Erste Begegnung mit Wien

Wien braucht Zeit. Wien werden Sie nicht nach einer Woche Aufenthalt verstehen, nicht nach zwei Wochen, nicht nach einem Monat. Nicht nach einem Jahr. Nach drei Jahren – wohl kaum. Nach fünf Jahren – unwahrscheinlich. Nach ein paar Jahrzehnten – vielleicht. Nach einem Menschenleben – gut möglich. Daraus dürfen Sie sich allerdings nichts machen, das braucht Ihnen nicht leid zu tun. Vielleicht werden Sie Wien trotzdem lieben, schon am ersten Tag. Oder hassen, gleich nach der Ankunft. Wir werden sehen.

### Die Stadt und ihre Bezirke

Sie werden sich in Wien ohne allzugroße Schwierigkeiten zurechtfinden. In der Mitte steht der Dom, die Stephanskirche. Rundherum liegt das Zentrum, die »Innere Stadt«, der I. Bezirk innerhalb der ehemaligen mittelalterlichen Festungsmauern. Die wurden freilich Mitte des letzten Jahrhunderts abgerissen, um Platz für die geballte Zurschaustellung der ausklingenden Donaumonarchie und des aufstrebenden Bürgertums zu schaffen – für die prächtige Ringstraße. Dieser Boulevard ist jedoch gar nicht ring-, sondern hufeisenförmig (doch was ist in Wien schon so, wie es heißt?). Nur zusammen mit dem Franz-Josefs-Kai entlang des Donaukanals umfaßt er das Zentrum der Stadt.

Heute ist die Innenstadt vor allem im Bereich Hofburg, Museen und Kärntner Straße Touristenmekka. Die Fiaker stauen sich in den engen Straßenzügen ihrer Rundfahrtsrouten, Studenten in Mozart-Verkleidung sprechen Touristen an, um ihnen Karten zu zweifelhaften »Mozart-Konzerten« (drittklassige Orchester in neu genähten »Originalkostümen«) zu verkaufen. Japanische Restaurants öffnen überall nahe der großen Sehenswürdigkeiten, Nebenstraßen der innerstädtischen Fußgängerzone werden mit postmodernen Stahl-Glas-Konstruktionen überdacht, unter denen die Touristen ihre Einkäufe tätigen können. Rund um die Innenstadt sind die Bezirke II bis IX angeordnet, die ehemaligen Vorstädte, jetzt die bürgerlichen bis intellektuellen Viertel Wiens. In einem noch weiteren Kreis liegen die Bezirke X bis XXIII, alles ehemalige Dorfkerne und Streusiedlungen, die mittlerweile längst mit Wien verwachsen, für Fremde kaum erkennbar, für Wienkundige aber sehr aufschlußreich sind. Die »Außenbezirke« haben entweder proletarischen, bäuerlichen, industriellen, klein- oder großbürgerlichen Charak-

Vorherige Seite: Das Kaffeehaus ist eine Institution in Wien – hier das Café Central im Palais Ferstel
Links: Macht der goldenen Walzerära alle Ehre: das Denkmal von Johann Strauß Sohn im Stadtpark

ter, wobei die einzelnen Bereiche oft in unmittelbarer Nachbarschaft liegen. Trifft ein Wiener einen anderen zum ersten Mal, gilt die erste Frage zur sozialen wie kulturellen Überprüfung des Gegenübers der Nummer des Abstammungsbezirkes: »Aus welchem kommst du?« oder, etwas salopper: »Aus welchem Hieb bist'?«. Mit einer Zahl als Antwort ist oft mehr gesagt als mit tausend Worten.

## Vom Barockpalast zum Gemeindebau

Wiens glanzvolle Vergangenheit schlägt sich vor allem in der Architektur aus der Zeit von Gotik, Renaissance, Barock und Biedermeier nieder – nur die Romanik des Mittelalters muß man hinter den später gotisierten oder barockisierten Fassaden suchen. Der Ringstraßenbereich und die inneren Vorstädte sind gründerzeitlich geprägt, viel gipserner Pomp und leuchtender Jugendstil unterstreichen die Bedeutung Wiens als Kapitale eines Riesenreiches im Fin de siècle. Die Bebauung ist dicht und fast baumlos, die Straßen, meist »Gassen« genannt, auch wenn sie ein wenig breiter sind, erscheinen schmal, die Dachfirste hoch. Der stets zunehmende Autoverkehr rauscht an Häusern vorbei, deren Erbauer nicht mit dem Moloch Verkehr hatten rechnen können und daher der Straße die schönsten Seiten zugewendet hatten – reich geschmückte Fassa-

Grinzinger Friedhof: Umgeben von Weinbergen, finden gut betuchte Wiener ihre letzte Ruhe

den, repräsentative Wohnzimmerfluchten, große Fenster. Die Rückfronten der Hinterhöfe wirken oft kahl und ärmlich, doch hier liegen in der veränderten Welt von heute die wahren Paradiese der Stadt verborgen: moosige Höfe, manchmal schon ein wenig wohnlich gemachte Oasen der Stille in der tagsüber lauten Stadt.
Der Kreis der Außenbezirke besteht aus den bäuerlichen bis kleinbürgerlichen alten Ortskernen, oft intakten Ensembles aus Barock und Biedermeier, um die herum die mächtigen »Superblocks« des kommunalen Wohnbaus der zwanziger und dreißiger Jahre, des in die vermeintlich rosige Zukunft aufbrechenden »Roten Wien«, stehen. Diese inzwischen in jedem Architekturführer gewürdigten »Gemeindebauten« sind heute ihrerseits von den unvermeidlichen Platitüden des von Nachkriegsnotwendigkeiten bestimmten, fabrikmäßigen Wohnungsbaus umschlossen, die erst in jüngster Zeit durch einige Wohnanlagen mit einem wie auch immer gearteten ästhetischen und architektonischen Anspruch Zuwachs bekamen.

## Leben und Sterben in Wien

Die Außenbezirke sind außerdem von Gemüsebau-, Gewerbe- und Handelsbrachen – sowie von Friedhöfen – durchzogen. Jawohl, von Friedhöfen, denn Wien hat zwar einen der größten Friedhöfe Europas, den »Zentralfriedhof«, doch viele Wiener ziehen dennoch die – teurere – Möglichkeit vor, im »eigenen« Bezirk begraben zu sein, um so auch noch nach dem Tod ihre Identität besser zur Geltung bringen zu können. Der Tod spielt in Wien schon vor dem Sterben eine große Rolle, und schließlich hört das Leben mit dem Sterben nicht auf. Die meisten Menschen werden in Wien meistens erst nach ihrem Ableben geehrt – zu den höchsten Festtagen des Jahres, Allerheiligen und Allerseelen und immer dann, wenn es die Größe der Gewesenen gegenüber der Kleinheit der Gegenwärtigen zu verteidigen gilt – eine der Lieblingsbeschäftigungen in dieser in ihre eigene Vergangenheit noch mehr als in sich selbst verliebten Stadt.

## Wien ist voller Kunst

In der Stadt der Musik komponierten die – ist das unbescheiden zu sagen? – meisten Meister der letzten Jahrhunderte – Klassik, Romantik, Walzer- und Operettenära (goldene und silberne) wurden von Wien geprägt. In der Stadt der Wissenschaft steht die zweitälteste Universität des deutschen Sprachraums (»Alma Mater Rudolphina«), die »Wiener Medizinische Schule« machte bereits im

18. Jahrhundert weltweit Furore, Erfinder und Techniker genießen Weltruf – das alles ist Geschichte, lebt aber als solche auch im heutigen Wien weiter, wo die Vergangenheit gar nicht ganz vergangen ist, die Gegenwart erst beginnt und die Zukunft stets herbeigeredet, aber nicht herbeigewünscht wird.

In der Stadt der Psychoanalyse, der Philosophie und der Psychologie arbeiteten die großen, meist jüdischen Denker der letzten beiden Jahrhunderte, von Sigmund Freud bis Alfred Adler, von Ludwig Wittgenstein bis Karl Popper.

Es gibt die »Wiener Gruppe« in der experimentellen Dichtung, den »Wiener Jugendstil« aus der Zeit der Secession, den »Wiener Aktionismus« der sechziger Jahre, die »Wiener Schule des Phantastischen Realismus« in der Malerei der letzten drei Jahrzehnte – so viele »Schulen« der Kunst in einer Stadt, deren Name bei vielen schon ganz automatisch mit kulturellen Leistungen verbunden wird.

## Handel und Wandel

Die Stadt liegt in vielen Beziehungen am Schnittpunkt: an dem zwischen Voralpenland und Pannonischer Tiefebene, also zwischen Ost und West. Der österreichisch-ungarische Vielvölkerstaat war eine zum Balkan und den slawischen Kronländern hin offene Völkergemeinschaft. Schon Reichskanzler Fürst Metternich sprach es aus: Der Balkan fange am Rennweg an (das ist ein Straßenzug, der 100 Meter von Wiens Innenstadt entfernt beginnt).

Am Naschmarkt wird samstags nicht nur mit Obst und Gemüse gehandelt

Schon früh lag Wien am Schnittpunkt wichtiger Verkehrswege, dort wo die alte »Bernsteinstraße« den Schiffahrtsweg Donau überquerte. Heute ist Wien am Kreuzungspunkt der in Ost-West-Richtung verlaufenden Autobahn zwischen Deutschland beziehungsweise Westeuropa und Ungarn, der Slowakei beziehungsweise Osteuropa sowie der in Nord-Süd-Richtung

I Innere Stadt
II Leopoldstadt
III Landstraße
VI Wieden
V Margareten
VI Mariahilf
VII Neubau
VIII Josefstadt
IX Alsergrund
X Favoriten
XI Simmering
XII Meidling
XIII Hietzing
XIV Penzing
XV Rudolfsheim-Fünfhaus
XVI Ottakring
XVII Hernals
XVIII Währing
XIX Döbling
XX Brigittenau
XXI Floridsdorf
XXII Donaustadt
XXIII Liesing

verlaufenden Strecke von Prag bis an die Adria bei Venedig. Verkehrsströme sind nicht mehr so beliebt wie früher, weshalb sie in weiten Bögen, denen der Außenringautobahn und der Südosttangente, an der Stadt vorbeigeführt werden. Der neue Knotenpunkt Flughafen Wien-Schwechat liegt weit vor der Stadt, die Güterbahnhöfe wurden im Umland gebaut.
Manche Vororte Wiens verloren weitgehend ihr früheres, industriell geprägtes Erscheinungsbild. Die Verkehrswege baute man außerhalb der Stadt weiter aus, doch die wirtschaftliche und infrastrukturelle Bedeutung der Stadt wächst. Hier werden nach wie vor die Warenströme verwaltet, dirigiert und auf den Weg geschickt. Hier wird das Geld verdient und auch ausgegeben.

## Wiederaufbau und Zukunftsperspektiven

In den letzten Jahren nahm die Geschwindigkeit dieses Prozesses rasant zu – vom Ausland anfangs noch unbemerkt, dann jedoch interessiert beobachtet. Die Wiener Nachkriegszeit ist zu Ende gegangen. Als sich die Grenzen zu den östlichen Nachbarn Tschechische und Slowakische Republik, Ungarn und Slowenien sowie zu den indirekten Nachbarn Polen und Rumänien öffneten, strebten die Völker der Kronländer wieder in ihr angestammtes Zentrum – auf der Suche nach Ar-

Wird immer noch weiter ausgebaut: die Wiener U-Bahn

beit, Konsum und westlichem Glanz. Das Ende der Nachkriegsordnung nahm auch in Wien seinen Lauf. Ökonomischer, emotionaler, künstlerischer und bewußtseinsmäßiger Wiederaufbau, über dem die alle einigende Losung schwebt: »Wir sind wieder wer!«
Die Folgen dieses Wiederaufbaus sind in immer größerem Umfang zu besichtigen – sowohl schöne als auch fatale, es kommt nur auf den Blickwinkel an. Erst Mitte der neunziger Jahre passiert in Wien das, was in Deutschland Mitte der achtziger stattfand: Internationale Konzerne wie McDonalds überziehen die Stadt mit ihren Filialen, Weinhäuser und Beisln werden zu den immer gleichen Hamburgerbratereien umfunktioniert. Supermarktketten, Großmärkte und Einkaufszentren an der Peripherie lösen den traditionellen Einzelhandel ab, eine rasch um sich greifende Verhübschung, Verniedlichung und Urbarmachung der Stadt im Sinne touristischer Strukturen soll deren wichtigsten Wirtschaftszweig, den Empfang ausländischer Besucherströme, in profitablere Bahnen lenken.
Die Zukunft Wiens, was wird sie bringen? Diese in Wien bisher kaum vertretene Zeitstufe wird vielleicht so werden wie das neue U-Bahn-Netz der Stadt (das sogar in hauseigenen Broschüren stolz als »Science-fiction« bezeichnet wird): modern, aber eigentlich viel zu kurz. Engagiert von internationalen Spitzenleuten entworfen, aber ein bißchen zu bunt. Mit großem Anspruch konzipiert, aber eigentlich zu weitmaschig. Als hochtechnisches Beför-

Postmoderne am Stephansplatz: Detail des von Hans Hollein entworfenen Haas-Hauses

***Das Wienerlied*** *Unter »dem Wienerlied« versteht man nicht nur ein Lied, sondern sehr viele Lieder – deren Gattung genauso heißt wie jedes ihrer Beispiele. Das Wienerlied ist jedoch kein Volkslied und hat rein gar nichts mit alpenländischer Musik zu tun – das ist ein weitverbreiteter Irrtum. Das Wienerlied war immer ein Kunstlied, ein Werk einzelner Komponisten und Textdichter. Das erste Exemplar seiner Gattung stammt wahrscheinlich von einem habsburgischen Notar, der in lateinischer Sprache einen Lobgesang auf die Residenzstadt seines Herrschergeschlechtes verfaßt hatte. Im Spätmittelalter wurde das (damals mittelhochdeutsche) Wienerlied von Minnesängern komponiert, geschrieben und vorgetragen, deren berühmtester, der »Liebe Augustin«, als Sagen- und Mythengestalt noch den heutigen Wienern geläufig ist.*

*Durch die Volks- und Moritatensänger des Biedermeier kam ein größerer Personenkreis mit dem Wienerlied in Berührung, auf den »Pawlatschen«, den Bühnen der Vorstadt, wurde es endgültig populär gemacht. Die »Schrammeln«, meist vier- oder fünfköpfige Geigen- und Gitarrenensembles, brachten das Wienerlied auch in die Salons und Konzertsäle.*

*Heute sind Wienerlieder vor allem bei Heurigen zu hören – dort allerdings oft als süßlicher Abklatsch des »echten« Wienerlieds, als leicht konsumierbare touristische Version. »Richtige« Wienerlieder hören Sie eher in Konzerten – beispielsweise in denen der »Extrem-Schrammeln« des Roland Neuwirth oder anderer »Konzert-Schrammeln«-Ensembles – sowie bei Spontandarbietungen in entlegenen Vorstadt-Heurigen.*

*Wie man das »echte« vom »unechten« Wienerlied unterscheidet? Jedenfalls nie aufgrund der Äußerungen von Vortragenden – denen zufolge gibt es natürlich nur »echte« Wienerlieder. Wohl aber aufgrund von Inhalt und Vortrag: Das Wienerlied, wie es sein muß, ist zwar sentimental, aber immer mit einer Prise schwarzen Humors gewürzt. Es ist wehleidig und gleichzeitig bösartig. Es ist spaßig, hat meist einen Anflug von Verzweiflung und ist auf alle Fälle morbid bis zum Anschlag. Es ist ganz offensichtlich grundlos optimistisch und bis zur Ergebenheit fatalistisch – genau wie die Wiener selbst.*

derungsmittel geplant, doch als Beweis für die Zukunftsträchtigkeit der Stadt mißbraucht. Als schlichtes Röhrensystem gedacht, doch mit dekorativen wie blendenden Monumentalwerken österreichischer Künstler ausgestattet. Hochmodern angelegt, doch allerorten von antiken Ausgrabungen, mittelalterlichen Stadtmauern, frühchristlichen Kapellen und Jugendstilschmuck unterbrochen. Das

*Zum besseren Verständnis seien hier ein paar Textproben »echter« Wienerlieder angeführt:*

**All'weil lustig, frisch und munter**
*Text und Musik: Rudi Mitterer*

*... All'weil lustig, frisch und munter,*
*denn der Weaner laßt nichts aus!*
*Geht die Welt auch morgen unter,*
*machen wir uns gar nichts d'raus!*

**I bin a echter Weaner**
*Text: E. Herzog, Kurt Herbert*
*Musik: Johann Sioly*

*I bin a echter Weaner,*
*so nach'n alten Schlag,*
*der nur a ferme (= echte) Gaude*
*und a a Weinl mag...*
*(Im Refrain erfolgt die Betrachtung bereits aus der Sarg-Perspektive:)*
*Do liegt a echter Weaner,*
*war no vom alten Schlag,*
*jetzt liegt er ruhig unten*
*und wart' am jüngsten Tag...*

**Wenn der Hergott net will, nutzt es gar nix**
*Text: Ernst Arnold, Artur Kaps*
*Musik: Ernst Arnold*

*Wenn der Hergott net will,*
*nutzt es gar nix,*
*schrei net und bleib schön stumm,*
*sag es war nix.*
*So war's immer,*
*so bleibt es für ewige Zeit,*
*einmal ob'n, einmal unt,*
*einmal Freud, einmal Leid...*

**Unser Vater is a Hausherr**
*Text: Wilhelm Wiesberg*
*Musik: Johann Sioly*

*... In Gumpendorf drunt*
*auf an Eck Numma zwa*
*steht a dreistöckig's Haus dort,*
*das g'hört dem Papa,*
*in ein Zimmer da drinn,*
*steht a Kassa allan,*
*und da hat den Schlüssel*
*dazu die Mama.*
*Drum fehlt uns a's ganze Jahr*
*niemals a Geld,*
*um dös zu verputzen*
*san mir auf der Welt,*
*wenn vom Arbeiten g'redt wird,*
*da krieg'n ma an Grant (= Zorn)*
*denn unser Vater is a Hausherr*
*und a Seidenfabrikant...*

Heutige aber wird vom Gestern dominiert. Das kann die Stärke der Stadt ebenso wie ihre Schwäche sein. Die Aussichten Wiens heute sind rosig, wobei sich erst zeigen muß, ob das gut ist und ob sich die Stadt auf Dauer gegen das »zuckerlfarbige« Blendwerk, die postmodernen Gefälligkeiten und das schicke Zitieren der Vergangenheit zur Wehr setzen kann.

## Kleine Einführung ins Wienerische

Das wird vielleicht Ihr erster Wien-Schock sein: Hier spricht man nicht deutsch! Die Sprache Wiens heißt »Wienerisch«, und das ist mehr als ein Dialekt, es ist eine Regionalsprache mit unendlich vielen eigenen Begriffen, die im Hochdeutschen nicht vorkommen. Das Wienerische ist von den Sprachen der Völker der ehemaligen Monarchie geprägt – vor allem von slawischen Einflüssen aus dem Tschechischen, dem Kroatischen und dem Serbischen, viele Vokabeln stammen aus dem benachbarten Ungarn. Impulse erhielt das Wienerische ebenfalls vom Jiddisch der osteuropäischen Juden, vom als nobel geltenden Französisch des höfischen Vorbildes Versailles und aus dem Italienischen.

Die fremdländischen Ursprünge kommen in allen Bereichen des Alltagsleben zu Wort: »Fiaker« heißen in Wien die Mietdroschken, weil vor dem Hotel »Saint Fiacre« in Paris die ersten Mietkutschen überhaupt ihre Standplätze hatten. Der heilige Fiacre war ein Ire aus wohlhabendem Haus, wurde von Bischof Pharon von Meaux im siebten Jahrhundert nach Frankreich berufen, wo er ein Kloster gründete und Gastfreundschaft übte – ein komplizierter Weg für den Namen eines irischen Heiligen über den eines Pariser Hotels bis zu dem der Wiener Pferdewagen und deren Kutschern. Sargträger heißen in Wien »Pumpfineberer«, abgeleitet von dem französischen Wort »Pompe funèbre« für Lei-

Mozart läßt grüßen

chenbegängnis, denn vor allem im Tod gilt es in Wien, schick und nobel aufzutreten. »Ezzes«, die guten Ratschläge, und »Zores«, die Sorgen, kommen aus dem Jiddischen, der Abschiedsgruß »papaa« ist Ungarisch, das Durcheinander (»Palawatsch«) Tschechisch.

## Wiener Schmäh

Unbestimmten Ursprunges, aber von zentraler Bedeutung ist der »Schmäh«. Der Begriff wird oft unrichtig mit »Witz« übersetzt, mit »Spaß« oder »Zote«, doch er meint nichts von alledem und doch noch viel mehr. Einen »Schmäh« kann einer machen oder »reißen«, indem er sich über einen anderen lustig, ihn verächtlich oder zum Ziel seines Spottes macht. Einen »Schmäh« kann einer haben, wenn er Ironie, Distanz und witzige Gefälligkeit zu seinem Lebensprinzip erkoren hat. Einem »Schmäh« kann einer aufsitzen, obwohl es doch eigentlich ganz klar sein müßte, daß der »Schmähführer« seine Äußerung gar nicht ernst gemeint hat, sondern eben nur als »Schmäh«, nicht in Täuschungsabsicht, nicht, um den anderen zu unterhalten, nicht, um sich über ihn lustig zu machen, doch mindestens alles drei zusammen und noch ein wenig mehr davon. Und im übrigen: Wer keinen »Schmäh« hat, ist »schmähstad« und daher unbeliebt.

Zeitungen liegen aus, für's leibliche Wohl ist gesorgt – im Kaffeehaus kann man Stunden zubringen

## Der Umgang mit den Wienern

Die Wiener sind eitel, selbstgerecht und weltfremd. Bequem, gemütlich und misanthrop. Hämisch, verschlossen und redselig – Klischees, Vorurteile und Allgemeinplätze über die Bewohner der Stadt. Aber jeder Besucher wird sich sein eigenes Wien-Bild machen. Seien Sie dennoch schon im voraus gewarnt! Die Wiener reagieren sowohl ihre Eitelkeit als auch ihre Aggressionen gerne an den Gästen der Stadt ab, also an Ihnen. Dennoch – keine Angst! Ihnen wird nichts passieren. Alle, oder fast alle, werden zu Ihnen freundlich sein – und wenn nicht, werden Sie das wahrscheinlich gar nicht bemerken. Womöglich kommen Sie aus Deutschland. Nun: Sie sind ab sofort »Piefke«, Sie kommen von »draußen«, wie man Deutschland »herinnen«, also in Österreich, nennt. Machen Sie das Beste daraus: Versuchen Sie nicht, Ihre Herkunft zu verleugnen, posaunen Sie sie aber auch nicht lauthals heraus. Versuchen Sie vor allem nicht, Wienerisch zu sprechen, keinesfalls, nicht einen Ton – man wird Ihnen das nicht als Bemühung um Integration, sondern stets als gescheitertes Anpassertum, also ausschließlich negativ, anrechnen.

Am besten fahren Sie wohl mit folgendem Minimalprogramm vorsichtiger Annäherung: Seien Sie stets freundlich – vor allem, wenn Ihnen die Wiener freundlich kommen (dann erwarten sie von Ihnen nämlich noch mehr Freundlichkeit). Seien Sie beflissen, reden

Für Schwindelfreie: Eine Fahrt mit dem Riesenrad im Prater ist bei Dunkelheit am schönsten

Sie mit den Leuten, bedanken Sie sich stets, auch wenn es Ihnen selbst grundlos vorkommt, loben Sie unverzüglich die Leistungen von Personal, Küche, Schalterbediensteten oder anderen Ansprechpartnern, selbst wenn Ihnen nicht danach ist. Entschuldigen Sie sich für Ihre Fehler, auch wenn Sie gar keine begangen haben, drücken Sie Ihr Bedauern aus, auch wenn Ihnen gar nichts leid zu tun braucht. Falls Sie private Begegnungen mit Wienern haben, zeigen Sie sich hocherfreut über Ihr Zusammentreffen, überschütten Sie Ihr Gegenüber mit Komplimenten, und wenn es ein wenig intellektuell oder gar akademisch wirkt, bedenken Sie es jedenfalls mit einem Titel, etwa »Doktor« oder »Ingenieur« für die offensichtlich eher technisch orientierten Leute; sollte der Titel nicht zutreffen – keine Angst, man wird sich trotzdem geehrt fühlen. Trifft allerdings ein akademischer Grad zu und Sie übergehen ihn, dann stehen Sie schon mitten im Fettnäpfchen.

Das alles mag für Sie jetzt ein wenig speichelleckerisch klingen, ein bißchen überangepaßt vielleicht und wenig ehrlich – doch mit Direktheit, Konfrontation oder gar Kritik kommen Sie in Wien nicht weiter. Forderungen jeder Art gelten als unverschämt. Die hier empfohlene Zurückhaltung soll also keinesfalls als Kapitulation vor Wien aufgefaßt werden, nicht als Unsicherheit vor dem Fremden, nicht als Verlogenheit – das ist nichts anderes als der »Schmäh«, mit dem Sie als Besucher in dieser Stadt am besten zurechtkommen.

Der Volksgarten – ein bezaubernder Park, angelegt zu Beginn des 19. Jahrhunderts

# Geschichte und Gegenwart

ELISABETH
KAISERIN VON OESTERREICH

## Geschichte und Gegenwart

Wiens Vergangenheit bestimmen im wesentlichen sechs Zeitabschnitte: die Anwesenheit der Römer, die Herrschaft der Babenberger und die der Habsburger, die Wasserkopf-Funktion der Stadt nach dem Zusammenbruch ihres Riesenreiches, der Faschismus und der Tourismus der Nachkriegszeit. Die sechste Epoche steht soeben an ihrem Beginn – die neue Gründerzeit. Seien Sie als deren Zeuge willkommen!

### Die Römer: die Zivilisation hält Einzug

So richtig begonnen hatte es mit Wien im Jahr 15 v. Chr., als die römischen Imperialisten beschlossen hatten, hier eine Feste für ihren »Limes« zu errichten, den Schutzwall gegen die von Norden über die Donau stürmenden Germanenhorden. Das Fort hatte für Wien viel mehr als nur militärische Bedeutung: In den 1 000 Jahren davor hatten hier nur ein paar illyrische und keltische Siedler Erdlöcher in die Uferböschungen der Flüsse Wien und Donau gegraben, um darin ein kärgliches Leben zu fristen. Die Römer errichteten dagegen steinerne Häuser mit Heizung, Wasserleitung und Klosett, schufen gepflasterte Wege und monumentale Mauern – die Zivilisation oder das, was wir heute noch darunter verstehen, hielt in Wien ihren Einzug. Von den Römern blieben bis heute nur ein paar ausgegrabene Grundmauern in der Wiener Innenstadt – das weiter östlich gelegene Lager Carnuntum, fast schon an der slowakischen Grenze, aber nur knappe 40 Kilometer von Wien entfernt, ist wesentlich besser erhalten, schließlich wurde auf dessen Fundamenten keine Großstadt gebaut, sondern bloß ein paar Äcker angelegt. Was die Römer

Vorherige Seite: Die Ausgrabungen am Michaelerplatz erinnern an die römische Vergangenheit der Stadt
Links: Die unglückliche Kaiserin kennt jeder unter dem Namen Sissi
Rechts: Kein Fiaker-Chauffeur ohne den typischen Hut, doch Pause muß sein

wirklich hinterließen, sind Techniken wie die Kunst des Weinbaus, die sprachliche Beeinflussung durch das Lateinische und die Orientierung nach Süden.

### Die Babenberger: Wien wird Stadt

Die Römerherrschaft mußte ein halbes Jahrtausend später dem Druck der Völkerwanderung weichen (443 n. Chr.). Wieder ca. 500 Jahre danach kam das Geschlecht der Babenberger zum Zug. Die alpinen Fürsten verlegten ihre Residenz von Melk nach Tulln und von dort 1106 in eine Burg auf den heutigen Leopoldsberg, direkt an der Donau, oberhalb der Wiener Innenstadt. Ihr Bestreben war die Erweiterung ihres Reiches nach Osten, die Absicherung ihres »Ostarichi« oder »Österreich« gegen die Slowaken und Ungarn. Unter ihrer Herrschaft wurde Wien zur Stadt im heutigen Sinn. Anfangs zwar noch kleiner als die ehemalige Römersiedlung, aber immerhin Hafen- und Handelsplatz am Schnittpunkt von Donau und Bernsteinstraße, auf der das kostbare Gestein von Süd nach Nord geschafft wurde.
1221 verlieh Herzog Leopold VI. der Glorreiche (1198–1230) Wien das Stadt- und Stapelrecht und richtetete einen 24köpfigen Stadtrat von Patriziern ein. Das neugewonnene Zwischenhandelsmonopol der Stadt festigte deren wirtschaftliche Bedeutung. Nicht zuletzt durch den schwunghaften Handel kamen Juden in die Stadt, die sich damals noch ansiedeln, Grundbesitz erwerben und Handel treiben durften.
Unter den Babenbergern wurde in Wien romanisch gebaut, wovon allerdings kaum mehr etwas in der ursprünglichen Form erhalten ist: Vieles fiel verheerenden Großbränden zum Opfer, wurde später bis zur Unkenntlichkeit gotisiert und barockisiert oder mußte Neubauten weichen. Die Stephanskirche, damals begonnen, zeigt nur noch wenige romanische Merkmale, ebenso die Kirche Maria am Gestade. Nur die Ruprechtskirche blieb in ihrem ursprünglichen Baustil erhalten. Der damals begonnene Teil der Hofburg (Schweizertrakt) ist heute von den späteren Erweiterungsbauten völlig umschlossen.
Der Tod des nachkommenlosen Friedrich II. bedeutete 1246 das Ende des Babenbergergeschlechtes. Wien wurde reichsfreie Stadt, bis König Přemysl Ottokar II. von Böhmen aufgrund seiner Ehe mit der Schwester Friedrich II. Anspruch auf Wien erhob.
Wieder blieben neben den steinernen auch geistige Werte bestehen: Das Bewußtsein Wiens von seiner Frontstellung gen Osten, von seiner überregionalen Bedeutung und seinem nicht nur architektonischen Glanz. Schon Walther von der Vogelweide besang die Schönheit dieser Stadt im Jahre 1198 – ein in Wien noch tausend Jahre später gern gehörtes Lied.

## Die Habsburger: 650 Jahre Herrschaft über die Donaumetropole

Die fast durchgehend von Wien als Machtzentrale ausgehende Herrschaft dieses österreichischen und gleichzeitig beinahe weltumspannenden Geschlechts überdauerte von 1276 bis 1918 – das sind die Jahrhunderte, von denen Wien noch heute zehrt. Die stets von ihrer Auserwähltheit überzeugten Habsburger errichteten von hier aus ihr Weltreich, in dem »die Sonne nicht untergehen« sollte – bezieht man das gescheiterte Abenteuer des Erzherzogs Maximilian Ferdinand Joseph (1832–67) als Kaiser von Mexiko in die Betrachtung mit ein: Die Völker Schlesiens, Württembergs, der Niederlande, Belgiens, Ungarns, der Lombardei, Venetiens, der Herzogtümer Parma und Modena, der Toskana, der Königreiche Neapel und Sardinien, Polens, der Türkei, Tschechiens, Kroatiens, Serbiens, Sloweniens, Siebenbürgens, Bosniens, der Walachei, der Bukowina, Galiziens, der Slowakei und Albaniens wurden zum Teil mehrere Jahrhunderte lang von Wien aus regiert, die Wiener durften sich als Bewohner einer internationalen Metropole fühlen.

Der Wiener Hof wurde in einem Atemzug mit dem von Versailles und Prag genannt, als Vorbild an Glanz und Prachtentfaltung kam nur der französische Hof in Frage. Den Habsburgern verdankt Wien seine unschätzbaren Reichtümer an Architektur, Kunst, Kunsthandwerk, wissenschaftlichen Sammlungen und Bibliotheken. Sie sind die Zeugnisse von einer über sechs Jahrhunderte kontinuierlich fortgeführten Sammlertätigkeit der kunstsinnigen Herrscher. Die Gemälde großer niederländischer, aber auch französischer, italienischer und spanischer Meister hängen in sonst beinahe ungekannter Fülle im Kunsthistorischen Museum. Historische Musikinstrumente lagern als weltweit einmalige Kollektion in der Neuen Hofburg. Alte Waffen, Rüstungen, Schlachtengemälde und Militaria sind als die größte einschlägige Sammlung der Welt im Heeresgeschichtlichen Museum verwahrt. Mineralien, Tierpräparate, Fossilien und urgeschichtliche Funde kann man in einer der umfangreichsten Kollektionen Europas im Wiener Naturhistorischen Museum bewundern.

Auch das Erscheinungsbild der Stadt ist in weiten Teilen nach wie vor von den Habsburgern geprägt: Die beiden Residenzen, die Hofburg und das Schloß Schönbrunn, bilden die größten Gebäudekomplexe der heutigen Innenstadt beziehungsweise des Bezirkes Hietzing, die Schlösser der im Dienst der Habsburger tätigen Adeligen, wie beispielsweise das des Prinzen Eugen (Schloß Belvedere), bestimmen das imperiale Gepräge der Stadt. Die gesamte Anlage der Innenstadt geht auf die Ausführung kaiserlich-habsburgischer Pläne zurück: Die prächtige Ringstraße anstelle der ehemaligen mittelalterlichen Stadtbefestigungsanlagen wird im Namen und zum Lob der prosperieren-

den Donaumonarchie errichtet. Selbst das Netz der Wiener Schnell- und U-Bahn-Linien ist ohne die Pläne aus den Zeiten der Monarchie unvorstellbar.
Alles, was Wien den Ruf, eine der hervorragendsten Kulturmetropolen Europas zu sein, einbrachte, geht auf habsburgische Gründungen zurück: Staatsoper und Theater an der Wien, die Goldkehlchen der Sängerknaben und die Lipizzaner der Spanischen Hofreitschule. Wiener Musikverein und Burgtheater, Wiener Konzerthaus und Theater in der Josefstadt. Kunsthistorisches Museum, Naturhistorisches Museum und Museum für Angewandte Kunst, Österreichische Galerie und Albertina. Schatzkammer und Kapuzinergruft, Josephinum und Arsenal. Viele Bauten des Wiener Jugendstils entstanden als mehr oder minder direkte Aufträge des vorletzten Kaisers, Franz Joseph I. (die Stadtbahn-Pavillons, das Postsparkassengebäude, die Schleusen und Uferanlagen am Donaukanal, die Kirche am Steinhof), alle Bauten des Wiener Fin de siècle wären ohne den Hintergrund des habsburgischen Vielvölkerstaates nicht vorstellbar.
Die Habsburger begründeten die für Wien typische Mischung der Be-

***Das Rote Wien*** *Der festgefügte Begriff des »Roten Wien« meint einerseits das Wirken einer sozialdemokratischen Wiener Stadtverwaltung von 1919 (den ersten freien Wahlen nach dem Ersten Weltkrieg) bis heute – von den Jahren 1938–45 einmal abgesehen. Andererseits sind damit die Ergebnisse der sozialdemokratischen kommunalen Bautätigkeit gemeint, das vor allem in den zwanziger und dreißiger Jahren entstandene Kulturwerk aus Fürsorge-, Bildungs- und Gesundheitseinrichtungen, deren sichtbarste Elemente die »Riesen-« oder »Superblocks« der Wiener Gemeindebauten darstellen.*
*Zwischen 1923 und der Zeit des aufkommenden Austro- und Hitlerfaschismus 1934 wurden immerhin 63 754 Wohnungen errichtet, Heimat für fast eine Viertelmillion Wiener. Die burgähnlichen Bauten sollten Kraft und Macht des Proletariats symbolisieren und diese »Klasse« zu einer politischen Einheit verschmelzen, einer Einheit, die im österreichischen Bürgerkrieg der Jahre 1934–38 bitter notwendig werden sollte – damals wurden die »Gemeindebauten« wie Burgen mit Waffengewalt gegen anrückende Austrofaschisten verteidigt.*
*Die wesentliche Neuerung bestand freilich in der Anhebung des Wohnstandards der Massen. Alle Einheiten waren mit Wasseranschluß, Bad, Küche und WC ausgestattet, sie verfügten über Gemeinschaftseinrichtungen wie Waschküchen, Kindergärten, Schu-*

völkerung. Jeder echte Wiener hat mindestens einen böhmischen Großvater, eine mährische Großmutter oder einen Onkel aus Siebenbürgen. Prag, Budapest, Brünn und Preßburg werden nach wie vor als die natürlichen Schwesterstädte Wiens betrachtet, Tschechen, Slowaken, Ungarn und Slowenen als zumindest ein wenig befreundete Völker.
Selbst die heutige Warenwelt Wiens ist habsburgerdominiert. Jedes bessere, alteingeführte Geschäft der Wiener Innenstadt führt stolz den Titel »Ehemaliger k. u .k. Hoflieferant«, die Wiener Süßwaren-, Souvenir- und Musikindustrie käme ohne millionenfach reproduzierte Bildnisse Kaiser Franz Josephs sowie der Kaiserinnen Sissi und Maria Theresia nicht aus. Die Geschicke der allerletzten Habsburger beschäftigen das ganze Land: Kaiserin Zita, die letzte regierende Habsburgerin, verstarb 1989 im Alter von fast 97 Jahren und wurde unter großer emotionaler Beteiligung der Wiener Bevölkerung in der Kapuzinergruft beigesetzt; die weitverzweigten Aktivitäten des Europa-Parlamentariers Otto von Habsburg bewegen beharrlich die österreichische Presse und Öffentlichkeit.
Habsburgische Gesellschaftsstrukturen konnten sich mühelos bis ins

*len, Geschäfte und Spielplätze – für damalige Verhältnisse revolutionäre Errungenschaften. Mancherorten wagte man sogar soziale Experimente: Der »Heimhof« (XIV., Johnstraße 52–54) wurde als »Einküchenhaus« gebaut – die 270 Kleinwohnungen wurden vor allem an berufstätige Ehepaare vergeben, die die Mahlzeiten in einer Gemeinschaftsküche zubereiten und in einem Speisesaal verzehren sollten. Die Wohnungen wurden regelmäßig von Dienstmädchen gesäubert, die Wäsche zum Selbstkostenpreis in der Zentralwaschküche gereinigt, die Verwaltung strikt demokratisch gewählt. Schon in der Nazizeit wurden die Gemeinschaftseinrichtungen des Heimhofes unterteilt, heute sind in alle Wohnungen Küchen eingebaut – die Bausubstanz ist erhalten, doch das soziale Experiment längst ad acta gelegt.*
*Das gilt für das gesamte »Rote Wien«, wie immer man den Begriff verwenden mag. Kommunaler Wohnbau wird nach wie vor betrieben, doch über die Vergabe der längst nicht mehr allzu preiswerten Wohnungen entscheidet nicht ideologische Gesinnung, sondern das Parteibuch. Die Gemeinschaftseinrichtungen der Superblocks wie des »Karl-Marx-Hofes« sind verwaist oder dienen als Supermärkte, Videotheken und Bankfilialen. Selbst die einschlägige, architektonisch-soziologische Literatur ist sich nicht darüber einig, ob die Bauten des »Roten Wien« letztlich zur Befreiung oder nur zur leichteren politischen Einordnung der Arbeiterschaft gedient hatten.*

heutige Wien retten: die wuchernde Ministerialbürokratie, der Respekt der Bevölkerung vor Amts- und Ehrentiteln, die Lust an imperialem Pomp, der Berufsstolz des »pragmatisierten«, das heißt unkündbar und auf Lebenszeit verpflichteten Beamtentums und der – gegenüber dem restlichen deutschen Sprachraum – etwas förmlichere Umgangston.
Die 650 Jahre Habsburgerherrschaft gelten als – bis heute bei weitem unerreichte – Blütezeit Wiens. Sie brach mit einem lauten Krachen in sich selbst zusammen. Im Jahr 1914, mit den Schüssen von Sarajevo auf den österreichischen Thronfolger Franz Ferdinand, dem Ausbruch des Ersten Weltkrieges und dem Streben der k.u.k.-Völker nach Selbständigkeit.

## Wasserkopf Wien

Nach dem Ersten Weltkrieg, dem Thronverzicht des letzten Habsburgerkaisers Karl I. (1916–18) und dem Verlust aller Länder der ehemaligen k.u.k.-Monarchie war die Lebensfähigkeit Wiens plötzlich energisch in Frage gestellt: eine Stadt mit über zwei Millionen Einwohnern als Hauptstadt eines Staates, in dem insgesamt über sieben Millionen Menschen leben, viele davon in weit von der Metropole entfernten Alpenregionen, die sich schon traditionell viel eher an München, Zürich

Kaum jemand kann den süßen Verlockungen von Demel widerstehen – daran hat sich seit 1776 nichts geändert

oder Bozen orientierten – wie sollte das gutgehen? Riesige Amtsgebäude, die gewaltige Residenz, unendlich viel Raum für Repräsentation und Herrschaft – all das zur Verwaltung eines alpinen Kleinstaates?

Die Wiener wie die Österreicher schienen sich damals ihrer selbst nicht allzu sicher zu sein. Die »Erste Republik« stand von Anfang an auf tönernen Füßen, empfangsbereit für radikale Parolen von links wie von rechts – letztlich vor allem von rechts: Die Versprechungen Adolf Hitlers, seine Heimat »heim ins Reich« zu holen, stießen hier bald auf fruchtbaren Boden – sollte es für Wien doch noch eine Möglichkeit geben, wenn schon nicht an der Spitze einer Großmacht, so doch in deren Umfeld zu agieren?

Das kulturelle, künstlerische und geistige Leben Wiens wurde in den Jahren der Zwischenkriegszeit vor allem von den Wiener Juden bestimmt – die Namen der jüdischen Schriftsteller, Komponisten, Kritiker, Wissenschaftler und Mediziner, die so etwas wie den Weltruf Wiens aufrechterhielten, sind Legion. Das jüdische Wien der zwanziger und dreißiger Jahre war eng mit dem »Roten Wien« verknüpft, den damaligen gesellschaftlichen Aufbruchsbewegungen der Sozialdemokratie und des Sozialismus. Die Fronten waren klar: links das gebildete, jüdische, kosmopolite, freidenkerische Bürgertum und das gesellschaftlich wie kulturell engagierte sozialdemokratische Proletariat, rechts das deutschnationale, klerikale, faschistische, antisemitische, alpin-verbohrte Kleinbürgertum sowie Teile der alten Aristokratie.

Die 1932 gewählte christlich-soziale Regierung unter Engelbert Dollfuß schaltete 1933 Parlament und Verfassungsgericht aus. Die gewaltsame Auseinandersetzung begann im Jahr 1934: Die Sozialdemokraten setzten sich zur Wehr, und es kam zum Bürgerkrieg, in dem die Regierungsdiktatur die Oberhand behielt. Der antidemokratische Ständestaat wurde ausgerufen. Die »Lösung« der gewaltsamen Auseinandersetzung schien zunächst gewaltfrei, sollte aber ein bis dahin unvorstellbares Maß an Gewalt zur Folge haben. Am 14. März 1938 marschierte nach einer gefälschten Volksabstimmung über die Unabhängigkeit Österreichs die deutsche Wehrmacht in Wien ein. Wien wurde zum »Reichsgau« des »Großdeutschen Reiches« erklärt.

## Faschismus

Die dunkelsten Jahre österreichischer Geschichte: 1938 bis 1945. 1938 lebten rund 200 000 Juden in Wien, 1945 gar keine, heute sind es weniger als 10 000, wenige Überlebende der KZs und deren Nachkommen, meist Rückkehrer aus Israel und den USA oder Flüchtlinge aus Osteuropa. Ein Großteil der Wiener ergab sich freudig dem

Rassenwahn, großdeutschen Allmachtsgefühlen und völkischem Siegestaumel. Die Verfolgung der Juden war nicht ganz so perfekt organisiert wie im benachbarten Deutschland, dafür wesentlich inbrünstiger – Antisemitismus konnte in Wien auf eine fast 600 Jahre lange Tradition zurückblicken.

Als die Wiener Bevölkerung das Ausmaß der Vernichtung erkannte, war es zu spät – dennoch ist es dem Widerstand weniger engagierter Männer und Frauen zu danken, daß das Kriegsende in Wien mit nicht noch größeren Zerstörungen einherging. Die entgegen höchster Anordnungen nur wenige Minuten vor zwölf erfolgte Kapitulation der Stadt rettete vermutlich viele Menschenleben und bewahrte große Teile der historischen Bausubstanz vor unwiderruflicher Zerstörung. Das Fazit des Zweiten Weltkrieges: Wien war für beinahe zehn Jahre geteilte Stadt, die trotz allem erfolgten Zerstörungen hatten tiefe Schneisen in das Stadtbild geschlagen. Die Stadt war durch die neue politische Gliederung Europas, den »Eisernen Vorhang« zu den Nachbarstaaten Tschechoslowakei, Ungarn und Jugoslawien, in

***Das jüdische Wien*** *Die Geschichte der Wiener Juden bewegt sich zwischen Duldung und Vertreibung – sie reicht von der »Ersten Wiener Gsera«, dem Pogrom von 1421, bis zum Pogrom der Nazizeit. 1938 lebten in Wien 200 000 Juden, heute sind es noch (und wieder) 10 000. Das »Jüdische Jahrbuch« von 1932 listet unzählige jüdische Schulen, Bibliotheken, Spitäler, politische Verbände, Landsmannschaften, Berufsschutzvereine, Wohltätigkeitskomitees, zionistische Organisationen, Kindergärten, koschere Metzger, Bäcker, Weinkeller und Restaurants auf, es gab Dutzende Synagogen und Bethäuser.*

*Das Wiener Kultur-, Kunst- und Wissenschaftsleben war entscheidend von – längst assimilierten – Juden geprägt: von Wissenschaftlern wie Sigmund Freud und Alfred Adler, von Schriftstellern wie Hermann Broch, Arthur Schnitzler, Karl Kraus, Franz Kafka, Joseph Roth, Elias Canetti, Friedrich Torberg und Hans Weigel. Von Philosophen wie Ludwig Wittgenstein, Karl Popper und Otto Weininger sowie von Komponisten wie Gustav Mahler und Arnold Schönberg – die Liste ließe sich fortsetzen. Die Mehrzahl der Wiener Juden kamen allerdings aus den »Schtetln« Osteuropas, es waren oft mittellose Flüchtlinge aus den im Ersten Weltkrieg verlorengegangenen Ländern der ehemaligen k. u. k.-Monarchie: Handwerker, Gewerbetreibende, verarmte Bürger, Intellektuelle.*

*Die Stadt der Hoffnung für all die Versprengten und Zufluchtsuchenden verwandelte sich jedoch in ein Mekka des Antisemitismus. Der*

eine geopolitische Randlage gedrängt worden, dorthin, wo das »freie« Europa scheinbar für immer aufzuhören schien.
Das Selbstbewußtsein der Wiener war an einem neuen Tiefpunkt, das Kultur- und Geistesleben durch die Vertreibung und Ausrottung der Wiener Juden auf dem Nullpunkt angelangt. Wien war tot, Provinz, alpenländisches Regionalzentrum, Museum, Gruft, abgeschnitten von jedem internationalen kulturellen, politischen und wirtschaftlichen Diskurs. Versunken in gnädigem Vergessen.

**Aufschwung durch Tourismus**

Erst der Boom des europäischen Städtetourismus der siebziger und achtziger Jahre konnte die Stadt wieder aus ihrem Tiefschlaf reißen. Wien wird in der Zwischenzeit von jährlich mehr als sieben Millionen Touristen besucht, das sind mehr als viermal so viele Menschen, als in Wien ständig leben, Tendenz steigend. Die Zahl der Ein-

*unglückliche, weil abgewiesene Kunststudent Adolf Hitler, Sohn eines Zollbeamten aus der österreichischen Provinz, faßte das Ergebnis seiner in der schon damals von Rassenwahn geprägten Stadt verbrachten »Wiener Lehr- und Leidensjahre« (1908–13) in einer Rede prägnant zusammen: »Ich kam als siebzehnjähriger Mensch nach Wien, ich ging von Wien weg als absoluter Antisemit« – um 25 Jahre später als gefeierter Retter wiederzukehren. Was folgte, ist allgemein bekannt.*
*Im heutigen Wien erinnert wenig an die jüdische Vergangenheit: Die einzige Synagoge, die im Novemberpogrom von 1938 verschont worden war, der Stadttempel, ein paar koschere Restaurants, die – während der Nazizeit – teilweise zerstörten jüdischen Friedhöfe sowie ein paar jüdische Einrichtungen rund um das ehemalige Ghetto im »Unteren Werd« im II. Bezirk (zwischen Donaukanal und Augarten sowie zwischen Unterer Augartenstraße und Taborstraße).*
*Erst in den letzten Jahren nahm die Bedeutung jüdischen Lebens in Wien wieder ein wenig zu – auf ein weiteres Mal durch den Zuzug von Juden aus Osteuropa, vor allem aus den Staaten der ehemaligen Sowjetunion. Das neueröffnete Jüdische Museum Wien gibt einen guten Überblick über die jüdische Geschichte Wiens. Der dort erhältliche Stadtplan »Jüdisches Wien – Einst und jetzt« bietet eine vollständige Dokumentation aller jüdischen Einrichtungen, Synagogen, Denkmäler und Sehenswürdigkeiten der Stadt.*

wohner Wiens nimmt dagegen, bedingt durch den Geburtenrückgang, seit Jahrzehnten kontinuierlich ab. Der Bevölkerungsrückgang wird nur durch die beständige Zuwanderung von Gastarbeitern, Flüchtlingen und Asylanten gebremst.

Österreich im allgemeinen und Wien im besonderen erkannte rasch, daß der Tourismus nicht nur einen profitablen Wirtschaftszweig, sondern eine nationale Überlebensgrundlage darstellt. Dementsprechend wurde Wien gehörig umgekrempelt – die Stadt mußte auch für Fremde begehbar, benutzbar und verständlich gemacht werden. Wiener lernten Fremdsprachen: erstmals nicht nur Tschechisch und Ungarisch, sondern Englisch, Französisch und Italienisch. Überall erschienen mehrsprachige Aufschriften. Museen, Opernhäuser und Restaurants entdeckten, daß es außer Deutsch noch andere Sprachen gibt. Hinweisschilder leiten nun zu bisher nur für Eingeweihte auffindbaren Ecken, ein wenig Transparenz beim Kartenvorverkauf macht es sogar für Nicht-Einheimische möglich, an die begehrten Tickets für Opernaufführungen, Sängerknaben-Konzerte und Lipizzaner-Vorführungen zu kommen. Kostspielige Image-Kampagnen bereiteten die Bevölkerung auf ihre neue Aufgabe als Gastgeber des internationalen Besucherstroms vor: Aufkleber und Plakate mit Slogans wie »Ich bin ein freundlicher Wiener« sollten das alte »Grantscherbn«- und »Z'widerwuazn«-Image der Stadtbewohner verändern, ihre routinemäßige Misanthropie und schlechte Laune in servicege-

Straßenakrobatik: In der Fußgängerzone gibt's immer reichlich Zuschauer

rechte Nettigkeit ummünzen, am besten gleich in Form der für das Außenhandelsdefizit des Landes so notwendigen Devisen.
Die Innenstadt wurde durch weitläufige Fußgängerzonen von der Autoflut befreit und für den Touristen begehbar gemacht, die klassischen Sehenswürdigkeiten vermehrten sich durch Bearbeitung touristischen »Neulands« deutlich: Die Wien-Werbung stützt sich nicht mehr ausschließlich auf die alten Standards wie Sängerknaben, Lipizzaner und Wiener Symphoniker, sondern auf Schlagworte wie Jugendstil, Fin de siècle und Hundertwasser. Zu diesem Zweck wurden Jugendstilwohnhäuser frisch herausgeputzt, entsprechende Sammlungen neu zugänglich gemacht, Otto-Wagner-Stadtbahnstationen in Jugendstil-Cafés umgewandelt, Jugendstil-Touren, -Führungen und -Pfade angeboten und angelegt. Das Image Wiens sollte konsequent erneuert werden – die Stadtväter und deren Werbeleute wollen nicht mehr das alte, rückwärtsgewandte, das morbide und todessehnsüchtige Wien präsentieren, sondern eine romantische, gefühlvolle, mit maßvoller Modernität sogar den Blick in die Zukunft wagende Stadt.

## Neue Gründerzeit – Wien wird wieder international

Der gezielt nach Wien gelockte Besucherstrom konnte nicht ohne Folgen bleiben: Internationale Organisationen wie die UNO, die »Organisation für industrielle Entwicklung« (UNIDO), die »Internationale Atomenergiebehörde« (IAEA) und die »Organisation erdölexportierender Länder« (OPEC) erkannten die beschaulichen wie komfortablen Möglichkeiten Wiens und verlegten zwischen 1965 und 1979 ihre Haupt- bzw. Nebensitze in die nicht so ganz im Brennpunkt internationaler Interessen liegende Stadt. Das Heer der mit diesen Organisationen im Zusammenhang stehenden Beamten, Angestellten und Besucher gründete so etwas wie eine neue Internationalität der Stadt, in deren Schlepptau Einrichtungen entstanden, die noch ein paar Jahre zuvor in Wien nicht denkbar gewesen wären: Eine geräumige Moschee wurde am linken, eine buddhistische Pagode am rechten Donauufer errichtet. Neue japanische, iranische sowie Lokale anderer Nationalitäten finden regen Zuspruch, Geschäfte für Luxusartikel bieten in bisher nie gekanntem Umfang orientalische Teppiche, Schmuck und andere Pretiosen feil. Der Druck auf den Wohnungsmarkt wächst enorm. Gepflegte Wohnungen oder Häuser in den wienerwaldnahen Siedlungsgebieten sind zu fast jedem Preis vermietbar, die noch zu winzigen Nachkriegspreisen eingemieteten, altgewordenen Bewohner der verstaubten, hochherrschaftlichen Ringstraßen- und Innenstadtwohnungen werden zunehmend in Altersheime und »praktische« Neubauwohnungen hinauskomplimentiert, um der neuen, zahlungskräftigen Klientel angemessenen, repräsentativen Wohnraum zu verschaffen. Das Preisniveau nähert sich dem anderer europäischer Metropolen an und übertrifft teilweise längst das mancher deutscher Ballungszentren. Auch in den Vorstädten wird es wieder eng: Abgewohnte und einfach ausgestattete Mietskasernen außerhalb des Straßenzuges »Gürtel« werden oft in ihrem Originalzustand (Klo auf dem Gang, keine Wohneinheiten, Kohleöfen) belassen und zu Wucherpreisen an die Heerscharen billiger ausländischer Arbeitskräfte vermietet, die den neuen Boom zu tragen haben. Auch auf dieser Ebene wirkt sich die zunehmende Internationalisierung aus: Waren es vor dem Krieg noch die tschechischen, ungarischen oder siebenbürgischen Wanderarbeiter, die in der kaiserlichen Metropole als billige Arbeiter und Handwerker zur Verfügung standen, so füllten in den sechziger und siebziger Jahren vor allem Gastarbeiter aus dem ehemaligen Jugoslawien die durch den dichten Eisernen Vorhang entstandene Lücke. Heute werden diese Arbeitskräfte durch unzählige Ägypter, Araber und Türken verstärkt. Kein Wiener Zeitungsverkäufer, der nicht fließend arabisch spräche, kein »Maronibrater«, der nicht seinen Koran beherrschte. Selbst bei den in Wien früher traditionell schwarzlackierten Taxis ist heute oft nur mehr der Fahrer schwarz, in den Krankenhäusern der Stadt kommt jede zweite Schwester oder Pflegerin von den Philippinen, Müllabfuhr, Straßenreinigung und Straßenbau kämen ohne türkische Mitarbeiter zum sofortigen Stillstand.

### Probleme mit der Internationalität

All das sind für die Wiener neue Erfahrungen – es gibt dieses so oft beschworene Leben auf der »Insel der Seligen«, wie einer der letzten Päpste Österreich genannt hatte, nicht mehr – oder zumindest ließe es sich auf der seligen Insel nicht mehr so bequem leben ohne all die neuen, fremdartigen Helfer. Nichtsdestotrotz führen Zuwanderung und Vermischung bei Teilen der Bevölkerung zu Reaktionen wie Fremdenhaß, Überbetonung der eigenen Nationalität, zu »Das-Boot-ist-voll«-Gefühlen mit Anklängen an die unselige, noch nicht ganz vergangene braune Vergangenheit. Die rechtsnationale und vor allem populistische »F-Bewegung« (»Die Freiheitlichen«), ehemals eine Sammlungsbewegung des konservativen Bürgertums und der konservativen, aber nicht klerikal gebundenen Intelligenz, konnte in Wien mit simplen Parolen und grobgestrickten Programmen vor allem in den klassischen proletarischen Bezirken Terrain gewinnen.
Die neue Gründerzeit läßt sich allerdings auch nicht durch ewiggestrige Parolen hintanhalten: Spätestens seit der Wende in Osteuropa

und seit der Öffnung der Grenzen zu Ungarn und den neuentstandenen Nachbarn Tschechische und Slowakische Republik sowie Slowenien liegt Wien wieder ein wenig mehr mitten in Europa. Österreichische Firmen vor allem aus dem Konsumgüter-und Leichtindustriebereich sowie Stromversorgungs-, Bau- und Transportunternehmen engagieren sich auf den neuen Hoffnungsmärkten des Ostens, der Wiener Flughafen versucht, zu so etwas wie einer Drehscheibe für Verbindungen zu den neuen Zielgebieten östlich der Alpen zu werden.
Konsumtechnisch unverwöhnte Kunden aus den nahen Großstädten Prag, Brünn, Preßburg und Budapest sowie aus den noch näheren, kleineren Grenzstädten strömen nach Wien, um sich hier mit billigen Waren des täglichen Bedarfs einzudecken. Einkaufszentren am östlichen Stadtrand entstehen vor allem zur Deckung des Bedarfs dieser Kunden, die klassische Wiener Billig-Einkaufsmeile Mariahilfer Straße und ihre Seitengäßchen verwandelten sich in ein östliches Shopping-Dorado: Kaum ein Geschäft, kein Kaufhaus, in dem nicht zumindest Teile des Personals über tschechische, ungarische oder polnische Sprachkenntnisse verfügen, wobei sich viele kleine Läden längst in der Hand neu aus dem Osten zugewanderter Geschäftsleute befinden, die die Wünsche der Kundschaft aus ihren Heimatländern doch am besten nachvollziehen können.
Auch das Reservoir billiger Arbeitsplätze bekommt neue Verstärkung. Viele gelernte und ungelernte Hilfskräfte verrichten als Wochen- oder Monatspendler vielfach weit unterqualifizierte Tätigkeiten, um sich oder ihren Familien in der Heimat ein angenehmeres Leben zu ermöglichen – und ihren Wiener Auftraggebern eine preisgünstigere Schaffung neuen Wohnraums, Ausbau von Dachböden, Renovierung alter Bausubstanz oder Instandsetzung abgewohnter Bleiben.
Die neuen Bestrebungen Wiens finden große publizistische Unterstützung: Neue Zeitschriften- und Zeitungsprojekte versorgen die Wiener mit Klatsch-, Lese- und Unterhaltungsstoff, die Aufhebung des österreichi-

Zeitungsverkäufer sind in Wien so international wie die Presse, die sie verkaufen

schen Rundfunkmonopols führte zur Gründung zahlreicher privater Radio- und Fernsehstationen. Die neuen Medien wollen durchaus urban, großstädtisch und gewichtig auftreten, verharren fürs erste jedoch größtenteils in der alten Provinzialität.
Die neue Gründerzeit stürzt auch die Stadtverwaltung in hektische Aktivitäten: Großprojekte und angebliche infrastrukturelle Verbesserungen sollen das Ansehen Wiens heben, noch mehr zahlungskräftiges Publikum in die Stadt locken, die Ehre der beteiligten Politiker vermehren und den Wienern das Gefühl vermitteln, daß sich wieder etwas tut in ihrer Stadt. Straßenbauprojekte werden vorangetrieben, der Donau neben ihrem angestammten Bett ein zweites, künstliches Bett gegraben, das widmungsgemäß dem Hochwasserschutz, jedenfalls aber der Schaffung neuer »Freizeitparadiese« dient. Neue Museen stehen vor der Gründung oder befinden sich im Bau, gut vermarktbaren Künstlern wie Friedensreich Hundertwasser wurde die Ausgestaltung und Verschönerung der Stadt anvertraut. Neue Krankenhäuser, neue Schulen, neue U-Bahn-Linien, neue Schnellbahnen, neue Fußgängerzonen und neue Verwaltungs-, Universitäts- und Bibliotheksgebäude sollen der Stadt die fehlenden infrastrukturellen Einrichtungen »nachliefern«, deren Bau im jahrzehntelangen Tiefschlaf der unmittelbaren Vergangenheit nicht zustande gekommen war.
Der Eintritt Österreichs in die Europäische Union (EU) Anfang des Jahres 1995 war nur der nach außen hin

Modern: von Friedensreich Hundertwasser verschöntes Müllheizwerk

sichtbare Schritt nach Europa, auf den in Wien schon jahrelang sorgfältig hingearbeitet worden war. Das Ziel der neuen Gründerjahre liegt vor Augen – Wien soll wieder Metropole werden. Die Frage bleibt, ob das unter Preisgabe aller lokalen Besonderheiten, ortstypischen Abgründe und kulturellen Eigenarten passieren muß – eine Frage, die von offizieller Seite stets verneint wird, obwohl man sich in dieser Angelegenheit wohl längst nicht mehr ganz so sicher ist wie früher.

## Wien bleibt Wien

Dieser Ausspruch wurde sowohl im Wienerlied kolportiert wie auch unzählige Male in Dichtung und Alltag in Beschlag genommen: Karl Kraus faßte ihn als Drohung auf, der bis zum Jahr 1994 amtierende, »neu-gründerzeitliche« Bürgermeister Helmut Zilk als Versicherung an seine Wiener, die Stadt werde auch trotz Eingliederung des ganzen Landes in die EU, trotz Öffnung nach Europa und weitergehender Internationalisierung nichts von ihrer Eigenständigkeit verlieren. »Wien bleibt Wien« – das ist wie immer schon ein Zugeständnis an das trotz aller angestrebten Modernität immer noch bewahrende, mit positiven wie mit negativen Seiten behaftete, konservative Auftreten der Stadt. An das Alte, ein ehrerbietender Gruß an die große Vergangenheit Wiens.

Klassisch: Schloß Schönbrunn, Monument der Habsburgerdynastie

## *Geschichte auf einen Blick*

**ca. 400 v. Chr.** *Kelten lassen sich in Wien nieder.*

**ca. 15 v. Chr.** *Wien wird zur römischen Provinz Pannonia mit der Hauptstadt Carnuntum geschlagen.*

**443 n. Chr.** *Die Hunnen erobern ganz Pannonien, die Römer ziehen endgültig ab.*

**1137** *Erste urkundliche Bezeichnung Wiens als Stadt (»civitas«).*

**1246** *Tod Friedrich II., Ende des Babenberger Geschlechts.*

**1276** *Der deutsche König Rudolf (1273–91) aus dem Geschlecht der Habsburger beansprucht die Herrschaft über Österreich.*

**1298** *Herzog Albrecht I. wird zum deutschen König gekrönt.*

**1349** *Pestepidemie.*

**1365** *Gründung der Wiener Universität.*

**1421** *Herzog Albrecht V. (1404 bis 1439) läßt das jüdische Ghetto am heutigen Judenplatz räumen (»Erste Wiener Gsera«).*

**1438** *Der Humanist Enea Silvia Piccolomini verfaßt die älteste erhaltene Stadtbeschreibung Wiens.*

**1485–90** *Der Ungarnkönig Matthias I. Corvinus besetzt Wien.*

**1529** *»Erste Türkenbelagerung«.*

**1645** *Der Dreißigjährige Krieg brandet bis nach Wien: Schwedische Truppen versuchen die Stadt zu stürmen, scheitern aber an den neuen Befestigungen.*

**1679** *30 000 Menschen, ein Drittel der Bevölkerung, fallen der Pest zum Opfer.*

**1683** *Die »Zweite Türkenbelagerung«. Prinz Eugen von Savoyen, »der Edle Ritter«, ist an der Rettung Wiens maßgeblich beteiligt.*

**1711–40** *Die Blütezeit des Wiener Barock beginnt – Adel und Bürger lassen prächtige Landsitze vor der Stadt errichten.*

**1740–80** *Regentschaft Kaiserin Maria Theresias. Zentralisierung der Staatsverwaltung in Wien, Einführung der allgemeinen Schulpflicht, Begründung der »Wiener Medizinischen Schule«, Ausbau des Schlosses Schönbrunn.*

**1765–90** *Kaiser Joseph II., der älteste Sohn Maria Theresias, betreibt eine Politik der Aufklärung (»Josephinismus«).*

**1805** *Französische Heere unter der Führung Napoleon I. besetzen Wien, der Habsburger*

*Franz II. (1792–1835) legt ein Jahr später die deutsche Kaiserkrone nieder – Wien ist damit nicht mehr Hauptstadt des Heiligen Römischen Reichs Deutscher Nation, es kommt zum Friedensschluß mit Napoleon.*

**1809** *Napoleon marschiert zum zweiten Mal in Wien ein.*

**1814–15** *Wiener Kongreß unter der Leitung Fürst Metternichs – nach der Niederlage Napoleons bei der Völkerschlacht von Leipzig ordnen die Diplomaten Europa von Wien aus neu.*

**1848** *Revolution in Wien: Studenten, Arbeiter, Bürger und Bauern begehren gegen den Polizeistaat Metternichs auf.*

**1867** *Die »Doppelmonarchie Österreich-Ungarn« wird ausgerufen.*

**1873** *Börsenkrach – die Wirtschaft des Riesenreiches kollabiert.*

**1890** *Wien hat über zwei Millionen Einwohner.*

**1897–1910** *Unter dem christlich-sozialen, antisemitischen Bürgermeister Dr. Karl Lueger entstehen Einrichtungen allgemeiner Wohlfahrt, die Versorgungs- und Verkehrsbetriebe werden kommunalisiert, die Straßenbahn elektrifiziert.*

**1918** *Zerfall der »k. u. k.-Donaumonarchie« Österreich und Ungarn.*

**1919** *Durch den Friedensvertrag von St. Germain wird das Land in »Republik Österreich« umbenannt.*

**1938** *Österreich wird von der deutschen Wehrmacht annektiert.*

**1945** *Mehr als 50 Luftangriffe der Alliierten zerstören ein Viertel aller Wohnungen und Industrieanlagen. Die Stadt wird in vier Besatzungszonen aufgeteilt.*

**1955** *Der Österreichische Staatsvertrag bringt den Abzug der Alliierten und die österreichische Unabhängigkeit. Das Land verpflichtet sich zu »immerwährender Neutralität« und wird Mitglied der UNO.*

**1961** *Mitten im Kalten Krieg treffen sich Kennedy und Chruschtschow in Wien.*

**1979** *Das für die weltweite Abrüstung bedeutsame Gipfeltreffen zwischen Jimmy Carter und Leonid Breschnew findet in Wien statt.*

**1986–89** *Die 4. Internationale »Konferenz für Sicherheit und Zusammenarbeit« (KSZE) tagt in Wien.*

**1995** *Österreich tritt der EU bei.*

# Unterwegs in Wien

## Unterwegs in Wien

# Hotels

In Wien gibt es zuwenig Hotels. Doch seien Sie unbesorgt: Gerade in den letzten Jahren wurde verstärkt Abhilfe geschaffen: Ein neues Haus nach dem anderen öffnet seine Pforten – vornehmlich in den allerbesten Lagen von Innenstadt (wer hätte gedacht, daß an der Ringstraße noch Platz für ein halbes Dutzend Hotels sein könnte) und Peripherie.
Grundsätzlich gilt: rechtzeitig reservieren! Besonders während der Hochsaison ist es ratsam, sich bereits Wochen vor der Anreise zu informieren: Bereits im April setzt der Touristenstrom ein, während der »Wiener Festwochen« und den diversen Musikfestivals in den Sommermonaten erreicht er seinen Höhepunkt, um erst wieder Ende Oktober abzuebben.
Besuchen Sie Wien vor allem, um Kunst und Kultur zu tanken, sollten Sie sich für eine der zahlreichen Unterkunftsmöglichkeiten in der Innenstadt (I. Bezirk) oder in den inneren Bezirken (Nr. II–IX) entscheiden – die Nummer des Bezirkes ist dem jeweiligen Straßennamen vorangestellt.
Wollen Sie – vor allem während

Legendär: das 1876 gegründete Hotel Sacher

des Sommers – auch ein bißchen mehr von der Umgebung Wiens mitbekommen und sich vom Sightseeing durch Schwimmen, Radtouren oder Waldspaziergänge erholen, lassen Sie sich in den Bezirken XIII–XIX bzw. XXIII nieder: Sie liegen am westlichen Stadtrand, an den Hängen des Wienerwaldes. Auch dort sind Sie alles andere als weit vom Schuß: Das Zentrum erreichen Sie in den meisten Fällen in 30 bis 45 Minuten. Die Bezirke II und XX–XXII sind den Wasserratten vorbehalten: Hier fließt die Donau, die Alte und die Neue Donau sowie die Donauauen liegen vor der Haustür. Als Besonderheit in der Wiener Hotellerieszene mögen die »Sai-

…orherige Seite: Traditionelles …arussell im Prater
…nks: Wahrzeichen Wiens ist der …ephansdom, kurz Steffl …enannt

sonhotels« durchgehen – Studentenheime, die während der Sommermonate (1. Juli–30. Sept.) als Hotels geführt werden: Meist ohne allzu großen Komfort, dafür jedoch preisgünstig und manchmal nicht ganz ausgebucht. Zimmer werden prinzipiell nach der Anzahl der Personen berechnet. In den meisten Fällen ist das Frühstück im Preis inbegriffen, lediglich Luxushotels berechnen es extra. Falls Sie nicht im Hotel frühstücken wollen (was in vielen Fällen empfehlenswert sein mag), lassen Sie sich den Frühstückspreis vom Zimmerpreis abziehen.

A5 **Alla Lenz**
VII., Halbgasse 3–5
Tel. 5236989/0
Fax 5236989/55
U3, Straßenbahn 6, 18 (Burggasse/Stadthalle); Straßenbahn 5 (Burggasse); Bus 49 A (Kaiserstraße)
14 Zimmer
2. Kategorie

Ein preiswertes Viersternehotel: Hallenbad, Zimmer teils mit Bad, teils mit Dusche. Garage, Parkplatz, ruhige Lage, zentrumsnah.

**Altwienerhof**
XV., Herklotzgasse 6
Tel. 8926000, Fax 8926000/8
U6, Straßenbahn 6, 18 (Gumpendorfer Straße); Bus 12 A, 57 A (Stiegergasse)
22 Zimmer
2. Kategorie

Die Besonderheit dieses kleinen Vorstadthotels ist die stark französisch inspirierte Küche des hauseigenen Restaurants. Außerdem zu loben sind die persönliche Atmosphäre, der Garten und die rasche Verbindung ins Zentrum.

**Ambassador** D
I., Neuer Markt 5
Tel. 51466, Fax 5132999
U1, U3 (Stephansplatz); Bus 2 A, 3 A (Plankengasse)
106 Zimmer
Luxuskategorie

Edles Haus in zentraler Lage (5 Gehminuten zu Stephansplatz, Staatsoper, Karlsplatz) und dennoch relativ ruhig – zumindest, was den Autoverkehr betrifft. Gepflegtes Haus, bemühter Service, Restaurant »Ambassador«.

**Amon** A
VIII., Daungasse 1
Tel. 405 01 94
Straßenbahn 5, Bus 13 A (Laudongasse)
11 Zimmer
3. Kategorie

Sehr zentrumsnah (2 Straßenbahnstationen), dabei sehr ruhig. Halb- und Vollpension möglich! 1 Zimmer mit Bad, 1 Zimmer nur Dusche, der Rest mit Etagendusche.

**Ana Grand Hotel Wien** D
I., Kärntner Ring 9
Tel. 51580/0, Fax 5151313
U1, Straßenbahn 1, 2, D, J, 62, 65, Bus 59 A, 3 A (Oper)
205 Zimmer
Luxuskategorie

Der neueste Zuwachs (Eröffnung im Sommer 1994) in der immer längeren Reihe von Ringstraßenhotels: ein neues, geschmackvolles Luxushotel unweit von Staatsoper, Musikvereinssaal und Karls- sowie Schwarzenbergplatz. Mit Restaurant, Bar und Fitneßraum.

**Arabella Hotel Jagdschloß**
XIII., Jagdschloßgasse 79
Tel. 8 04 35 08, Fax 8 04 13 55
Bus 54 B, 55 B (Gobergasse)
48 Zimmer
3. Kategorie
Das kleine und gemütliche Haus liegt im Westen der Stadt, in einem ruhigen Villenviertel. In der Nähe: Schloß Schönbrunn. Garten, Service für Radfahrer, Bar.

**Aschauer Gasthof**
XXIII., Kirchenplatz 5 (Kalksburg)
Tel. 8 84 163
Bus 253, 254, 354 (Kalksburg/Kirchenplatz)
9 Zimmer
3. Kategorie
Der kleine und einfache wie gemütliche Gasthof (Zimmer mit Dusche) liegt im äußersten Westen Wiens, im eingemeindeten Dorf Kalksburg. Die Wirtsleute kümmern sich persönlich um das Wohl ihrer Gäste. Das Ambiente ist ländlich – hinter dem Haus beginnt der Wienerwald. Restaurant und Kaffeehaus im Haus (Hausmannskost, Mi–So von 6 bis 22 Uhr durchgehend warme Küche), Garten mit Terrasse.

**Biedermeier**
III., Landstraßer Hauptstr. 28 (Ungargasse 13)
Tel. 01/71671/0
Fax 7 16 71/503
U3, Bus 4 A, 79 A (Rochusgasse); Bus 74 A (Weyrgasse); Straßenbahn O (Sechskrügelgasse)
203 Zimmer
1. Kategorie
Ein Biedermeier-Durchhaus wurde von einem findigen Bauunternehmer vor dem Verfall gerettet und in eine weitläufige Hotelanlage umgebaut. Mehrere Höfe, die meisten Zimmer in ruhiger Lage. Restaurant, Bar, Kaffeehaus und verschiedenste Geschäfte – alles unter einem Dach. Spezieller Service für radfahrende Gäste.

**Bristol** D5
I., Kärntner Ring 1
Tel. 5 15 16/0, Fax 5 15 16/5 50
U1, U2, U4, Bus 4 A (Karlsplatz/Oper); Straßenbahn 1, 2, D, J, 62, 65, Bus 59 A, 3 A, Lokalbahn (Oper)
146 Zimmer
Luxuskategorie
Zusammen mit dem Imperial und dem Sacher eines der drei altehrwürdigen und heute noch führenden Luxushotels Wiens. Absolut zentrale Lage (neben der Staatsoper, 10 Gehminuten zum Stephansplatz, eine Minute zum Karlsplatz). Prächtiges, gründerzeitliches Ringstraßenpalais. Stilmöblierte Zimmer. Hier steigen Geldadel und Prominenz ab (etwa die Stars der benachbarten Staatsoper). Restaurant Korso.

**Clima Villenhotel**
XIX., Nußberggasse 2 c
Tel. 37 15 16, Fax 37 13 92
Straßenbahn D (Endstation Beethovengang)

Ein prächtiges, gründerzeitliches Ringstraßenpalais ist das Hotel Bristol

27 Zimmer
1. Kategorie
Eines der wenigen erstklassigen Wiener Hotels in absoluter Grünlage, mit Blick über die Weingärten und die Hänge des Wienerwaldes bis zur Donau – wohnen, wo Beethoven spazierenging. Das Haus verfügt über allen Komfort: Hallenbad, Sauna, Solarium, Liegewiese, Garten, Garage, Satelliten-TV, Fahrradservice (direkte Zufahrt zum Radwegesystem an der Donau) und ein eigenes Restaurant.

C2 **De France**
I., Schottenring 3
Tel. 31 36 80, Fax 3 19 59 69
U2, Straßenbahn 37, 38, 40, 41, 42, 43, 44, Bus 1 A (Schottentor/Universität); Bus 40 A (Börse)
216 Zimmer
1. Kategorie
Das moderne Haus an der Ringstraße, sehr zentral zwischen Universität und Börse, mit französischem Touch (selbst ein Fremdsprachenkino ist im Haus). Sauna, Solarium, Fitneßraum, Satelliten-TV, Restaurant, Bar.

**Franz** C
IX., Währinger Str. 12
Tel. 34 36 37, Fax 34 36 37/23
Straßenbahn 37, 38, 40, 41, 42 (Schwarzspanierstraße)
25 Zimmer
3. Kategorie
Klassische Pension in klassischer Pensionsgegend. Zentrums- und universitätsnah. Für Bequeme: Hier sind Halb- und Vollpension möglich.

Im gediegenen Hotel Imperial steigen Staatsgäste ab

**Gallitzinberg**
XVI., Johann-Staud-Str. 32
Tel. 9 14 82 09
Bus 46 B, 146 B (Reizenpfenninggasse)
18 Zimmer
3. Kategorie
Eine Pension am Rand des Wienerwaldes. Wienblick! Schräg gegenüber liegt das Ottakringer Bad (Freibad, Halle) – erfrischend nach langen Sightseeing-Touren! Zimmer mit Dusche.

D5 **Imperial**
I., Kärntner Ring 16
Tel. 5 01 10/0, Fax 5 01 10/4 10
U 1, U 4 (Oper/Karlsplatz);
Straßenbahn 1, 2, D, J, 71,
Bus 59 A, 3 A (Schwarzenbergplatz)
146 Zimmer
Luxuskategorie
Das Imperial dient bei Staatsbesuchen als das offizielle Gästehaus der österreichischen Regierung. Hier wohnte Königin Elizabeth von Großbritannien bei ihrem Wienbesuch 1969. Die Leser des amerikanischen Reisemagazins »Condé-Nast-Traveller« haben das Haus 1994 zum besten Hotel der Welt erkoren. Das Café Imperial wird dagegen auch von normalsterblichen Wienern besucht – zumeist Geschäftsleute und ältere Damen, jedenfalls Kenner und Genießer der traditionellen Wiener (Mehlspeis-)Küche kommen hierher, um Speis und Trank zu genießen.

**Inter-Continental Wien** E5
III., Johannesgasse 28
Tel. 7 11 22/0, Fax 7 13 44 89
U 4 (Stadtpark)
492 Zimmer

Luxuskategorie
Der »ältere« und »kleinere« der beiden Hotelkästen am Rand der Wiener Innenstadt (gegenüber dem Vienna Hilton am anderen Ende des Stadtparks) – trotzdem ziemlich modern, imposant und klotzig. Der Blick reicht über den Stadtpark und die Innenstadt bis zum Wienerwald. Großzügiges Haus mit jedem Komfort (Sauna, Solarium, Fitneß, Satelliten-TV), sehr zentral gelegen.

B5 **K. & K. Hotel Maria Theresia**
VII., Kirchberggasse 6–8
Tel. 52123, Fax 52123/70
U2, U3, Straßenbahn 49, Bus 48A (Volkstheater)
123 Zimmer
1. Kategorie
Das Hotel, das keinen Bezug zu Kaiserin Maria Theresia hat, liegt zwischen dem Spittelberg, einem in den letzten Jahren renovierten, architektonisch geschlossenen Biedermeierwohnviertel im VII. Bezirk mit vielen Lokalen, Galerien und kunsthandwerklichen Betrieben, und der Innenstadt, genauer gesagt, neben dem Museumsviertel vor der Hofburg. Restaurant und Bar im Haus.

Der gute Tip M:
**König von Ungarn**
Ein uralter Einkehrgasthof gleich hinter dem Stephansdom: romantisches Wohnen und gediegenes Speisen zu halbwegs moderaten Preisen.

**Kärntnerhof** E3
I., Grashofgasse 4
Tel. 5121923, Fax 51322 2833
U1, U4, Straßenbahn 1, 2, N, 21, Bus 1A, 2A, 3A (Schwedenplatz)
43 Zimmer
3. Kategorie
Das angenehm altmodische Haus liegt versteckt und daher ruhig in einer kleinen Sackgasse mitten in der Innenstadt, geradewegs zwischen Schweden- und Stephansplatz, gleich neben dem idyllischen Heiligenkreuzerhof. Die Zimmer mit Bad kosten um einiges mehr als die nur mit Dusche.

**König von Ungarn** M E4
I., Schulerstr. 10
Tel. 51584/0, Fax 51584/8
U1, U3, Bus 1A, 2A, 3A (Stephansplatz)
33 Zimmer
1. Kategorie
Der Geheimtip ist längst keiner mehr: Der von Grund auf behutsam renovierte Barock-Einkehrgasthof hat sich zu einem Insider-Innenstadthotel gemausert, das aufgrund seiner wenigen Zimmer meist lange im voraus ausgebucht ist.

**Kugel** B5
VII., Siebensterngasse 43
Tel. 933355, Fax 931678
Straßenbahn 49 (Neubaugasse); Bus 13A (Westbahnstraße/Siebensterngasse)
38 Zimmer
3. Kategorie
Ein kleines Hotel in einem alten Haus. Zimmer mit Bad, Dusche oder Etagenbad (Preisunter-

schiede!). Rund um das Hotel gibt es viele Geschäfte und Beisln, mit der Straßenbahn ist man in 5 Min. im Zentrum.

A6 **Kummer**
VI., Mariahilfer Str. 71 a
Tel. 58895, Fax 5878133
U3 (Neubaugasse); Bus 13 A, 14 A (Mariahilfer Straße)
103 Zimmer
2. Kategorie
Ein gepflegtes Hotel in einem typischen gründerzeitlichen Wohnhaus mit entsprechend geräumigen Zimmern. Ideal für Einkaufsinteressierte: Die Mariahilfer Straße sowie die Neubaugasse sind fußgängerfreundliche Einkaufsmeilen.

**Landhaus Fuhrgassl-Huber**
XIX., Rathstr. 24
Tel. 4403033, Fax 4402714
Bus 35 A (Agnesgasse)
22 Zimmer
2. Kategorie
Wohnen fast im Heurigen – bei einem der bekanntesten Heurigenwirte Wiens, dem Fuhrgassl-Huber, wo eher die Wiener als die Touristen hingehen. Zimmer mit Bad oder Dusche. Garten, Garage.

D4 **Nossek**
I., Am Graben 12
Tel. 5337041, Fax 5353646
U1, U3 (Stephansplatz); Bus 1 A, 2 A, 3 A (Graben, Petersplatz)
26 Zimmer
2. Kategorie
Mitten in der Fußgängerzone, eine Gehminute zum Stephansplatz. Zimmer mit Bad oder Dusche.

**Orient** D3
I., Tiefer Graben 30–32
Tel. 5337207, Fax 5350340
Straßenbahn 1, 2, D (Börse); Bus 1 A, 3 A (Renngasse)
28 Zimmer
2. Kategorie
Das teuerste unter den Einsternehotels (offizielle Kategorisierung) und natürlich das beste: leicht anrüchige Altwiener Inszenierung mit viel Plüsch und Dekor. Zimmer mit Bad und Etagenbad. Im Herzen der Stadt.

Der gute Tip M:
**Palais Schwarzenberg**
Ein intimes wie traditionsreiches Haus aus dem frühen 18. Jh. mitten in der Stadt und doch im Grünen – ein Hauch des alten Wien!

**Palais Schwarzenberg M** E6
III., Schwarzenbergplatz 9
Tel. 7984515, Fax 7984714
Straßenbahn D, Bus 4 A (Gußhausstraße); Straßenbahn 71 (Lothringerstraße)
39 Zimmer
Luxuskategorie
Wohnen beim Fürsten – im Seitentrakt des Stadtpalais der Schwarzenbergs (1697–1704 nach Plänen von Johann Lukas von Hildebrandt erbaut, 1716 bis 1718 nach einem Entwurf Johann Bernhard Fischer von Erlachs verändert) mitten in deren eigenem Privatgarten direkt am Schloßpark des Belvedere. Exquisites, kleines und intimes Stadthotel (3 Gehminuten ins Zentrum) in ruhiger Lage, mit

***Hotel Sacher*** *Das Haus liegt zwar sehr zentral – direkt hinter der Staatsoper, fast an der Ringstraße, fast am Stephansdom, mitten in der Stadt –, ist aber unverschämt laut, verfügt über keine nennenswerte Aussicht und über keinerlei neuzeitlichen Komfort wie Sauna, Schwimmbad oder Garagen.*
*Der legendäre Ruf des Sacher beruht vielmehr auf der Tradition des Hauses und seines Publikums: 1876 vom »Gemischtwarenhändler« Eduard Sacher begründet, beherbergten die gedämpften Räumlichkeiten zwischen den seidenbespannten Wänden Vertreter aus Aristokratie, Politik, Geldadel und gehobenem Bürgertum. Starinterpreten der Staatsoper pflegen sich hier genauso monatelang einzuquartieren wie prominente Dauergäste der Stadt.*
*Die beziehungsreichen Dramen Arthur Schnitzlers sind hier so zu Hause wie das Bett aus Schloß Mayerling, auf dem der österreichische Kronprinz Rudolf 1889 die Baronesse Vetsera sowie sich selbst erschossen hatte – »in deinen Betten ist Österreich« hieß es beim Nachkriegskabarettisten Karl Farkas über das skandal- wie geschichtsträchtige Haus.*
*Auf Etikette wird im Haus nach wie vor größter Wert gelegt, auch wenn die Vorschriften in den letzten Jahren einigermaßen gelockert wurden: Jeans sind zwar nicht unmöglich, aber doch unerwünscht, ebenso wie offene Hemdkragen im Restaurant – in der »Roten Bar«,*

Blick auf das Obere Belvedere. Zimmer unbedingt rechtzeitig reservieren! Hervorragendes gleichnamiges Restaurant im Haus.

**Parkhotel Schönbrunn**
XIII., Hietzinger Hauptstr. 10–20
Tel. 87804, Fax 87804/3220
U4, Straßenbahn 10, 58, 60, 62, Bus 51 A (Hietzing)
434 Zimmer
1. Kategorie
Hinter der Fassade des gründerzeitlichen Stadtpalais verbirgt sich eine riesige Hotelanlage, deren allerbeste Zeit vorbei ist – aber noch nicht allzu lange. Das Hotel verfügt über guten Komfort (Schwimmbad, Sauna, Solarium, Fitneßraum) sowie über eine einzigartige Lage (vis-à-vis des Hietzinger Tores zum Schönbrunner Schloßpark). Restaurant mit schattigem Gastgarten, Kaffeehaus.

**Regina** C2
IX., Rooseveltplatz 15
Tel. 404460, Fax 4088392
U2, Straßenbahn 1, 2, D, 43, 44, Bus 1 A (Schottentor/Universität); Straßenbahn 37, 38, 40, 41, 42 (Schwarzspanierstraße)
126 Zimmer
1. Kategorie
In einem typischen Stadthaus der Ringstraßenarchitektur thront das Hotel gegenüber der neugoti-

*wie das Kernstück Sacherscher Gastronomie genannt wird, finden Herren nach wie vor nur in Jackett und mit Krawatte Eintritt. Nur im Kaffeehaus ist man zu Konzessionen mit der touristischen Laufkundschaft bereit – und in die »Blaue Bar« dürfen sogar hosentragende Damen.*

*Die Stimmung ist dennoch nicht gerade umgänglich: Sowohl die Kellner als auch die (häufig wienerischen) Stammkunden sind sich ihrer Würde bewußt, jedes noch so kleine Etwas wird auf dem Silbertablett serviert, selbst die völlig unvermeidlichen Mobiltelefone scheinen hier ein wenig gepflegter zu summen, zu piepsen und zu tirilieren – werden die Anrufer doch mit sonst kaum mehr anzutreffender Nonchalance vertröstet (»Geh Schatzi, ruf doch a bissel später an, waßt, i sitz jetzt im Sacher und les' in der Zeitung…«).*

*Kellner, Portiers und Concierges im Sacher sind absolute Respektspersonen – so ähnlich wie in der vor Jahren mit großem Erfolg ausgestrahlten Fernsehserie »Hallo… Hotel Sacher… Portier« – nur daß die echten Portiers ein wenig ernster und eleganter sind als der Fernsehportier Fritz Eckhardt. Dementsprechend ist das Personal des Hauses auch zu behandeln, vor allem was das Trinkgeld betrifft – das hat nichts mit Käuflichkeit zu tun, sondern entspricht einfach der Attitüde des Hauses: Alles soll wie am Schnürchen funktionieren, und dazu gehört eben ein kleines Extra.*

schen Votivkirche und der Universität (eine Gehminute ins Zentrum). Vor dem Haus liegt ein verkehrsumbrauster, von pausierenden Studenten stark frequentierter Park. Angenehmes, leicht angestaubtes Ambiente, großzügige Zimmer. Im Hause das Regina Restaurant und das Regina Stüberl.

**Römischer Kaiser** D5
I., Annagasse 16
Tel. 5127751/0
Fax 5127751/13
U1, Straßenbahn 1, 2, D, J, 62, 65, Bus 59A, 3A (Kärntner Straße)
23 Zimmer
1. Kategorie

Kleines, familiäres Haus mitten in der Innenstadt (zwischen Oper und Stephansplatz, ein paar Schritte von der Fußgängerzone Kärntner Straße). Das Stadtpalais aus dem Jahr 1684 wurde erst vor wenigen Jahren zum Hotel umgebaut. Empfehlenswert!

**Sacher** D5
I., Philharmonikerstr. 4
Tel. 51456, Fax 514578 10
U1, Straßenbahn 1, 2, D, J, 62, 65, Bus 59A, 3A (Oper)
116 Zimmer
Luxuskategorie

Es muß in aller Deutlichkeit gesagt werden: Das Sacher ist *das* Hotel Wiens. Hier atmet alles Geschichte, Geschichten und Bedeutung: Das Sacher ist weniger Hotel als nationale Institution. Dabei ist der für Wiener Verhältnisse völlig durchschnittliche Fin-de-siècle-Bau direkt hinter der Staatsoper gar nicht das teuerste Luxushotel Wiens – dafür das mit der prächtigsten, skandalträchtigsten und somit interessantesten Geschichte.

**Scandic Crown Hotel**
II., Handelskai 269
Tel. 72777, Fax 72777/199
Straßenbahn 21 (Offenbachgasse – von dort 15 Min. Fußweg)
367 Zimmer
1. Kategorie

Für diejenigen, die etwas Ausgefallenes schätzen: Das Hotel ist in einem umgebauten Hafenspeicher untergebracht. Sichern Sie sich auf jeden Fall ein Zimmer mit Blick auf die Donau, Donauinsel und das Vienna International Centre auf der anderen Donauseite, sonst sehen Sie auf die eher triste Szenerie einer vierspurigen Schnellstraße und ein paar Lagerhallen. Restaurant, Bar.

Der gute Tip M:
**Schloß Wilhelminenberg**
Wohnen im Schloß, umgeben von Liegewiesen und Wäldern. Terrasse und Speisesaal mit herrlichem Blick und hervorragender Küche.

**Schloß Wilhelminenberg M**
XVI., Savoyenstr. 2
Tel. 458503/0, Fax 454876
Bus 146B, 46B (Schloß Wilhelminenberg)
87 Zimmer
2. Kategorie

Das Hotel ist innen nicht ganz so repräsentativ, wie es sein Äußeres vermuten ließe, doch die Räume sind großzügig und einigermaßen bequem. Bestechend ist vor allem die Lage des Hauses: Am Abhang des Wienerwaldes gelegen, überblickt es die westlichen Bezirke bis hin zur Innenstadt, hinter dem Haus erhebt sich der Gallitzinberg mit vielen Wander- und Spazierwegen. Das Zentrum ist dennoch nicht weit: 30 Min. mit öffentlichen Verkehrsmitteln, 20 Min. mit dem Auto. Im Sommer frühstücken Sie draußen auf der Terrasse – schönere Frühstücksplätze hat die Stadt nicht zu bieten. Auch das Restaurant im Haus kann sich sehen lassen. Auf demselben Areal befindet sich außerdem eine Jugendherberge.

**Sophienalpe**
XIV., Sofienalpenstr. 13
Tel. 462432, Fax 45165512
Bus 449 (Sofienalpe)
70 Zimmer
3. Kategorie

Vielleicht Wiens einziges richtiges Landhotel: mitten im Wienerwald, fernab jeder sonstigen menschlichen Ansiedlung und doch noch auf Wiener Stadtgebiet. Traumhaft ruhig während der Woche, ausflüglerüberflutet an den Wochenenden. Das preiswerte wie urige Haus bietet jede Menge Lokalkolorit und einige Annehmlichkeiten: Hallenschwimmbad, Sauna, Kinderspielplatz, Liegewiese. Wer hier

Eine herrliche Aussicht hat man von der Terrasse des Hotels Schloß Wilhelminenberg am Wienerwald

wohnt, sollte am besten mit dem Auto anreisen. Das Restaurant offeriert handfeste Hausmannskost.

**Strebersdorferhof**
XXI., Rußbergstr. 46
Tel. 2925722
Fax 2928869/36
Straßenbahn 32 (Endstation Edmund-Hawranek-Platz)
16 Zimmer
3. Kategorie

Die Pension im Heurigenort der Wiener ist gleichzeitig ein angenehmer Gasthof. Nahe bei der Neuen Donau, der Donauinsel und dem Bisamberg. Viele Spazier- und Radfahrmöglichkeiten (Fahrradservice im Haus).

**Strudlhof**
IX., Pasteurgasse 1
Tel. 3192522, Fax 3192522/62
Straßenbahn D (Fürstengasse);
Bus 40 A (Bauernfeldplatz)
48 Zimmer
2. Kategorie

Das Haus ist keine architektonische Schönheit, dafür liegt eine in unmittelbarer Nachbarschaft: die Strudlhofstiege, Namensgeberin des Hotels und eines Romans Heimito von Doderers, eine Treppenanlage aus der Secessionszeit. Die stufengewordene Böschung gibt der Sackgasse und den umliegenden Häusern einen leicht verträumten, ruhigen Rückzugsraum.

**Theaterhotel** A3
VIII., Josefstädter Str. 22
Tel. 423648, Fax 421406
Straßenbahn J (Lederergasse);
Bus 13 A (Theater in der Josefstadt/Josefstädter Straße)

54 Zimmer
1. Kategorie
Ein Bürgerhaus aus der Jahrhundertwende mitten in der bürgerlichen Josefstadt, neben dem bürgerlichen Theater in der Josefstadt: ergibt ein bürgerliches Hotel mit bürgerlichem Ambiente und bürgerlichen Preisen. Ganz neu adaptiert, stimmig und komfortabel (Sauna, Solarium, Fitneßraum). Im Haus: Restaurant und Bar. Hinter dem Haus ein Garten.

Der gute Tip M:
**Wandl**
Ein preiswertes Hotel mitten im Herzen der Stadt. Viele Zimmer mit Steffl-Blick, vor den Fenstern Fiaker und die Fußgängerzone.

F4 **Vienna Hilton**
III., Am Stadtpark
Tel. 71700/0, Fax 7130691
S1, S2, S3, S7, S15, U3, U4, Straßenbahn O, Bus 74A (Landstraße/Wien Mitte); City Air Terminal (Busse zum Flughafen) im Haus, zentraler Autobusbahnhof Gehminute entfernt
600 Zimmer
Luxuskategorie
Einer der beiden großen, modernen Hoteltürme am Rand der Wiener Innenstadt – von der 5. Etage aufwärts schöner Blick über Stadtpark, Wienfluß und Innenstadt. Zugang zu sämtlichen öffentlichen Verkehrsmitteln (auch Flughafen), hervorragende Infrastruktur (Ladenpassage und viele Airline-Büros im Haus). Jeglicher Komfort (Sauna, Solarium, Fitneß). Restaurants, Bars.

**Vienna Marriott** F4
I., Parkring 12a
Tel. 51518, Fax 51518/6736
U3 (Stubentor); Straßenbahn 1, 2 (Weihburggasse)
310 Zimmer
Luxuskategorie
Eines der neuesten Ringstraßenhotels, in die letzte Baulücke vis-à-vis des Stadtparks hineingesetzt. Die postmoderne Glas- und Marmororgie wirkt etwas deplaziert, dafür entschädigen die zentrale Lage, mit dem Stadtpark als Garten (über die Ringstraße), und der Komfort eines neuen Hauses.

**Wandl** M D3
I., Petersplatz 9
Tel. 53455/0, Fax 53455/77
U1, U3 (Stephansplatz); Bus 1A, 2A, 3A (Graben/Petersplatz)
138 Zimmer
3. Kategorie
Ein Geheimtip für Preisbewußte mitten in der Stadt: Das alte, aber schonend umgebaute Haus konnte sich seine Originalität bewahren. Der mit Glas überdachte Innenhof dient als Frühstücksraum, auf den man aus vielen Zimmern von Holzbalkonen hinunterblicken kann. Die Einrichtung ist zweckmäßig (Zimmer mit Bad und Dusche). Bar. Alle Verkehrsmittel vor dem Haus (U-Bahn, Bus, Taxistandplatz, Fiaker). Für Autofahrer: absolut keine Gratis-Parkplätze, die Parkgarage

»Am Hof« ist 5 Gehminuten entfernt). Reservierung mehrere Wochen, in der Saison mehrere Monate im voraus empfehlenswert!

B4 **Wild**
VIII., Lange Gasse 10
Tel. 4065174, Fax 4022168
U2, Straßenbahn J (Rathaus); Straßenbahn 46 (Museumstraße); Bus 13A (Piaristengasse)
14 Zimmer
3. Kategorie
Fast im Zentrum (2 Min. Fußweg), doch ruhig (Nebenstraße). Preiswert und sehr sportlich: Sauna, Solarium, Fitneßraum.

**Saisonhotels**

A4 **Academia**
VIII., Pfeilgasse 3a
Tel. 43166155, Fax 426397
Straßenbahn J (Lederergasse); Bus 13A (Josefstädter Straße); Straßenbahn 46 (Strozzigasse)
368 Zimmer
3. Kategorie
Während des Studienjahres das »Pfeilheim«, im Sommer das »Hotel Academia«. Es liegt inmitten einer kleinen Studentenstadt: Nebenan stehen die kleineren Häuser »Aquila« und »Avis« – fragen Sie dort nach, falls das »Academia« bereits belegt ist – meist mit Busladungen ausländischer Touristen. Alle Zimmer mit Bad. Preisgünstig, doch Massenbetrieb. Restaurant im Haus.

**Haus Döbling**
XIX., Gymnasiumstr. 85
Tel. 34 76 31, Fax 34 76 31/25
Straßenbahn 38, Bus 10A, 35A (Hardtgasse)
306 Zimmer
3. Kategorie
Sehr einfach, aber auch sehr preiswert. Alle Zimmer nur mit Etagendusche. Die Lage ist das Interessanteste daran: halbwegs zwischen Innenstadt und dem Heurigenort Grinzing.

**Rosen-Hotel Europahaus**
XIV., Linzer Str. 429
Tel. 9792538/0
Fax 9792538/101
Straßenbahn 49 (Endstation Bujattigasse)
54 Zimmer
3. Kategorie
Das Studentenheim mit dem klingenden Namen liegt an der westlichen Stadtausfahrt – praktisch für Autoreisende aus Deutschland. Schöne Umgebung: Villenviertel, Siedlungen, dahinter der Wienerwald. In der Stadt ist man trotzdem schnell – mit der Straßenbahn (45 Min.) oder 15 Min. Fußweg und 20 Min. U-Bahn (U4–Endstation Hütteldorf). Garten. Manche Zimmer mit Bad.

**Jugendherbergen**

Alle Jugendherbergen Wiens haben ganzjährig geöffnet. Jugendherbergsausweis ist Voraussetzung.

**Hostel Zöhrer** A3
VIII., Skodagasse 26
Tel. 430730, Fax 4080409
Straßenbahn 5, Bus 13A (Laudongasse)
36 Betten

Übernachtung mit Frühstück
160 öS
Kleine, private Herberge ganz in Zentrumsnähe. Halbwegs ruhige Seitenstraße, schönes altes Haus. Getrennte Unterkünfte für Männer und Frauen.

**Jugendgästehaus der Stadt Wien – Hütteldorf-Hacking**
XIII., Schloßberggasse 8
Tel. 8770263, Fax 8770263/2
S3, S45, U4 (Endstation Hütteldorf); Bus 53B (Seuttergasse)
277 Betten
Übernachtung mit Frühstück
139 öS
Städtische Jugendherberge am westlichen Stadtrand, direkt am Lainzer Tiergarten (Waldgebiet mit Freigehegen, Wander- und Radfahrmöglichkeiten). Mit der U-Bahn gelangt man ins Zentrum (20 Min.). Restaurant mit Wiener Hausmannskost.

**Jugendgästehaus Wien – Brigittenau**
XII., Friedrich-Engels-Platz 24
Tel. 33282940, Fax 3308379
S45 (Floridsdorfer Brücke); Straßenbahn 31, 32, Bus 5A, 11A, 35A (Friedrich-Engels-Platz)
334 Betten
Übernachtung mit Frühstück
140 öS
Städtische Jugendherberge direkt an der Donau – ideal für Radfahrer: Donauinsel und Neue Donau geradewegs über den Fluß (Bade- und Wassersportmöglichkeiten). Restaurant (Wiener Hausmannskost, vegetarische Gerichte, Lunchpakete).

**Jugendherberge Wien Myrthengasse/Neustiftgasse** A4
VII., Myrthengasse 7/Neustiftgasse 85
Tel. 5236316, Fax 5235849
Bus 48A (Neubaugasse)
243 Betten
Übernachtung mit Frühstück
140 öS
Städtische Herberge in Zentrumsnähe. Schöne, alte Gebäude in einem engen, ruhigen Nebengäßchen. Aufenthaltsräume, Tischtennisraum. Restaurant (Wiener Hausmannskost, vegetarische Gerichte, Lunchpakete).

**Schloßherberge am Wilhelminenberg**
XVI., Savoyenstr. 2
Tel. 45 85 03/700
Fax 45 85 03/702
Bus 46B, 146B (Schloß Wilhelminenberg)
164 Betten
Übernachtung mit Frühstück
205 öS
Die komfortabelste und schönste Jugendherberge der Stadt (Eigenwerbung: »Schönstes Jugendgästehaus Europas«): fast schon im Wienerwald, im Park des Schlosses Wilhelminenberg. Schöne Aussicht über die Stadt. 4-Bett-Zimmer, alle mit Dusche/WC. Frühstück sommers im Freien (Park)!

## Sehenswertes

Wien ist voller Sehenswürdigkeiten. Das kann den unvorbereiteten Besucher geradezu überfordern! Kaum ein Haus, in dem nicht ein berühmter Komponist seine Werke verfaßt hat, kaum eine Straße, in der keine mit Kunstschätzen angefüllte Kirche steht, kaum ein Platz ohne Denkmäler, Museen, barocke Palais, mittelalterliche Relikte oder einfach ein schönes Kaffeehaus. Lassen Sie sich von dieser Überfülle aber nicht ins Bockshorn jagen, klammern Sie sich nicht zu sehr an Hinweisschilder, Aufschriften oder Routenempfehlungen. Schreiten Sie ruhig auch dann aus, wenn es Ihnen zu historisch zu werden droht, »ergehen« Sie sich die Stadt im wahrsten Sinn des Wortes: Wandern Sie durch die engen Gassen der Innenstadt, umrunden Sie sie über die Ringstraße, bleiben Sie auch angesichts der Fülle der zu besichtigenden Gebäude in Bewegung – das Terrain des historischen Zentrums ist nicht allzu groß, in einer guten halben Stunde haben Sie es einmal durchquert. Also keine Panik! Verschaffen Sie sich erst mal einen Überblick, und konzentrieren Sie sich dann auf das, was Sie wirklich interessiert.

**Alter Judenfriedhof in der Roßau**

IX., Seegasse 9–11
U4 (Roßauer Lände); Straßenbahn D (Fürstengasse)

Der älteste bis heute erhaltene jüdische Friedhof Wiens. Der älteste datierte Grabstein stammt aus dem Jahr 1540, die letzten Bestattungen fanden hier gegen Ende des 18. Jh. statt. Während der Nazizeit wurden viele Gräber zerstört. U. a. liegen hier Samuel Oppenheimer und Samson Wertheimer begraben.

**Altes Rathaus** D3

I., Wipplinger Str. 8
U1, U4, Straßenbahn 1, 2, 21, N, Bus 2A (Salzgries); Bus 1A, 3A (Schwertgasse)

Die Stadt Wien bekam dieses Haus 1316 von Herzog Friedrich III. dem Schönen geschenkt. Nach mehreren barockisierenden Umbauten diente es bis 1883, als das Neue Rathaus fertiggestellt wurde (→ Rathaus), als Sitz der Wiener Stadtverwaltung. Im Hof ist der Andromedabrunnen sehenswert, das letzte Werk Georg Raphael Donners. Das Haus ist heute Sitz verschiedener Institutionen, u. a. des »Dokumentationsarchivs des österreichischen Widerstandes« (→ Museen und Galerien).

**Am Hof** D3

I. Bezirk
U3 (Herrengasse); Bus 1A, 2A, 3A (Heidenschuß/Am Hof)

Einer der ältesten Plätze Wiens. Herzog Heinrich II. Jasomirgott ließ hier zwischen mittelalterlichen Mauern und römischen Mauerresten seine Residenz erbauen. Hier fanden Minnesängerfeste und Reitturniere statt. Im Colalto-Palais (Haus Nr. 13) konzertierte das Wunderkind Wolfgang Amadeus Mozart im Jahr 1762 zum ersten Mal. Heute ist »der Hof« einer der größten freien Plätze der Innenstadt, auf dem manchmal Feste (→ Feste und Festspiele) oder Märkte stattfinden.

**Am Steinhof**
XIV., Baumgartner Höhe 1 (Psychiatrisches Krankenhaus, in der Anlage)
Bus 47 A, 48 A (Psychiatrisches Krankenhaus); von dort durch den Park des Krankenhauses, 15 Min. Fußweg; keine Zufahrtsmöglichkeit
Tgl. 7–19 Uhr; Führungen Sa 15 Uhr
Der bekannteste Jugendstil-Architekt, Otto Wagner, hatte die Planung der gesamten Anlage der »Landesirrenanstalt« mit der damit verbundenen »Heilstätte für Lupuskranke«, einer Lungenheilstätte, übernommen. Beide Anlagen sind heute noch in diesen Funktionen in Betrieb. Am höchsten Punkt der hangförmigen Bebauung (328 m) errichtete Wagner die Kirche am Steinhof (oder Kirche St. Leopold), für deren Verwirklichung er persönlich Sorge trug (1905–07). Der Kuppelbau weist byzantinischen Einfluß auf, seine Krone leuchtet weithin über die umliegenden Höhenzüge des auslaufenden Wienerwaldes. Der lichte Innenraum mit geometrischem Goldmuster und der prächtigen Altargestaltung im Sinn des Jugendstils sucht seinesgleichen. Der schönste Kirchenbau des 20. Jh. in Wien.

**Augarten**
II., Obere Augartenstr. 1 (Haupteingang)
Straßenbahn 31, 32, Bus 5 A (Obere Augartenstraße)
Ehemalige Aulandschaft auf der Insel zwischen Donaukanal und Donau, Namensgeber der berühmten Porzellanmanufaktur, die sich immer noch dort befindet (→Einkaufen, Porzellan). Der älteste noch erhaltene Hofgarten Wiens, auf Anweisung von Kaiser Ferdinand III. 1650 angelegt. Die Wege und Alleen verlaufen heute noch so wie Mitte des 17. Jh. Gleichzeitig war dies der erste »Volkspark«, den der Reformkaiser Joseph II. 1775 mit einem großen Volksfest der Öffentlichkeit zugänglich machte.
Heute ist ein Drittel der Fläche wieder für die Öffentlichkeit gesperrt: Sportplätze, die Versuchsanstalt für Pflanzenschutz, Gärtnereien, das Internat der Wiener Sängerknaben (hier traten bereits Mozart, Beethoven, Schubert und Strauß Vater auf) und zwei Flaktürme (aus dem Zweiten Weltkrieg) haben sich in der Parklandschaft breitgemacht. Trotzdem schön und erholsam.

**Augustinerkirche (mit Herzgruft der Habsburger)** D4
I., Augustinerstr. 3
Tel. 5 33 70 99
U3 (Herrengasse); Bus 2 A, 3 A (Michaelerplatz)
Tgl. 7–19 Uhr
Herzgruft tgl. außer So 10 bis 17 Uhr (nach telefonischer Vereinbarung)
Eintritt 10 öS
Gotische Hallenkirche, 1327 von Herzog Friedrich dem Schönen gestiftet, 1339 von dem bayerischen Baumeister Dietrich Ladtner zum größten Teil

vollendet und 1349 dem hl. Augustinus geweiht. Kaum zu glauben, daß dieser Kirche später einmal ein barockes Inneres verpaßt wurde, doch das Gotteshaus wurde 1784–85 auf Wunsch Kaiser Joseph II. wieder gotisiert. Gegenüber dem Eingang steht das Marmorgrabmal der Erzherzogin Marie Christine, der Lieblingstochter Maria Theresias, von der Hand des italienischen Bildhauers Antonio Canova (1798–1805). Neben dem Chor liegt die 1341 geweihte gotische Georgskapelle.
Hauptattraktion der Kirche ist die Herzgruft der Habsburger (neben der Georgskapelle): Hier ruhen alle Herzen der Habsburger, die zwischen 1557 und 1878 schlugen (von Kaiser Matthias bis Erzherzog Franz Karl) in 54 Silberurnen.

**Ballhausplatz**
I. Bezirk
U2 (Babenberger Straße); U3 (Dr.-Karl-Renner-Ring); Straßenbahn 1, 2, D, J, Bus 2 A, 57 A (Burgring); Straßenbahn 46, 49, Bus 48 A (Endstation Dr.-Karl-Renner-Ring)

An dem unscheinbaren Plätzchen residieren die höchsten Machthaber Österreichs in Sicht- und Rufweite voneinander – der Bundeskanzler und der Bundespräsident.
Seinen Namen bekam der Platz von dem Ballspielplatz, der sich hier bis zum Ende des 19. Jh. befand – Kaiser Ferdinand I. hatte ihn, als Fan spanischer Ballspiele, 1525 errichten lassen.

E6 **Befreiungsdenkmal**
III., Schwarzenbergplatz (hinter dem Hochstrahlbrunnen, vor dem Palais Schwarzenberg)
Straßenbahn D, Bus 4 A (Gußhausstraße); Straßenbahn 71 (Lothringerstraße)

In der Wiener Bevölkerung lediglich als »Russendenkmal« bekannt – ein unerwarteter Bruch im Stadtbild, am Ende des sonst so imperial angelegten Schwarzenbergplatzes: Per Vertrag vom 19. Aug. 1945 zwischen Generaloberst Gussew von der sowjetischen Kommandantur und dem Wiener Bürgermeister Körner ausgehandelt, ist es das offizielle Denkmal für die 18000 bei der Befreiung Wiens vom Nationalsozialismus gefallenen Rotarmisten – das erste Bauwerk der Stadt nach dem Zweiten Weltkrieg. Das Denkmal ist noch heute so etwas wie exterritoriales Gelände, von Wienern gemieden, von Besuchern der Stadt nicht erkannt. Auf einem 20 m hohen Sockel steht ein 12 m hoher, fahnenschwingender Rotarmist. Die Inschriften sind in russischer Sprache verfaßt.

**Belvedere**
*Oberes Belvedere:*
III., Prinz-Eugen-Str. 27
S1, S2, S3, S15, Straßenbahn 18, Bus 13 A, 69 A (Südbahnhof); Straßenbahn D (Schloß)
*Unteres Belvedere:*
III., Rennweg 6a
Straßenbahn 71 (Unteres Belvedere)

Filigrane Jugendstilarchitektur:
Neuer Wintergarten im Burggarten

Das Belvedere ist die Sommerresidenz des Prinzen Eugen, des »heimlichen Kaisers« von Leopold I., Joseph I. und Karl VI. Vom Belvedere wurde zuerst der untere Teil, das Untere Belvedere, als Wohnpalais des Prinzen erbaut (1714–16, Johann Lukas von Hildebrandt), ein paar Jahre später kam das Obere Belvedere als Lustschloß für Feste und zur Repräsentation hinzu (1721–22). Der französische Gartenarchitekt Dominique Girard gestaltete den 500 m langen, sanft ansteigenden Hang zwischen Unterem und Oberem Belvedere mit Wasserbecken, Kaskade und Treppenanlagen, die von Steinfiguren aus der griechischen Mythologie und diversen Engelgestalten bewacht werden. Die Plazierung des Oberen Belvedere auf seiner erhöhten Position, die bei guter Sicht einen Blick hinunter auf die Hofburg erlaubte, wurde damals als eindeutige Ansage an den Kaiserhof gewertet.

Das Untere Belvedere, von außen schlicht, ist innen prächtig geschmückt, das Obere Belvedere ist vor allem auf Fernwirkung konzipiert: Die gestaffelte Dachlinie, die ausladenden Seitenflügel und die seitlich gesetzten Rundtürme lassen den Bau viel größer erscheinen, als er tatsächlich ist. Die Spiegelung des Schlosses in der Wasserfläche des Teiches davor erhöht diese Wirkung zusätzlich. Glanzlichter der Innenausstattung sind das *Goldkabinett* mit der Reiterstatuette des Prinzen Eugen (Anton Dominik Fernkorn, 1862). Der *rote Marmorsaal* ist für die jüngste österreichische Geschichte bedeutsam: Hier wurde am 15. Mai 1955 der Österreichische Staatsvertrag unterschrieben, das Dokument über den Abzug der alliierten Besatzer, die Geburtsstunde der »Zweiten« (und immer noch bestehenden) Republik. Sowohl Unteres als auch Oberes Belvedere dienen heute als Museum (→ Museen und Galerien, Österreichische Galerie).

Der *Schloßpark* wird bei Einbruch der Dämmerung geschlossen.

**Botanischer Garten (im Belvedere-Garten)**

III., Mechelgasse 2 oder Landstraßer Gürtel 1

*Eingang Mechelgasse:* S1, S2, S3, S7, S15, Straßenbahn O, 71, Bus 77A (Rennweg)

*Eingang Oberes Belvedere:* S1, S2, S3, S15, Straßenbahn 18, Bus 13A, 69A (Südbahnhof); Straßenbahn D (Schloß Belvedere)

Anfang April–Ende Okt. tgl. 9 Uhr bis Einbruch der Dunkelheit; bei Regen und/oder starkem Wind geschl.

Führungen: Mai und Sept. Mi 16.30 Uhr; Juni–Aug. jeden 2. Mi des Monats 16.30 Uhr

Der botanische Garten der Universität Wien. Akribisch geordnete, perfekte Natur. Fast schöner als draußen, wo alles durcheinander wächst. Auf Wunsch der Kaiserin Maria Theresia von ihrem Leibarzt Gerhard von Swieten 1754 angelegt und zunächst vor allem mit medizinisch wertvollen Kräutern bepflanzt. 1757 vermachte ihn die Herrscherin der Universität. Angeblich sind hier Exemplare von fünf Prozent (!) aller auf der Erde vorkommenden Pflanzensorten vertreten.

**Burggarten M** D5

I., Burgring (Eingänge vor der Babenbergerpassage, Ecke Goethegasse und vom Albertinaplatz her)

U2 (Babenberger Straße); Straßenbahn 1, 2, D, J, Bus 2A, 57A (Burgring)

Der gute Tip M:
**Burggarten**
Die Parkanlage inmitten des historischen Zentrums umgibt den ermüdeten Stadtbesucher mit Beschaulichkeit und Ruhe.

Der schönste Park Wiens. Bis 1918 hieß dieser Garten der benachbarten Hofburg noch »Kaisergarten«, wurde er doch 1819 bis 1823 ausschließlich für die kaiserliche Familie angelegt. Zur Ringstraße hin ist er durch riesige, schmiedeeiserne Gitter begrenzt, zur Neuen Hofburg hin durch eine Terrasse vor den großen Fenstern des Lesesaales der Nationalbibliothek, zur alten Hofburg durch die filigrane Eisen-Glas-Konstruktion des Neuen Wintergartens der Wiener Hofburg im Jugendstil.

Im linken Teil des Gewächshau-

ses und im Sommer auf der Terrasse davor lädt die Burggarten-Meierei zu Speis, Kaffee und Trank ein (→ Essen und Trinken, Kaffeehäuser).
In der Mitte des Parks liegt ein kleiner Ententeich, Denkmäler allenthalben bieten den Promenierenden etwas fürs Auge. Entlang der Wege stehen sorgfältig angekettete Stühle und Bänke, die oft bis auf den letzten Platz belegt sind – das Betreten der Rasenflächen ist freilich strengstens verboten.

E4 **Franziskanerkirche**
I., Franziskanerplatz
U1, U3, Bus 1A, 2A, 3A (Stephansplatz)
Tgl. 7–19 Uhr
Seit 1383 Kloster, 1529 von den Türken zerstört. Ab 1603 wieder aufgebaut – teilweise noch gotisch, teilweise bereits im Renaissancestil. Prachtvoll sind der Hochaltar in Form eines Triumphbogens (vom Jesuiten-Laienbruder Andrea Pozzo, einem Meister der Scheinarchitektur) und die Orgel von Johann Wökerl (Barockschnitzerei aus dem Jahr 1642), sie ist die älteste Orgel Wiens.

**Friedhof der Namenlosen**
Alberner Hafenzufahrtsstraße / hinter dem Alberner Hafen (am Hochwasserschutzdamm)
Bus 6 A (Alberner Hafen)
Hier, am Stromkilometer 1918 des Donausüdufers, regiert der »Wechsel«, ein weit in die Donau reichender Strudel, der dafür sorgt, daß größeres Treibgut meist hier an Land gespült wird – auch Wasserleichen. Im Jahr 1854 entschloß man sich der Einfachheit halber, das Gelände gleich zum Friedhof zu machen – seitdem wurden dort an die 500 unbekannte Tote beerdigt. Nach dem Bau des Alberner Hafens in den 30er Jahren verschwand der Strudel, doch der Friedhof blieb. Beerdigungen gibt es hier allerdings kaum mehr.

**Graben** D3
I. Bezirk
U1, U3 (Stephansplatz); Bus 1A, 2A, 3A (Graben-Petersplatz)
Die edelste Einkaufsstraße Wiens. Seinen Namen bezog der 300 m lange Straßenzug von dem ehemaligen römischen Festungsgraben, der hier verlief. Erst um das Jahr 1200 wurde er zugeschüttet und zu einem Marktplatz umfunktioniert. 1971 wurde hier die erste Wiener Fußgängerzone eröffnet. Bestimmendes Element des Grabens ist die Pestsäule, eine barocke Dreifaltigkeitssäule, die 1687–89 nach einem Entwurf Johann Bernhard Fischer von Erlachs gebaut wurde – als Ersatz für eine Holzsäule aus dem Jahr 1679, die Leopold I. gelobte aufzustellen, sollte die Pestepedemie in Wien abebben.
Flaniermeile und Treffpunkt des Wiener Bürgertums war der Graben bereits zur Zeit Maria Theresias – er ist es bis heute geblieben.

**Grinzinger Friedhof**
XIX., An den langen Lüssen

Straßenbahn 38 (An den langen Lüssen)
Der am schönsten gelegene Friedhof Wiens – an den Ausläufern des Heurigenortes, fast direkt an den Weinbergen, mit guter Sicht über die Stadt. Hier läßt sich beerdigen, wer etwas mehr für die letzte Ruhe ausgeben kann. Der Komponist Gustav Mahler, der Dichter Heimito von Doderer, der Burgschauspieler Attila Hörbiger und der Schriftsteller Thomas Bernhard sind hier begraben. Der Friedhof ist bei vielen Wienern beliebt zum Spazierengehen.

**Gürtel**
III.–XIX. und X.–XIX. Bezirk
U6 (Gumpendorfer Straße oder Nußdorfer Straße)
Der 13,5 km lange Gürtel ist eine der meistbefahrensten Straßen Wiens. Sein Verlauf entspricht in etwa dem des »Linienwalles«, der auf Betreiben Prinz Eugens zum Schutze Wiens gegen die aufständischen Kuruzzen im Jahr 1074 errichtet und Ende des 19. Jh. wieder abgetragen wurde, weil er die Ausdehnung der Stadt behinderte. Durch den Bau der teilweise als Hochbahn geführten Stadtbahn nach Plänen Otto Wagners wurde die ursprüngliche breite Freifläche in zwei schmälere Streifen getrennt, zu deren beiden Seiten vor allem Zinskasernen (billige Mietshäuser) wucherten – das blieb bis heute so. Trotz des Verkehrs ist die soziale Infrastruktur des Gürtels sehr intensiv.

**Heiligenkreuzerhof** E3
I., Grashofgasse 3, Schönlaterngasse 5
U1, U3, Bus 1A, 2A, 3A (Stephansplatz)
Mo–Fr 6–21 Uhr (wenn versperrt, Schlüssel beim Hauswart/Stiege 6)
Eines der ältesten noch erhaltenen Häuser Wiens: Im Jahr 1201 gelangte das damals teilweise bebaute Areal durch eine Schenkung in das Eigentum des Zisterzienserklosters Heiligenkreuz – das den seit 1547 in der heutigen Form bestehenden Rechteckhof immer noch besitzt. Zur Gründungszeit befand sich das Bauwerk noch außerhalb der Stadtmauern – damals gut für den Handel mit Ungarn. Heute liegt der im Barock umgestaltete Hof unmittelbar im Stadtzentrum, ist dennoch eine Oase der Ruhe und dient vielen Familien seit mehreren Generationen als Wohnanlage.
Die von außen unscheinbare Bernhardskapelle stellt sich in ihrem Inneren als schönes Beispiel barocker Kirchenarchitektur (Skulpturen von Giovanni Giuliani) dar.

**Heiligenstädter Kirche (Jakobskirche)**
XIX., Pfarrplatz 3
Bus 38A (Fernsprechamt Heiligenstadt)
Tgl. 7–19 Uhr
Besichtigung der Ausgrabungen So und Feiertag 15–18 Uhr
Die älteste noch erhaltene Kirche Wiens steht an dem idyllischen ehemaligen Dorfplatz von

Heiligenstadt. 1256 erstmals urkundlich erwähnt, gehen ihre Wurzeln noch weiter zurück: 1952 wurden bei Ausgrabungen unter der Kirche spätantik-frühchristliche Baureste gefunden. Die Kirche hat trotz barocker Umbauten ihr romanisches Erscheinungsbild bewahrt.

D4 **Hofburg**

I., Michaelerplatz
U3 (Herrengasse); Straßenbahn 1, 2, D, J, Bus 57 A (Burgring); Bus 2 A (Burgring, Michaelerplatz); Bus 3 A (Michaelerplatz)

Die Hofburg war das Machtzentrum des Habsburgerreiches, kaiserliche Residenz über acht Jahrhunderte. Sie ist kein einheitlicher Bau, sondern ein allmählich gewachsenes Gebilde, eine kleine Stadt in der Stadt, deren einzelne Teile zwischen dem 13. und dem 20. Jh. errichtet wurden. Der Name »Burg« täuscht – sie ist kein zinnenbewehrtes Ungetüm, sondern teils funktionale, teils prächtige Wohn- und Arbeitsstätte der Habsburger und ihres Beamten- und Hofstaates.

Der gute Tip M:
**Burgkapelle**
Besuchen Sie die Burgkapelle während des Hochamtes Sonntag morgens – inmitten der gutbürgerlichen Wiener Gesellschaft, begleitet vom Chor der Wiener Sängerknaben und Teilen des Staatsopernorchesters.

Der älteste Teil der Burg ist der *Schweizerhof* – die erste schriftliche Nachricht von dessen Bau tauchte im Jahr 1275 auf: König Přemysl Ottokar II. von Böhmen erwartete eine Auseinandersetzung mit König Rudolf von Habsburg, er mißtraute dem Adel und der Stadt Wien. Der Bau einer Befestigung lag auf der Hand, brachte jedoch wenig Nutzen – die Habsburger schlugen Ottokar auf dem Marchfeld und zogen »in castro Wiennensis«, also in der Burg, ein (1279).

*Burgkapelle* M
Schweizerhof
Zugang nur während der Führungen und Messen. Führungen Mitte Jan.–Juni und Mitte Sept.–Mitte Dez. Di, Do 14.30, 14.45, 15, 15.15 und 15.30 Uhr (Mindestanzahl 10 Personen)
Messen mit der Hofmusikkapelle Jan.–Juni und Mitte Sept.–Weihnachten So und an kirchlichen Feiertagen (ausg. 6. Jan., 2. Juni., 8. Dez. und 26. Dez.) 9.15 Uhr (Reservierung erforderlich – über Kartenbüros, die Fremdenverkehrs-Informationsstellen oder schriftlich [mindestens acht Wochen im voraus] bzw. persönlich direkt in der Hofburgkapelle. Anschrift: Hofmusikkapelle, Hofburg, A-1010 Wien). Die Tageskasse der Burgkapelle ist jeweils Fr ab 17 Uhr für den darauffolgenden So geöffnet. Nur 2 Karten pro Person. Die Kirche ist in der Regel nach einer knappen Stunde ausverkauft.

Sitzplätze 60–250 öS, Stehplätze frei

Von den wenigen gotischen Bauten ist die Burgkapelle zu sehen. Hier stand bereits 1296 eine Kirche. Die heutige gotische Kapelle ließ Kaiser Friedrich III. 1449 dem »Himmlischen Hof«, also der Dreifaltigkeit, Maria und allen Heiligen weihen – als Gegenstück zum »irdischen« Hof der Habsburger. Auf dem Tabernakel steht das »Ferdinandskruzifix« (spanische Holzschnitzarbeit aus dem 16. Jh.).

Das prächtige Westportal des mittelalterlichen Schweizertraktes (Schweizertor zwischen Innerem Burghof und Schweizerhof) wurde 1552/53 errichtet. Im Schweizertrakt sind die *Weltliche* und *Geistliche Schatzkammer* untergebracht.

Das nächste größere Bauvorhaben war die *Stallburg*, die 1558 bis 1565 im Namen Kaiser Maximilian II. errichtet wurde – das bedeutendste Renaissancebauwerk Wiens. Dieser Gebäudeteil liegt heute von der restlichen Burg aus gesehen durch die Reitschulgasse getrennt auf der anderen Straßenseite, ist aber durch eine Gebäudebrücke mit ihr verbunden. Im Erdgeschoß befinden sich immer noch Stallungen – die der berühmten Lipizzaner der Spanischen Hofreitschule. Besichtigt werden kann allerdings nur der Innenhof mit

Der Michaelertrakt der Hofburg wirkt bei nächtlicher Beleuchtung vielleicht noch imposanter als bei Tag

dem Arkadengang und einem schmiedeeisenumgitterten Brunnen.

Die *Amalienburg* schließt den Inneren Burghof auf der dem Schweizertor gegenüberliegenden Seite ab. Ihr Bau wurde aus akuter Raumnot unter Rudolf II. in Angriff genommen und 1611 von dessen Bruder Erzherzog Ernst bezogen – Rudolf II. hatte seine Residenz zwischenzeitlich nach Prag verlegt. Den Namen erhielt dieser Bauteil durch die Frau von Kaiser Joseph I., die ihn als Witwensitz benutzte. Kaiserin Maria Theresia ließ die Innenräume im 18. Jh. neu gestalten – die »Alexanderstieg« und das »Elisabeth-Appartement« sind heute als Teile der Schauräume zu besichtigen.

Der *Leopoldinische Trakt* verbindet schließlich Schweizertrakt und Amalienburg – der erste österreichische »Barockkaiser« Leopold I. (1658–1705) ließ ihn nach Plänen von Philbert Lucchese durch Domenico und Martino Carlone im sinnenfrohen Barockstil errichten. Selbst die Wandflächen waren (damals) bunt: hellgelb, steingrün, grau und rosa. Hier wohnten später die Kaiserin Maria Theresia und ihr Gemahl Franz Stephan I. von Lothringen. Hervorzuheben sind der »Zeremoniensaal« (1802–06, Louis von Montoyer) und die »Josefskapelle« (mit Fresken von Franz Anton Maulbertsch und Vinzent Fischer aus dem Jahr 1772). Dieser Teil der Hofburg

Prunksaal der Nationalbibliothek: eine würdige Umgebung für kostbare Bücher

ist seit 1947 Sitz des Bundespräsidenten und nicht öffentlich zugänglich.

Der gegenüberliegende *Reichskanzleitrakt* wurde unter Kaiser Karl VI. 1723 begonnen. Die Entwürfe lieferte Johann Lukas von Hildebrandt, der Bau selbst wurde von Joseph Emanuel Fischer von Erlach weitergeführt und 1735 – unvollendet – eingestellt. Die Fassade ist reich mit Pilastern und Skulpturen geschmückt. Im ersten Stockwerk lagen später die Wohn- und Empfangsräume von Kaiser Franz Joseph I. (heute als »Kaiserappartements« Teil der Schauräume).

*Globenmuseum der Österreichischen Nationalbibliothek:*
Josefsplatz
Mo–Mi, Fr 11–12, Do 14 bis 15 Uhr

*Prunksaal der Österreichischen Nationalbibliothek:*
Josefsplatz
1. Jan.–27. Feb. Mo–Fr 10 bis 12, Sa 10–12 und 15–18, So und Feiertage 15–18 Uhr; 28. Feb.–23. März, 22. Mai bis 30. Juni, 27. Okt.–31. Dez. tgl. 11–12 Uhr außer So und Feiertag; 24. März–21. Mai und 1. Juli–26. Okt. Mo–Sa 10–16, So und Feiertag 10 bis 13 Uhr. Kurzfristige Änderungen der Öffnungszeiten möglich (Tel. 5 34 10/397).

Die *Hofbibliothek* am Josefsplatz zählt zu den bedeutendsten architektonischen Leistungen unter Karl VI. Der Bau wurde 1721 unter Johann Bernhard Fischer von Erlach begonnen und 1735 durch seinen Sohn Joseph Emanuel fertiggestellt. Glanzstück des Baus ist der *Prunksaal* mit den Fresken Daniel Grans – der schönste Bibliotheksraum der Welt, heute Teil der Österreichischen Nationalbibliothek und auch für Nicht-Leser öffentlich zugänglich. Auch das heutige *Globenmuseum der Österreichischen Nationalbibliothek* befindet sich hier (Eingang Josefsplatz 1/ 3. Stock).

Die beiden *Redoutensäle* (großer und kleiner R.) entstanden nach einem Entwurf von Jean Nicolas Jadot de Ville-Issey 1744–48. Sie dienten in neuerer Zeit als Ball- und Festsäle, bis sie von einem Brand verwüstet wurden (1992) – der Wiederaufbau dauert noch an.

Direkt an die Redoutensäle schließt die Winterreitschule an (→ Spanische Hofreitschule).

Als Erweiterungsbau des Leopoldinischen Traktes schuf Louis von Montoyer 1802–06 einen klassizistischen Zeremoniensaal mit Vestibül, Prunktreppe und Nebenräumen, das »Internationale Kongreßzentrum«, in dem heute Tagungen und andere Veranstaltungen stattfinden.

1857 bewilligte Kaiser Franz Joseph I. die Schleifung der gesamten Befestigungsanlagen der Stadt – plötzlich war auch für die Hofburg jede Menge Erweiterungsraum vorhanden. Sämtliche damals angesehenen Architekten legten Vorschläge auf den Tisch, doch keiner schien zur Durchführung geeignet. Erst Gottfried Semper aus Zürich erlangte das Wohlgefallen des Kaisers – er schlug den Bau eines »Kaiserforums« vor, das zwei neue Seitenflügel der Burg links und rechts des heutigen Heldenplatzes bis vor zur Ringstraße beinhalten sollte, nebst Überbauung der Ringstraße in Verbindung mit den zu errichtenden Kunst- und Naturhistorischen Museen. Der Plan blieb – bedingt durch den Zusammenbruch des Habsburger Reiches – Makulatur: Nur eine Hälfte der Seitenflügel wurde errichtet, die *Neue Burg* (von Gottfried Semper und Carl Hasenauer, 1881 bis 1913), säulenbewehrte, pompöse Neorenaissance, heute Hauptsitz der *Österreichischen Nationalbibliothek*, des *Ephesos-Museums*, des *Völkerkunde-Museums* und einiger Sammlungen des *Kunsthistorischen Museums* (→ Museen und Galerien). Den Abschluß zum Ring bildet das *Äußere Burgtor*, Rest eines ehemaligen Stadttores, 1824 von Peter von Nobile vollendet. Darauf steht der Wahlspruch des Kaisers Franz (»Justitia regnorum fundamentum« – die Gerechtigkeit ist das Fundament der Herrscher). In den Jahren 1933–34 wurde das Tor zu einem Ehrenmal für die Gefallenen des Ersten Weltkrieges umgestaltet und ist seitdem unter der Bezeichnung »Heldentor« bekannt.

*Hofsilber- und Tafelkammer:*
Tgl. 9–17 Uhr
Eintritt Erw. 65 öS, Kinder 30 öS
*Kaiserappartements*
Innerer Burghof, Kaisertor
Tgl. 9–17 Uhr
Eintritt 70 öS, Kinder 35 öS (Kombinationsticket Appartements und Silberkammer Erw. 90 öS, Kinder 45 öS)

Unabhängig davon sollte der Michaelerplatz auf der anderen Seite der Burg »endgültig« gestaltet werden. Der Bau des dazu bestimmten *Michaelertraktes* wurde nach einem Entwurf Joseph Emanuel Fischer von Erlachs begonnen, zwischenzeitlich wegen Geldmangels unterbrochen und 1893 von Ferdinand Kirscher fertiggestellt. Zwei monumentale Wandbrunnen zieren die Fassade zum Michaelerplatz – an der Westfront die »Macht zu Lande« (Edmund Hellmer, 1897), an der Ostfront die »Macht zur See« (Rudolf Weyr, 1895) – beide ähnlich bombastisch, dramatisch und überlebensgroß. In der Mitte liegt die durchfahrwie durchgehbare »Michaelerkuppel«, unter der sich die Eingänge zu den Schauräumen, der Hofreitschule und der *Hofsilber- und Tafelkammer* befinden (hier stehen die Tischsitten des Kaiserhauses im Mittelpunkt: Silber-, Bronze-, Glas- und Porzellangeschirr sowie Tafelgerät des 18. und 19. Jh. – u. a. aus Mailand, Sèvres, Ostasien und natürlich aus der Wiener Augarten-Manufaktur, → Einkaufen, Porzellan).

**Hundertwasserhaus**
III., Löwengasse/Ecke Kegelgasse
Straßenbahn N (Hetzgasse); Bus 4 A (Löwengasse)

Der Wiener Maler Friedensreich Hundertwasser konnte hier im Namen der Wiener Stadtverwaltung im Jahr 1986 ein kommunales Wohnhaus mit 50 Wohnungen (monatliche Miete/m$^2$: 8 DM) nach seinen Vorschlägen errichten lassen – nur auf Solarzellen, Humustoiletten und die Viehweide auf dem begrünten Dach mußte er verzichten. Durchsetzen konnte er allerdings Zwiebeltürmchen, unregelmäßige Fenster, bunte Fassaden, Gipslöwen und -göttinnen sowie Baumpflanzungen auf dem Dach. Das Haus ist längst eine Fremdenverkehrsattraktion und zum Leidwesen der Mieter ganztägig vor allem von italienischen Touristen umlagert (2 500 Besucher täglich). In letzter Zeit versuchte man, die Besucherströme in geordnete (und profitablere) Bahnen zu lenken: Im Erdgeschoß des Hauses sind ein Kaffeehaus, ein Andenken-Kiosk, ein »Mister Bio«-Selbstbedienungs-Restaurant und ein Bio-Kosmetik-Salon untergebracht, in der gegenüberliegenden ehemaligen Pferdepostgarage und späteren Reifenwerkstätte wurde ein »Erlebniseinkaufszentrum« im Hundertwasser-Stil eingerichtet: Hier gibt es zwischen Springbrunnen und

Grottenbahnambiente Hundertwasserkitsch zu kaufen, die Touristen werden mit Imbißständen, Bars (mit Bächlein, die den Tresen entlanglaufen), Kaffeehäusern, einer Pizzeria und – last not least – mit einer öffentlichen Toilettenanlage (im Hundertwasserstil!) versorgt.

Der gute Tip **M**:
**Kapuzinerkirche mit Kaisergruft (Kapuzinergruft)**
Wer den Wiener Totenkult verstehen will, muß die Kaisergruft besuchen, die schönste Gruft der Welt und wahrscheinlich auch die stimmungsvollste.

**Internationales Zentrum Wien**
XXII., Wagramer Str. 5
U1, Bus 90 A, 91 A, 92 A (Kaisermühlen/Vienna International Centre)
Mo–Fr 11 und 14 Uhr (mit Filmvorführung), nur als Pausenfüller geeignet
Den Wienern unter der Bezeichnung »UNO-City« geläufig. Direkt am Donauufer steht eines der größten Beamtensilos Europas: In den sechs verschieden hohen, Y-förmigen Türmen arbeiten 3200 Angestellte der UNO und ihrer Unterorganisationen. Mit der Mammutinvestition wurde Wien nach New York und Genf zur dritten UNO-Metropole.

D4 **Kärntner Straße**
I. Bezirk
U1, U3 (Stephansplatz); U1 (Karlsplatz/Oper); Straßenbahn 1, 2, D, J, 62, 65, Bus 59 A (Oper)
Die Kärntner Straße führte einmal wirklich bis nach Kärnten – heute das südlichste Bundesland Österreichs –, sie wurde bereits im Jahr 1257 als »Strata Carinthianorum« urkundlich erwähnt. Seit 1974 ist sie Fußgängerzone und Einkaufszentrum, aber nicht nur: Zwischen Boutiquen und gepflegten Geschäften finden sich auch Kaffeehäuser, Hotels, Restaurants, Bars und das Wiener Casino.

**Kapuzinerkirche mit Kaisergruft (Kapuzinergruft) M** D
I., Neuer Markt (an der Tegetthoffstraße)
U1, U3 (Stephansplatz); Bus 2 A, 3 A (Habsburgergasse)
Tgl. 9.30–16 Uhr
Eintritt Erw. 30 öS, Kinder 20 öS
Zentrum des Interesses in der Kapuzinerkirche (1618 von Kaiserin Anna gestiftet) ist die Kaisergruft, im Volksmund als Kapuzinergruft bezeichnet. Der Zugang befindet sich links vom Kircheneingang. Formal gilt immer noch die alte Kapuzinerregel: Anklopfen oder läuten, dann gewährt der Mönch am Tor Eintritt. Das ist heutzutage aufgrund des fast nie abreißenden Touristenstromes nicht nötig, der Vorhergehende gibt dem Nachfolgenden die Klinke in die Hand.

Ziel der Besucher sind vor allem die Särge von Kaiserin Sissi und der letzten Kaiserin Zita (gestorben im Alter von 97 Jahren – ihr Sarg wurde 1989 als bislang letz-

Der Gemeindebau Karl-Marx-Hof steht stellvertretend für das »Rote Wien« der zwanziger und dreißiger Jahre

ter in der Gruft aufgestellt). Diese beiden Sarkophage sind stets mit frischen Blumen überhäuft. Im Kontrast dazu ist der schlichte Sarg des Reformkaisers Josef II. aus glattem Metall nur mit einem Kreuz geschmückt. Insgesamt sind in neun Räumen 138 Metallsärge zu sehen (aus Zinn, seit 1790 aus Kupfer), hier liegen 12 Kaiser und 16 Kaiserinnen. Schönstes Objekt ist der Doppelsarkophag von Franz Stephan von Lothringen und dessen Gemahlin Maria Theresia (von Balthasar Ferdinand Moll).

**Karl-Marx-Hof**
XIX., Heiligenstädter Str. 82–98
S 40, U 4, U 6, Straßenbahn D, Bus 11 A, 38 A, 39 A (Heiligenstadt)

Vom Otto-Wagner-Schüler Karl Ehn in den Jahren 1926–30 errichtete kommunale Wohnbauanlage (»Gemeindebau«), eine der größten der Stadt. 1382 Wohnungen sind in einer festungsähnlichen Anlage mit Türmen, Zinnen und großen Höfen untergebracht – und das war nicht nur als architektonische Anspielung gedacht: In den Bürgerkriegswirren der österreichischen Zwischenkriegszeit verteidigten die sozialistischen Arbeiter »ihren« Hof auch mit Waffengewalt gegen die Austrofaschisten.

Der Karl-Marx-Hof repräsentiert das »Rote Wien«, die damalige Aufbruchsstimmung der europäischen Linken. Der 1 km lange »Superblock« beherbergt

Verschiedene historische Stilelemente verschmelzen bei der Karlskirche zu einer barocken Einheit

auch viele für damalige Verhältnisse revolutionäre Infrastruktur- und Sozialeinrichtungen: Gemeinschaftswäschereien und -büglereien, Kindergärten, medizinische Beratungsstellen, Badeanlagen, Spielplätze und Wasser sowie Toiletten in den Wohnungen.

D6/E6 **Karlskirche**
IV., Karlsplatz (Südseite)
U1, U2, U4, Straßenbahn 62, 65, Bus 4A, 59A (Karlsplatz)

Wiens bedeutendste Barockkirche, 1716–23 von Johann Bernhard Fischer von Erlach begonnen und nach dessen Tod von seinem Sohn Joseph Emanuel 1739 vollendet. Der Bau ist voller Anspielungen an römische, griechische und konstantinopolitanische Architektur. Die 72 m hohe Kuppel soll den umfassenden Machtanspruch von Kirche und Kaiserhaus symbolisieren. Die Deckenfresken in der ovalen Kuppel stammen von dem Maler Johann Michael Rottmayr. Die Vorderfront mit dem vorgesetzten griechischen Tempelportikus, den Triumphsäulen und den beiden flankierenden, stadttorartigen Glockentürmen ist auf frontale Fernwirkung ausgelegt – zur Bauzeit war der Wienfluß ein mäanderndes Flüßchen in einem lichten Auwald, die Kirche stand mitten in der Landschaft. Dieser Vorgeschichte versuchte man in letzter Zeit Rechnung zu tragen: durch die Anlage eines Teiches direkt vor der Kirche, in dem sich eine Plastik des Bildhauers Henry Moore spiegelt.

D6 **Karlsplatz**

U1, U2, U4, Straßenbahn 62, 65, Bus 4A, 59A (Karlsplatz)

Dieser riesige Platz fiel teilweise dem Autoverkehr zum Opfer, wurde von Drogendealern zum Umschlagplatz ihrer Waren erklärt und von Skateboardern zu ihrem Übungsgelände gemacht. Schön ist er allemal – im Ressel-Park vor der Karlskirche oder vor Künstlerhaus und Musikverein. Bis 1529 befanden sich hier, vor den Toren der Stadt, Gärten, Handwerkerhäuser und Weinschenken – all das wurde dann von den Türken zerstört. Der damals sicherlich idyllische Wienfluß fließt längst unterirdisch. Dafür ist der Karlsplatz mit seinen kunstvollen Pavillons wichtigster U-Bahn-, Straßenbahn- und Verkehrsknotenpunkt geworden.

D3 **Kirche Am Hof**

I., Am Hof

U3 (Herrengasse); Bus 1A, 2A, 3A (Heidenschuß/Am Hof)

Die gotische »Alte Jesuitenkirche« aus dem Jahr 1405 wurde 1607 bei einem Brand völlig zerstört. Barocker Wiederaufbau und bemerkenswerte Fassadengestaltung durch den italienischen Architekten Carlo Antonio Carlone im Jahre 1662. Das Kircheninnere wurde zwischen 1703 und 1707 vom Jesuitenarchitekten und Maler Andrea Pozzo reich mit Fresken, Goldstukkatur und raffinierter Kuppel-Scheinarchitektur ausgestattet.

**Lainzer Tiergarten**

*Nikolaitor:*

XIII., Nikolaigasse

S3, S45, U4, Bus 53B (Hütteldorf)

*St. Veiter Tor:*

XIII., Hanschweg

Bus 55B (Endstation St. Veiter Tor)

*Lainzer Tor:*

XXIII., Hermesstraße

Bus 60B (Lainzer Tor)

April–Okt. Mi–So 8 Uhr bis Einbruch der Dunkelheit, der Bereich unmittelbar um die Hermesvilla ist ganzjährig geöffnet

Eintritt frei

... und das sind nur die populärsten Tore zu einem der beliebtesten Wander- und Ausflugsgebiete Wiens. Der Park, der eigentlich ein ganz normales, von einer 22,6 km langen Steinmauer umgebenes Stück Wienerwald ist, kann nur durch die Tore betreten werden – es stehen 80 km Wanderwege zur Verfügung.

Der Bau der Mauer wurde von Kaiser Joseph II. veranlaßt. In 15 Min. Fußweg vom Lainzer Tor steht die Hermesvilla (Karl von Hasenauer, 1882–86), das Lieblingsschlößchen von Kaiserin Elisabeth (Sissi). Hier sind Malereien von Gustav Klimt und Hans Makart zu sehen – es dient heute als Stätte für wechselnde Ausstellungen (→ Museen und Galerien).

Im Lainzer Tiergarten leben Rotwild, Wildschweine, Füchse und Hasen, die – teilweise recht zutraulich geworden – menschlichem Kontakt nicht gänzlich abgeneigt sind. Von Nov. bis März sowie an manchen Wochentagen bleibt der Park geschlossen, damit die Ruhe des Wilds nicht gestört wird. Zahlreiche Restaurants und Gaststätten verpflegen müde Wanderer. Außerdem Liegewiesen und Spielplätze. Hinweistafeln erläutern Flora und Fauna.

D4 **Loos-Haus**
I., Michaelerplatz 3
U3 (Herrengasse); Bus 2A, 3A (Michaelerplatz)
Geschäfts- und Wohnhaus (1909 bis 1911) von Adolf Loos und dessen größter und auch umstrittenster Bau: Die ornamentlose Fassade war damals Stein des Anstoßes – vor allem in bezug zu ihrem Gegenüber, dem überladenen Michaelertor der Hofburg. Der greise Kaiser Franz Joseph I. hatte es als eine »Scheußlichkeit« mit »augenbrauenlosen Fenstern« bezeichnet. Sehenswert ist das Stiegenhaus (Carrara-, Cipollino- und Skyrosmarmor) mit seiner Glasfassade.

D2/D3 **Maria am Gestade**
I., neben Salvatorgasse 12
U1, U4, Straßenbahn 1, 2, 21, N, Bus 2A (Salzgries); Bus 1A, 3A (Schwertgasse)
Die Kirche wurde 1158 erstmals als kleines romanisches Bethaus urkundlich erwähnt, das von Donauschiffern direkt am Steilufer des Donauarms errichtet worden war. 1330 kamen der Chor und der untere Teil des Turmes dazu, 1414 das Langhaus und der obere Turmteil. Interessante räumliche Wirkungen entstehen durch den Knick in der Längsachse der Kirche – sie war als Anpassung an den Steilabhang unter dem Bauwerk erforderlich. Im Altarraum liegt der hl. Clemens Maria Holzbauer, der Schutzheilige Wiens (1751–1820) begraben.

**Michaelerkirche** D4
I., Michaelerplatz
Tel. 53380000
U3 (Herrengasse); Bus 2A, 3A (Michaelerplatz)
Eingang im Durchhaus
Gruft (nur mit Führung): Treffpunkt unter der Kanzel, Mo bis Fr 11, 13, 14, 15 und 16, So und Feiertag 13, 14, 15 und 16 Uhr sowie nach telefonischer Vereinbarung
Die ehemalige Hofpfarr- und Barnabitenkirche liegt schräg gegenüber dem Michaelertrakt der Hofburg. Es handelt sich um einen spätromanischen Bau mit gotischer Chorverlängerung. Nach 1792 erfolgte die klassizistische Umgestaltung der Fassade durch Ernest Koch, worauf sich wiederum Adolf Loos bei der Konzeption seines gegenüberliegenden Hauses am Michaelerplatz bezog (→ Loos-Haus).
Monumental ist der Hochaltar von Jean Baptiste d'Avrange (1781), das letzte ganz große Barockwerk Wiens – und schaurig die Gruft unter der Kirche. Zugang durch den Hof des Hauses.

D4 **Neuer Markt**
U 1, U 3 (Stephansplatz); Bus 2 A, 3 A (Habsburgergasse)
Der zweitälteste Marktplatz Wiens, im Jahr 1234 als »Novum forum« erstmalig urkundlich erwähnt – als Ausweichplatz für den stets überfüllten Hohen Markt. Hier tummelte sich das mittelalterliche städtische Leben: Feste, Marionettenspieler, Glücksbuden, Seiltänzer, Artisten – und die Getreidehändler der Stadt. Die heutigen Attraktionen sind der Donnerbrunnen, die Kapuzinergruft und »der Wild«, eines der besten Delikatessengeschäfte der Stadt mit Imbißbetrieb (→ Essen und Trinken, Imbiß und → Einkaufen, Lebensmittel).

D3 **Palais Ferstel**
I., Herrengasse 14 (bzw. Eingang von der Freyung)
U 3, Bus 2 A, 3 A (Herrengasse)
Als Österreichisch-Ungarische Nationalbank 1856–60 von Heinrich von Ferstel unter Ausnutzung ungünstiger Grundstücksgrenzen erbauter Palast im Stil des »romantischen Historizismus«. Florentinische und venezianische Einflüsse bestimmen diese erste Geschäfts- und Büropassage Wiens, ein Labyrinth dämmeriger Durchgänge, überdachter Höfe und geschwungener Treppenaufgänge. Im mittleren Hof plätschert Wasser über den »Donauweibchenbrunnen«. Luxuriöse Geschäfte locken Touristen zum Kauf, das nach Jahrzehnten des Leerstehens wiedereröffnete Café Central, vor dem Ersten Weltkrieg Treffpunkt von Intellektuellen und Künstlern, empfängt müde Besucher zu Speis und Trank.

**Palais Lobkowitz** D5
I., Lobkowitzplatz 2
U 1, U 2, U 4 (Karlsplatz/Oper); Straßenbahn 1, 2, D, J, 62, 65, Bus 59 A (Oper); Bus 3 A (Albertinaplatz)
Das Adelshaus von Philipp Sigismund Graf Dietrichsstein wurde 1685–87 von Giovanni Pietro Tencala errichtet. Hauptportal und Attika wurden von Johann Bernhard Fischer von Erlach 1709–11 hinzugefügt – als eine Umsetzung des gleichzeitig entstandenen Hochaltars der Salzburger Franziskanerkirche. Heute residieren hier verschiedene Institutionen, manchmal finden öffentliche Veranstaltungen statt. Während des 19. Jh. war das Palais, Sitz der Fürsten Lobkowitz, einer der Mittelpunkte gesellschaftlichen Lebens – im Festsaal wurde Ludwig van Beethovens »Eroica« uraufgeführt. Heute ist hier das Österreichische Theater-Museum untergebracht.

**Palais Palffy** D4
I., Josefsplatz 2
U 1, U 2, U 4 (Karlsplatz/Oper); Straßenbahn 1, 2, D, J, 62, 65, Bus 59 A (Oper); Bus 3 A (Albertinaplatz)
Der Architekt des Palais mit schlichter Renaissancefassade und klassizistischem Portal ist unbekannt. 1684 gelangte das Gebäude in den Besitz der Familie Palffy. Im »Figarosaal« kon-

zertierte Wunderkind Wolfgang Amadeus Mozart. Heute ist in den Räumen das Österreichische Kulturinstitut untergebracht, das hier Konzerte, Lesungen und Ausstellungen veranstaltet.

### D4 Palais Pallavicini

I., Josefsplatz 5
U1, U2, U4 (Karlsplatz/Oper); Straßenbahn 1, 2, D, J, 62, 65, Bus 59A (Oper); Bus 3A (Albertinaplatz)

Als »Palais Fries« für die gleichnamige Bankiersfamilie von Ferdinand von Hohenberg erbaut (1800–01). Im Sinne der Aufklärung wurde hier ein damals revolutionäres Aufteilungsschema angewandt: Die Beletage, die wichtigste, höchste und prächtigste Etage mit den Repräsentationsräumen, befindet sich hier nicht wie bisher sonst überall auch in der ersten Etage, sondern unter dem Dach, die eigentlichen Wohnräume liegen dafür darunter. Der heutige Fassadenschmuck kam erst später hinzu.

### C4 Parlament

I., Dr.-Karl-Renner-Ring 3
U3, Straßenbahn 46, 49, Bus 2A, 48A (Dr.-Karl-Renner-Ring); Straßenbahn 1, 2, D, J (Stadiongasse/Parlament)
Führungen: Mo–Fr 11 und 15 Uhr (außer an Vortagen und Tagungen der Sitzungen); Mitte Juli–Aug. Mo–Fr 9 bis 15 Uhr stündlich (außer 12 Uhr)

Eines der größten Ringstraßenbauwerke im »griechischen Stil« – Säulenfassade und reichgeschmückter Giebel, nach Entwürfen des dänischen Architekten Theophil von Hansen (1874–83). Sitz der beiden gesetzgebenden Kammern Österreichs, des National- und des Bundesrates. Wenn an den Fahnenstangen vor dem Hause die rot-weiß-roten Flaggen flattern, tagen drinnen die österreichischen Volksvertreter. Die 4m hohe Statue der Pallas Athene (Carl Kundmann, 1902) in dem Brunnen (Theophil von Hansen) vor dem Haus soll diese offenbar zu Weisheit und Gerechtigkeit ermahnen.

### Peterskirche D3

I., Petersplatz
U1, U3 (Stephansplatz); Bus 1A, 2A, 3A (Graben/Petersplatz)

Erste urkundliche Erwähnung 1137 – vorher stand hier ein spätrömisches Gotteshaus. Nach dem großen Stadtbrand von 1276 wurde sie neu wiederaufgebaut, zuletzt legte Leopold I. 1702 den Grundstein zu dem der Heiligen Dreifaltigkeit gewidmeten heutigen Bauwerk. Johann Lukas von Hildebrandt vollendete den Rohbau 1708, 1715 war die 56m hohe Kuppel fertiggestellt. 1753 wurde der Portalvorbau fertig, 1844 die Außenfront umgestaltet – nach dem Vorbild des Petersdoms zu Rom. Die Kirche schien nie zur Ruhe zu kommen – außer dann, wenn sich Kaiserin Elisabeth (Sissi) darin einschließen ließ, um in aller Ruhe beten zu können.

A3 **Piaristenkirche**
VIII., Jodok-Fink-Platz
Straßenbahn J (Strozzigasse); Bus 13A (Theater in der Josefstadt/Josefstädter Straße)

Die Kirche ist Teil eines der schönsten barocken Platz-Ensembles Wiens. Bereits 1697 siedelten sich die Piaristen (Orden der Armen Regularkleriker der Mutter Gottes für Fromme Schulen) hier an und erbauten zunächst eine kleine Schmerzenskapelle (noch heute erhalten – darin ein Altar mit einer geschnitzten Pietà aus dem Jahr 1400). Davor entstand ab 1716 nach Entwürfen von Johann Lukas von Hildebrandt die heutige Kirche. Beeindruckend sind die Deckengemälde des Hauptraumes von Franz Anton Maulbertsch (»Verklärung Mariens« unter der Kuppel, »Himmelfahrt Mariä« über dem Chor und der »Engelssturz« über der Orgelempore). Auf der 1858 erbauten Orgel legte Anton Bruckner 1861 sein Kompositionsexamen ab.

Ihren gebräuchlichen Namen (»Maria Treu«) bezog die Kirche von dem Gnadenbild über dem Tabernakel (1713 von Joseph Herz). Die Pestsäule in der Mitte des Kirchenvorplatzes stammt von Jakob Johann Prokop (1713).

F3 **Postsparkasse**
I., Georg-Coch-Platz 2
Straßenbahn 1, 2, N (Julius-Raab-Platz)

Das Amtsgebäude wurde von Otto Wagner, einem der Begründer der modernen Architektur, im Stil der Wiener Secession errichtet (1904–06). Die Innenraumlösung war im Sinne eines strengen Funktionalismus wegweisend (Kassensaal), die verwendeten Materialien revolutionär (Aluminium, Glasbaustein, mit Bolzen befestigte Marmorplatten) – eine von den Secessionisten geforderte Einheit von »Bedürfnis, Zweck, Konstruktion und Schönheitssinn« maßgebend beim Bau. Während der Post-Öffnungszeiten zu besichtigen (→ Allgemeine Informationen, Post).

**Prater**
Südteil der Insel zwischen Donaukanal und Donau
Nördlicher Zugang über Praterstern (S1, S2, S3, S7, S15, U1, Straßenbahn 5, 21, O), westlicher Zugang über Rotundenbrücke (Straßenbahn N/Endstation Prater Hauptallee), südlicher Zugang über den Gaswerkstieg (U3/Endstation Erdberg), östlicher Zugang vom Handelskai (Straßenbahn 21/ Endstation Stadlauer Brücke)

Der »grüne Prater« ist die Aulandschaft hinter dem »Wurstel«- oder »Volksprater«, dem Vergnügungspark. Der Name »Prater« wurde bereits 1329 urkundlich erwähnt und stammt wohl aus dem Spanischen (»prado« für Wiese). Früher kaiserliches Jagdgebiet, war die den Prater in seiner Länge durchquerende Hauptallee bereits Ende des 18. Jh. Korso der Wiener, Flanier- und Kaffeehaus-

*Die Ringstraße Sie ist eine hufeisenförmige, die Innenstadt umschließende Allee, Mythos und Symbol politischer Macht. Das Terrain des vier Kilometer langen und 57 Meter breiten Boulevards ist die ehemalige mittelalterliche Festungsanlage, die Wien – den heutigen Ersten Bezirk, die »Innere Stadt« – vor Angreifern (vor allem den Türken) schützen sollte. Die Festungsanlagen blieben allerdings auch nach 1683, als die Türken zum zweiten Mal und endgültig zurückgeschlagen wurden, bestehen – dienten sie doch bis Mitte des 19. Jahrhunderts zum Schutz des Hofes vor Bedrohungen von innen, wie beispielsweise vor den etwaigen Auswirkungen sozialrevolutionärer Ideen des Wiener Proletariats. Noch unter Joseph II. (1765–90) wurden die Befestigungen durch den Bau von Kasernen verstärkt.*
*Erst 1857 verfügte Kaiser Franz Joseph I. die Schleifung der Stadtmauer, ab 1870 wurde in großem Stil gebaut: Direkt am neu angelegten Fahrdamm entstand ein Prunkbau neben dem anderen – Museen, Ministerien, Parlament, Rathaus, Staatsoper, Burgtheater, Hotels, Börse, Universität und die Neue Hofburg. Auf dem ebenfalls zur Bebauung freigegebenen »Glacis«, dem ehemals aus strategischen Gründen unbebauten Feld vor der Stadtmauer, entstanden repräsentative Wohnbauten des erstarkenden Bürgertums – protzige Paläste, stuckbeladene Mietshäuser mit reichgeschmückten Trep-*

meile. Das ist die Straße bis heute noch, freilich unter anderen Vorzeichen: Hier wird gejoggt, mit dem Rad oder Skateboard gefahren und geritten. Die Nutzung der Au ist vielfältig: Es gibt Reitvereine, einen Golfclub, ein Fußball- und ein Radstadion, ein öffentliches Freibad, zwei Pferderennplätze (Krieau, Freudenau), einen Donauhafen, einen Forschungsreaktor der Hochschulen, eine Vergnügungseisenbahn (Liliputbahn) und einen Minigolfplatz. Von den Kaffeehäusern an der Hauptallee ist nur das im Lusthaus am südlichen Ende übriggeblieben. (→ Kinder, Jahrmärkte).

**Rathaus** B3/C3
I., Friedrich-Schmidt-Platz (Vorderfront: Rathausplatz 1/ Dr.-Karl-Lueger-Ring)
U2, Straßenbahn J (Rathaus); Straßenbahn 1, 2, D (Rathausplatz/Burgtheater)
Führungen: Mo–Fr 13 Uhr (außer an Sitzungs- und Feiertagen)
Kirchenähnliches Prunkgebäude im Ringstraßenstil: eine Synthese aus Elementen der Gotik, der Renaissance und des Barock, das Hauptwerk des Architekten Friedrich von Schmidt (1872–83). Innen wie außen über und über dekoriert. Der 3 m hohe eiserne Ritter mit der Standarte auf der Turmspitze

*penhäusern, Fassaden und Giebeln. Das gewaltige Bauvorhaben wurde nie ganz vollendet – das »Kaiserforum«, die geplante Überbauung der Ringstraße sowie die komplette Umbauung des Heldenplatzes mit einem zweiten Flügel der Hofburg, wurde nie verwirklicht – das Habsburgerreich zerbrach in den Wirren des Ersten Weltkrieges, in die imperialen Gebäude zogen die Institutionen der Ersten Republik des nun winzigen Österreichs. Der prunkvolle Stil von öffentlichen Bauten und Wohnhäusern sollte als »Ringstraßenstil« in die Kulturgeschichte eingehen, eine Mischung aus Klassizismus, Romantik, Historismus und »griechischer Renaissance«. Ihre geplante Funktion als Boulevard erfüllte die Ringstraße lediglich unmittelbar nach ihrer Fertigstellung auf dem Stück zwischen Staatsoper und Schwarzenbergplatz (»Ringstraßenkorso«), in ihrem restlichen Verlauf scheint das Übergewicht an Repräsentation den Flaneur eher abzustoßen.*

*Die meisten Belebungsversuche der Straße dienen dem Tourismus – am Ring warten 2742 Fünfsternebetten in zehn Luxushotels auf Besucher, ein neues Einkaufszentrum (»Ringstraßen-Galerien«) neben der Oper spricht vor allem Touristen an. Ansonsten fristen die meisten Geschäfte auf der Ringstraße ein eher kümmerliches Dasein, von den ehemals 30 großen Ringstraßencafés sind nur noch fünf erhalten geblieben. Die allerdings sind alle gut besucht.*

dient als Blitzableiter, Wetterfahne und als Wahrzeichen Wiens – der »Rathausmann«.

E3 **Ruprechtskirche**
I., Ruprechtsplatz
U1, U4, Straßenbahn 1, 2, 21, N, Bus 2A (Schwedenplatz)

Das kleine und unscheinbare Kirchlein hoch über dem Donaukanalufer ist der älteste erhaltene Kirchenbau Wiens. Um 740 von zwei Schülern des hl. Rupertus an der Stelle eines ehemaligen römischen Wachturmes gegründet, 1161 das erste Mal urkundlich erwähnt. Zum Bau des Fundaments wurde römisches Material verwendet, in das Langhaus wurden später gotische Bauteile eingefügt. Bemerkenswert an der schlichten Kirche ist das Mittelfenster des Chors – eine Glasmalerei mit einer Kreuzigungsszene (13. Jh.).

Der gute Tip M:
**Schönbrunn**
Das »Heimatschloß« der Habsburger müssen Sie gesehen haben, wenn Sie Wien (und Österreich) verstehen wollen.

**Schönbrunn M** C6
*Haupteingang:*
XIII., Schönbrunner Schloßstr./Schloßallee
Straßenbahn 10, 52, 58, Bus

Eine überaus gelungene Verbindung von Kunst und Natur: der weitläufige Park von Schönbrunn

15 A (Schloß Schönbrunn)
*Hietzinger Tor:*
XIII., Am Platz
Zugang Wagenburg, Tiergarten, Schmetterlingshaus, Palmenhaus
U4, Straßenbahn 10, Bus 51 A (Hietzing); Straßenbahn 58, 60, 62, Bus 56 B, 58 B, 156 B (Am Platz)
*Meidlinger Tor:*
XII., Grünbergstr./Schönbrunner Str.
Zugang Römische Ruine, Bundesbad Schönbrunn, Gloriette
U4, Bus 15 A (Schönbrunn)
*Autofahrer:* Die Parkplätze gegenüber dem Haupteingang auf der anderen Schloßplatzseite sind fast immer belegt. In der näheren Umgebung gibt es auch kaum Ausweichmöglichkeiten.

Schloß Schönbrunn ist *das* Monument der Habsburgerdynastie, kaiserliche Sommerresidenz, Zentrum europäischer Politik, Spielplatz und Erziehungsstätte der zahlreichen Kinder von Kaiserin Maria Theresia sowie ein Ort der Künste. Der Wunderknabe Mozart gab hier seine ersten Konzerte, Beethoven arbeitete im Schloßpark an seinem »Fidelio«, im Schloßtheater kamen Werke von Gluck und Haydn zur Uraufführung. Die gesamte Anlage strebt nach Harmonie von Kunst und Natur, von Architektur und Gartenbau. Um alles zu sehen, müssen Sie einen vollen Tag einplanen.

An der heutigen Stelle des

Schlosses befand sich einst inmitten von Jagdwäldern und Viehweiden die »Kattermühle«, ein kleines Gut, das Kaiser Maximilian II. zu einem Jagdschloß mit Wildgehege und Obstkulturen umbauen ließ – der Anfang der heutigen Schloßanlage. Maximilians Sohn, Kaiser Matthias (1612–19), entdeckte während seiner Jagd einen nahe gelegenen Brunnen, den er den »Schönen Brunnen« nannte und einfassen ließ – sein in Stein gemeißeltes Monogramm (MM) ist dort heute noch zu sehen.

Die erste Blüte erlebte Schönbrunn als Sommer- und Witwensitz zweier kunstsinniger Kaiserinnen: Eleonora von Mantua, Witwe von Kaiser Ferdinand II., ließ ein italienisch inspiriertes Lustschloß anlegen. Maria Eleonora Gonzaga übernahm das Schloß 1655 – damals fiel erstmals der Name »Schönbrunn«.

Die Türken zerstörten bei ihrem Angriff auf Wien 1683 auch dieses Schloß. Erst Kaiser Leopold I. beauftragte den Architekten Johann Bernhard Fischer von Erlach mit dem Neubau eines prächtigen Sommerpalastes für seinen Sohn Joseph I. – das französische Herrscherschloß Versailles sollte weit übertroffen werden. Der erste Entwurf sah eine riesige Anlage auf dem heutigen Gloriette-Hügel vor: Das überstieg jedoch deutlich die finanziellen Möglichkeiten der Auftraggeber.

1696 wurde schließlich mit der Verwirklichung des zweiten, wesentlich bescheideneren Planes begonnen, der die kaiserliche Kasse dennoch mehr als genug beanspruchte. Die Arbeiten schritten mühsam voran, die kaiserliche Familie wohnte jahrelang auf einer Baustelle.

Das Konzept des Schlosses war schon damals klassisch: Symmetrisches Hauptgebäude mit einer Hoffassade Richtung Stadt und einer Gartenfassade Richtung Park, dazu zwei Seitenflügel für den Hofstaat. Der Ehrenhof zur Anfahrtsstraße hin sollte genug Platz lassen für die Auffahrt von Prunkkarossen und für große Feste.

Doch Schönbrunn blieb so lange Torso, bis sich Maria Theresia seiner annahm. Nach ihrer Krönung 1743 beauftragte die junge Kaiserin den jungen Wiener Architekten Nikolaus Pacassi mit den Arbeiten: Der Bau wurde aufgestockt und mit Freitreppen auch nach außen hin großzügiger gestaltet. Die Kaiserin wollte längere Zeit als ihre Vorgänger in diesem Schloß verbringen, außerdem waren ihre Familie und ihr Hofstaat ein wenig größer als die ihrer Vorgänger: 16 Kinder mußten untergebracht werden, 1000 Diener, Beamte, Minister, Hofdamen und Erzieherinnen, dazu 200 Leibgardisten, 11 Geistliche, 9 Ärzte, 56 Metzger sowie Bäkker, Kellermeister und Hoftafeldecker, 140 Musikanten und Sänger ebenso wie zwei Hofdichter (einer für die deutsche, einer für die französische Spra-

che). Die 2000 Räume des Schlosses waren voll belegt.
Das war die Glanzzeit Schönbrunns: Der Park wurde nach französischem Vorbild symmetrisch bis zur Gloriette, der Säulenhalle auf dem Hügel gegenüber dem Schloß, angelegt. Die exakt beschnittenen, haushohen Buchenhecken gewähren weite Blicke auf das Schloß und die an zentralen Punkten errichteten Brunnen. Maria Theresia pflegte diese Alleen arbeitend entlangzuwandeln – mit einer umgeschnallten Schreibplatte, auf der sie im Gehen Akten studierte, schrieb oder las.
Nach und nach ließ sie den Park ausstatten: mit der romantischen Römischen Ruine, dem Neptunbrunnen, dem Tierpark und mit mythologischen Steinplastiken entlang der Hauptwege. Sie arbeitete bis zu ihrem Tod im Jahre 1780 an dem Ausbau des Schlosses.
Ihr Sohn Joseph II. interessierte sich allerdings wenig für ihr Werk, ihm war nur der Tiergarten wichtig – aus wissenschaftlichem Interesse. Den Schloßpark ließ er für alle Wiener Bürger öffnen – eine Sensation zur damaligen Zeit!
Erst Kaiser Franz II. machte Schönbrunn 1792 wieder zum kaiserlichen Sommersitz. Im Jahr 1805 residierte Napoleon Bonaparte für zwei Wochen hier und unterzeichnete 1809 den für Österreich so ungünstigen »Frieden von Schönbrunn«.
Kaiser Franz Joseph I. (1830 bis 1916) machte Schönbrunn wieder zum Mittelpunkt des politischen Interesses – er regierte von hier aus den Vielvölkerstaat der österreich-ungarischen Monarchie – bis zu dessen Untergang, dem Ende der fast 650jährigen Regierungsperiode der Habsburger. 1918 unterzeichnete der letzte österreichische Kaiser Karl I. (1916–18) im Blauen Salon des Schlosses ein Manifest über die Beendigung seiner Regierungsgeschäfte – Schönbrunn ging in österreichischen Staatsbesitz über.
Schönbrunn ist nicht nur Touristenattraktion, sondern auch nationales Heiligtum – also nehmen Sie sich Zeit! Ihr Pflichtprogramm: Schloßbesichtigung, Gloriette, Wagenburg. Die Kür: Palmenhaus, Tiergarten, Römische Ruine, Schmetterlingshaus. Ohne dieses Pflichtprogramm haben Sie Wien nicht gesehen!

*Schauräume im Schloß:*
April–Okt. tgl. 8.30–17 Uhr; Nov.–März tgl. 8.30 bis 16.30 Uhr. Laufend Führungen. (Tour A Erw. 95 öS, Kinder 40 öS. Tour C Erw. 80 öS, Kinder 30 öS. Privatführung 660 öS zusätzlich).

Auf zwei verschiedenen Routen zu besichtigen: Große Tour (»A« – mit Führung, 40 Zimmer), kleine Tour (»C« – ohne Führung, 22 Zimmer). Wohn-, Repräsentations- und Arbeitsräume im Schloß, Salons, Badezimmer, Schlafgemächer. Kein Raum gleicht dem anderen.

*Die Bergl-Zimmer:*
(im Schloß)
Nur mit Führung (Sa, So und Feiertag 10–16 Uhr zu jeder vollen Stunde, Erw. 50 öS, Kinder 30 öS)
25 lange Zeit verschlossene Zimmer im Erdgeschoß des Schlosses – die Sommer-Zimmer Maria Theresias, schon damals weitgehend unberührt von Etikette –, hier galt das spanische Hofzeremoniell nicht. Die Wände sind zur Gänze von dem Maler Johann Wenzl Bergl (1718–89) gestaltet – mit exotischen Blumen-, Garten-, Vogel- und Parkmotiven. Barockes Entspannungsambiente.

*Wagenburg:*
(Schloß/rechter Seitentrakt)
Nov.–März tgl. außer Mo 10 bis 16 Uhr; April und Okt. tgl. 9–17 Uhr; Mai–Sept. tgl. 9 bis 18 Uhr
In der ehemaligen Winterreitschule ist eine der größten und wertvollsten Wagensammlungen der Welt untergebracht: Leichenwagen, Kinderschlitten, achtspännige Prunkkarossen, Kindersänften, Reise- und Jagdwagen. Auch beziehungsreiche Details aus der kaiserlichen Reiterei sind zu sehen: die Damenreitgerte von Kaiserin Sissi mit einem im Schaft eingelassenen Foto des Kaisers Franz Joseph auf Elfenbein, goldgerahmt und mit Granaten besetzt. Die lederne ungarische Hetzpeitsche des Kronprinzen Rudolf in einer mit Samt und Seide ausgeschlagenen Schatulle aus Budapest.

*Gloriette:*
Mai–Sept. tgl. 9–18 Uhr; Okt. 9–17 Uhr
Klassizistische Säulenhalle mit dreibogigem Triumphtor auf dem Hügel gegenüber dem Schloß. Deren Mittelteil soll wie zu Kaisers Zeiten wieder verglast werden und dann als Kaffeehaus dienen. Gute Aussicht über die westlichen Bezirke Wiens und vor allem über die Schloßanlage.

*Tiergarten:*
Nov.–Jan. tgl. 9–16.30 Uhr; Feb. und Okt. tgl. 9–17 Uhr; März tgl. 9–17.30 Uhr; April tgl. 9–18 Uhr; Mai–Sept. tgl. 9–18.30 Uhr
Der älteste Tierpark der Welt. Kernstück der Barockmenagerie ist der Frühstückspavillon des Kaisers, heute ein Kaffeehaus und Restaurant. Nach dem Zweiten Weltkrieg wurden viele Gehege erweitert und umgebaut, um wenigstens etwas mehr den Anschein von artgerechter Tierhaltung aufrechtzuerhalten (→ Kinder, Zoo).

*Palmenhaus:*
Mai–Sept. tgl. 9.30–17.30 Uhr (Einlaß); Okt.–April tgl. 9.30 bis 16.30 Uhr (Einlaß)
Das größte Europas, 1882 fertiggestellt. Drei verschiedene Klimazonen in einem Gebäude, das sich durch scheinbar schwereloses Zusammenspiel von Glas und Eisen auszeichnet.

*Schmetterlingshaus:*
(im Sonnenuhrhaus)
Mai–Sept. tgl. 10–16.30 (Einlaß); Okt.–April tgl. 10 bis 15 Uhr (Einlaß)

Die Besucher wandeln in tropischem Klima zwischen üppiger Vegetation und 200 frei umherfliegenden Schmetterlingen.

*Park:*
Tgl. 6 Uhr–Einbruch der Dunkelheit

Römische Ruine, Neptunbrunnen, Obeliskenkaskade, Najadenbrunnen, Orangerie – und der »Schöne Brunnen«.

Restaurants befinden sich fast überall im Schloßbereich: Gegenüber der Wagenburg ist das Kutschenstüberl zwischen schattigen Arkaden (einfache Speisen). Edles Essen gibt es bei Do & Co im Schloßhof, neben der Orangerie. Deftig und gut böhmisch sowie slowakisch speisen kann man im Schönbrunner Stöckl direkt am Meidlinger Tor. Kaffeehausbetriebe gibt es im Schloßhof, an der Gloriette und im Tierpark. Erfrischung nach anstrengender Besichtigung verspricht das Bundessportbad Schönbrunn auf dem Gloriette-Hügel neben dem Obelisken (Zugang über das Meidlinger Tor).

Abends finden im Sommer vor der Römischen Ruine Vorstellungen der Wiener Kammeroper statt (→Feste und Festspiele).

> Der gute Tip M:
> **Spanische Hofreitschule**
> Eine Schule barocker Reitkunst auf dem weltweit höchsten Niveau. Die Reiter sind hochangesehene Staatsbeamte, die Pferde stolze Lipizzaner, die Reithalle ist ein eleganter Bankettsaal.

### Schottenkirche C3

I., Freyung 6
U 3, Bus 2 A, 3 A (Herrengasse)

In den Baukörper des Schottenstiftes und des Schottenhofes eingebaut – 1156 hatte Herzog Heinrich II. Jasomirgott irische Benediktinermönche aus Regensburg nach Wien berufen (Irland wurde im Mittelalter »Neuschottland« genannt), sie bekamen das Grundstück des heutigen Schottenhofes geschenkt.

Das ursprüngliche romanische Gotteshaus der Neuschotten wurde nach dem Stadtbrand 1276 frühgotisch wiederaufgebaut. Die nächsten Umgestaltungen fanden in der Gotik und im Barock statt. Sehenswert sind der marmorne Hochaltar (Heinrich von Ferster, 1883), die Sarkophage von Herzog Heinrich Jasomirgott, seiner zweiten Frau Theodora und seiner Tochter Agnes rund um einen Altar aus Salzburger Marmor.

### Spanische Hofreitschule M D4

II., Hofburg, Eingang durch die Michaelerkuppel (Innerer Burghof)
Vorführungen 10.45 und 19 Uhr (Dauer: 80 Min.)
*Morgenarbeit mit Musik:*
10 Uhr (Dauer: 60 Min.)
*Morgenarbeit ohne Musik:*
10 Uhr (Dauer: 2 Std.),
und zwar nur innerhalb folgender Perioden: 15. März bis 24. Juni, 30. Aug.–30. Sept.,

3. Nov.–16. Dez., (jeweils viermal wöchentlich an verschiedenen Wochentagen. Die Morgenarbeit ohne Musik in der Regel Di–Sa). Weitere Informationen bzw. Kartenreservierungen nur schriftlich (Spanische Hofreitschule, Hofburg, A-1010 Wien) oder telefonisch, schriftlich bzw. persönlich bei den Wiener Kartenbüros (→ Allgemeine Informationen, Theater- und Konzertkarten).
Eintritt Erw. 220 öS, Kinder 80 öS, Kinder unter drei Jahren haben keinen Zutritt. Morgenarbeit ohne Musik: Erw. 80 öS, Kinder 20 öS. Bei Vorführungen Logenplätze bis 800 öS (alles plus Theaterkarten- bzw. Reisebüroaufschlag – das sind mindestens 22%).

Nur für die »Morgenarbeit ohne Musik« kann man eventuell für den jeweiligen Tag an der Pforte (Innerer Burghof) Karten bekommen – am besten mindestens eine halbe Stunde vor Beginn anstellen. Kein Vorverkauf im Haus! Die Stallungen können nicht besichtigt werden.

Die berühmten Wiener Lipizzaner zelebrieren ihre Auftritte als »tanzende Pferde« in der Winterreitschule, die 1729–35 im Auftrag Kaiser Karl IV. nach Plänen von Joseph Emanuel Fischer von Erlach errichtet wurde. Das ist keine gewöhnliche Reithalle, sondern ein prachtvoller Saal mit Kassettendecke, umlaufender Galerie und riesigen Kronleuchtern. Früher wurde hier nicht nur geritten, sondern auch getanzt, musiziert und gefeiert. Heute reiten die staatlichen Rittmeister und Oberrittmeister die weißen Pferde vor allem zu klassischer Musik – ihre Vorführungen sind das höchste, was weltweit an reiterlicher Dressurkunst geboten wird.

**Spittelberg-Ensemble** B3

Fünf Gäßchen zwischen Burggasse und Siebensterngasse sowie Breite Gasse und Sigmundsgasse
U2, Bus 48 A (Volkstheater); Straßenbahn 49 (Stiftgasse)

Der ehemalige Weinberg war unter dem Namen »Spitalberg« seit 1692 im Besitz des Bürgerspitals. Die hier ansässigen Zuwanderer wurden aber wegen der exponierten Lage der Siedlung immer wieder Opfer räuberischer Überfälle von Türken und Ungarn. Prinz Eugen befahl die Anlage eines Befestigungswalls – die nunmehr »Spittelberg« bezeichnete Ansiedlung wurde zu einem Stadtteil Wiens – bereits Ende des 18. Jh., allerdings zu einem ziemlich verrufenen: Auf 138 Häuser kamen 58 Schankstuben, die von Landstreichern, Bettlern und Prostituierten frequentiert wurden.

Heute ist alles ganz anders: Das Viertel mit geschlossener Biedermeierbebauung wurde durchgängig renoviert, die oft jahrzehntelang leerstehenden Häuser sind mittlerweile durchwegs bewohnt, die Straßen größtenteils Fußgängerzonen. An allen Ecken und Enden werden Beisln und Restaurants, Kunstgewerbeläden und Geschäfte der Bio-Szene-Infrastruktur eröffnet. Das Publikum ist diesmal nicht zwielichtig, sondern intellektuell-gepflegt bis jugendlich. Das Amerling-Haus (Stiftgasse 8), Geburtsstätte des Malers Friedrich von Amerling, dient als Jugendklub, kommunales Begegnungszentrum und Szene-Kneipe. Im mit Glas überdachten Pawlatschenhof werden Konzerte, Theateraufführungen und Lesungen veranstaltet. Rund um das Haus finden regelmäßig Floh- und Handwerksmärkte statt (→ Einkaufen, Märkte).

**Stadtbahn-Hofpavillon Hietzing**
XIII., Schönbrunner Schloßstr. (zwischen Kennedybrücke und Schloßbrücke)
U4, Straßenbahn 10, 58, 60, 62, Bus 51 A, 56 B, 58 B, 156 B (Hietzing)
Tgl. außer Mo 9–12.15 und 13–16.30 Uhr
Die repräsentativste Station des Stadtbahnnetzes der Wiener Jahrhundertwende war allein für den kaiserlichen Hof bestimmt. Otto Wagner baute gegenüber dem Schönbrunner Schloß einen mit bestickter Seidenbespannung wohnlich eingerichteten Warteraum unter einer festlichen Kuppel. Zentrales Motiv des Innenraumes ist der Philodendron. Heute sind die Abgänge zu den Gleisen geschlossen, das Stationsgebäude kann jedoch besichtigt werden.

D6 **Stadtbahn-Pavillon Karlsplatz**
I., Karlsplatz/gegenüber dem Künstlerhaus
U1, U2, U4, Straßenbahn 62, 65, Bus 4 A, 59 A (Karlsplatz)
April–Okt. tgl. außer Mo 9–12.15 und 13–16.30 Uhr
Die beiden Karlsplatzpavillons, Stationsgebäude des Wiener Stadtbahnsystems der Jahrhundertwende, sind Unikate. Die Pläne sämtlicher Stationen stammen von Otto Wagner. Einer der Stationsbauten am Karlsplatz wurde nach dem U-Bahn-Bau der letzten Jahrzehnte versetzt wieder aufgebaut und dient heute als Kaffeehaus. Sein sichtbares Eisenskelett ist mit Marmorplatten und Gipsdielen bestückt, die florale Ornamentik ist prächtig – ein schönes Beispiel für Verkehrsbauten des Jugendstils.

**St. Marx (Biedermeierfriedhof)**
III., Leberstr. 6–8
Bus 74 A (Hofmannsthalgasse)
April, Okt. 7–17 Uhr; Mai, Sept. 7–18 Uhr; Juni–Aug. 7–19 Uhr; Nov.–März 7 Uhr bis Einbruch der Dunkelheit
Der einzige noch erhaltene Biedermeier-Friedhof Wiens – die letzte Bestattung fand 1874 statt. Hier wurde 1791 auch Wolfgang Amadeus Mozart beigesetzt, allerdings nicht unter einem der zahlreichen wunderschönen und reichgeschmückten Grabsteine, sondern in einem unbezeichneten Grab – man wollte an dem verarmten Komponisten nach seinem Tode keine unnützen Ausgaben haben. Der Ruhm kam – wie oft – viel später: Heute erinnert an der mutmaßlichen Stelle seiner

Beerdigung ein Grabstein mit einem trauernden Engel an das verkannte Genie, und auf dem Zentralfriedhof wurde ihm in der Sektion der Ehrengräber ein besonderer Platz eingeräumt. Das Grab unter dem schönen Stein ist freilich immer leer geblieben.

**St.-Ulrichs-Platz**

VII., Bus 48 A (St.-Ulrichs-Platz)

Das guterhaltene Bürgerhausensemble rund um die Ulrichskirche (1721–71) wurde in den letzten Jahren revitalisiert. In die teilweise lange leerstehenden Geschäftslokale ist neues Leben eingekehrt, der leicht ansteigende Platz wurde für den Autoverkehr gesperrt. Wegen der ausschließlich alten Fassaden, der original erhaltenen, alten Ladenportale und der altertümlichen Straßenbeleuchtungen wurden hier bereits etliche historische Filme gedreht.

4/ **Stadtpark**

5/ I., zwischen Parkring und Am
5 Heumarkt

U3, Bus 1 A, 74 A (Stubentor); U4 (Stadtpark); Straßenbahn 71, D (Schwarzenbergplatz); Straßenbahn 1, 2 (Weihburggasse)

Die Anlage zu beiden Seiten des Wienflusses wurde 1862 eröffnet. Im englischen Landschaftsstil schlängeln sich angelegte Bächlein zwischen Wiesen, Wäldchen und unter Brücken hindurch.

Der Stadtpark ist traditioneller Treffpunkt von Liebespaaren, besonders an den verschwiegenen Promenaden entlang des Wienflusses. Die schönste Stelle sind die Erker und Gartenpavillons fast schon am südlichen Ende des Stadtparks an der Johannesgasse, wo der Wienfluß durch ein efeubewachsenes Portal aus seinem überdachten Bachbett ins Freie fließt.

Das Denkmal von Johann Strauß Sohn mitten im Walzer- und Engelreigen vor dem Kursalon ist sicher das meistfotografierte Denkmal Wiens.

**Stadttempel** E3

I., Seitenstettengasse 2–4

U1, U4, Straßenbahn 1, 2, 21, N, Bus 2 A (Schwedenplatz); Bus 1 A, 3 A (Rotenturmstraße)

Besichtigung mit Führung, tgl. außer Sa (nach Voranmeldung, Tel. 2 16 19 62

Die größte und schönste Synagoge Wiens ist – gemäß den Bestimmungen des josephinischen »Toleranzpaketes« – unauffällig im Hof des Hauses der Israelitischen Kultusgemeinde eingebaut – das ist der Grund, warum sie als einzige der Wiener Synagogen während des Novemberpogroms 1938 (»Reichskristallnacht«) keinem Brandanschlag zum Opfer fiel.

Der Bau stammt von dem Biedermeier-Architekten Josef Kornhäusel (1824–26), der auch Einrichtung und Kultgegenstände des Gotteshauses entwarf. Bemerkenswert sind Aufbau und Beleuchtung des längsovalen Kuppelraumes, dessen lichtblaue Wölbung mit aufgemaltem Sternenhimmel und strahlendem Oberlicht dem Raum etwas Magisches verleiht. Der Stadttempel ist heute wieder das zentrale Gotteshaus der Wiener Israelistischen Gemeinde.

E4 **Stephansdom**
I., Stephansplatz
U1, U3, Bus 1A, 2A, 3A (Stephansplatz)
*Führungen:* Mo–Sa 10.30 und 15, So und Feiertag 15 Uhr, Juli–3. Sept. auch Sa 19 Uhr,
Eintritt Erw. 35 öS, Kinder 15 öS
*Hochamt:* Sept.–Juni: So und kirchl. Feiertage 10 Uhr
*Katakomben:* (nur mit Führung) tgl. 10, 11, 11.30, 14, 14.30, 15.30, 16.30 Uhr
Eintritt Erw. 35 öS, Kinder 15 öS
*Pummerin:* (Nordturm/Schnellaufzug) April–Sept. tgl. 9 bis 18 Uhr; Okt.–März tgl. 8 bis 17 Uhr
Eintritt Erw. 40 öS, Kinder 15 öS
*Turmbesteigung:* (Südturm mit Türmerstube und herrlicher Aussicht) tgl. 9–17.30 Uhr
Eintritt Erw. 20 öS, Kinder 5 öS

Der Dom von Wien ist nicht nur geographisch Mittelpunkt der Stadt, sondern auch deren Wahrzeichen und populäres Symbol (»Steffl«). Außerdem ist er der bedeutendste gotische Bau Österreichs.

Der Dom ist jedoch nicht rein gotisch, sondern ein Gemisch aus romanischen, gotischen und barocken Bauteilen. Aus spätromanischer Zeit sind das Hauptportal und Teile der Heidentürme erhalten geblieben (links und rechts vom Riesentor im Westen) – der Babenbergerherzog Friedrich II. ließ hier damals (1240) die erste landeseigene Pfarrkirche bauen. Die Weihe erfolgte 1263 durch König Ottokar II.

Habsburgerherzog Albrecht II. ließ dem romanischen Langhaus (dessen genaue Form heute nicht mehr rekonstruierbar ist) einen dreischiffigen gotischen Chor anfügen, der 1340 vollendet wurde. Das buntgedeckte Dach trägt den habsburgischen Doppeladler auf der einen und die Wappen Österreichs und Wiens auf der anderen Seite.

Das gotische Langhaus und der hohe Südturm (137 m) wurden unter Rudolf IV., dem Stifter, begonnen (1359) und 1433 fertiggestellt. Die 17 t schwere Glocke (»Pummerin«) wurde aus dem Metall der bei den erfolglosen Türkenbelagerungen der Stadt erbeuteten Kanonen geschmolzen.

Der Nordturm wurde unter Kaiser Friedrich III. begonnen (1450), unter dessen Regentschaft Wien zum Bischofssitz wurde (1469), doch der Turm sollte nie vollendet werden.

Während des Zweiten Weltkrieges wurde der Dom schwer zerstört, doch schon 1952 waren die Renovierungsarbeiten abgeschlossen. Eine neue »Pummerin«, auch eines der zahlreichen Wahrzeichen der Stadt, hängt jetzt im niedrigeren Nordturm.

Die wichtigsten gotischen Objekte im Dom sind der Wiener Neustädter Altar (1447, im linken Seitenschiff des Chors, im

Es lohnt sich, im Stephansdom eine Führung mitzumachen

Mittelschrein die Krönung Mariens, auf den Seitenflügeln 72 Heiligenfiguren), der Orgelfuß (1513, im linken Seitenschiff, mit dem Selbstbildnis des spätgotischen Meisters Anton Pilgram, des Leiters der Dombauhütte) und die Kanzel (1514/15, Mittelschiff, von Anton Pilgram mit dessen Selbstbildnis am Kanzelfuß, dem steinernen »Fenstergucker«). Außerdem das Hochgrab für Rudolf IV. und seine Gattin Katharina (1378, leer, mit Liegefiguren), die Dienstbotenmadonna (1340, neben der Kanzel), der Zahnwehherrgott (Kruzifix, das einen Gotteslästerer von seinen Zahnschmerzen befreit haben soll, Barbarakapelle im Nordturm), die Totenkapelle (an der linken, nördlichen Chorkapelle, hier wurde Wolfgang Amadeus Mozart am 6. Dez. 1791 eingesegnet) sowie die Herzogsgruft (14. Jh., unter dem Chor, heute in die »Katakomben« miteinbezogen, den größten unterirdischen Friedhof der Welt aus dem 18. Jh. mit meterhoch aufgestapelten Knochen- und Schädelbergen – Zugang aus dem linken Seitenschiff).

**Stephansplatz und Stock-im-Eisen-Platz** D3/E4
U1, U3, Bus 1A, 2A, 3A (Stephansplatz)

Der Stephans- und der Stock-im-Eisen-Platz waren früher durch eine Häuserzeile voneinander getrennt, jetzt gehen sie ineinander über und bilden zusammen mit der Kärntner Straße, dem

Graben, der Tuchlauben, dem Kohlmarkt, der Naglergasse und einigen Seitengassen die größte zusammenhängende, innerstädtische Fußgängerzone Österreichs (manche behaupten: ganz Europas!). Hier ist das eigentliche Zentrum Wiens. Der Stephansplatz um den Stephansdom ist nach dem bis 1792 dort gelegenen Friedhof so benannt, der Stock-im-Eisen-Platz nach dem »Stock-im-Eisen«, einem Stück von einem Baumstumpf, in den früher alle wandernden Schlossergesellen als Glücksbringersymbol Nägel einschlugen – gemäß einer Sage, wonach das unaufsperrbare eiserne Schloß, mit dem das Holz in seiner Mauernische gehalten wird, das Meisterstück eines Gesellen ist, der mit dem Teufel im Bunde stand. Der Stamm ist heute im Museum zu sehen, eine Kopie steht vor Ort – in einer Nische am Hauseck des Palais Equitable, eines prunkvollen Versicherungsbaus im späthistorischen »altdeutschen Neubarock« (Stock-im-Eisen-Platz 3–4/Ecke Kärntner Straße).

C2/**Universität**
C3 I., Dr.-Karl-Lueger-Ring 3
U2, Straßenbahn 1, 2, D, 37, 38, 40, 41, 42, 43, 44, Bus 1A (Schottentor/Universität)

Die Wiener Universität geht auf eine Stiftung Herzog Rudolf IV. aus dem Jahr 1365 zurück – die akademische Lehrstätte trägt immer noch seinen Namen (»Alma Mater Rudolphina«) – sie ist die zweitälteste Universität des deutschen Sprachraumes. Seit ihrer Gründung ist die Alma Mater allerdings umgezogen – in dem Gebäude der »Alten Universität« mitten in der Innenstadt ist die »Akademie der Wissenschaften« untergebracht (I., Dr.-Ignaz-Seipel-Platz 2, 1753–55 nach Plänen des Hofbauinspektors Maria Theresias, Jean Nicolas Jadot de Ville-Issey, erbaut). Die »Neue Universität« ist das monumentalste Beispiel der Wiener Ringstraßenarchitektur. Der riesige Block um den großen Arkadenhof und acht kleinere Höfe wurde 1873–83 nach Plänen Heinrich von Ferstels errichtet. Auffällig sind die prunkvollen Stiegenhäuser im Inneren sowie der große Festsaal mit Statuen Rudolf IV. und Maria Theresias.

**Vermählungsbrunnen (Josefsbrunnen)** E3
I., Hoher Markt
U1, U3 (Stephansplatz); Bus 1A, 2A, 3A (Hoher Markt)

Kaiser Leopold I. gelobte 1702, zu Ehren des hl. Joseph eine Säule zu errichten, sofern sein ältester Sohn Joseph I. siegreich und unversehrt aus dem Spanischen Erbfolgekrieg (1701–13) zurückkehrte. Da dies der Fall war, errichtete Johann Bernhard Fischer von Erlach 1706 einen hölzernen Säulentempel, dessen Sockel der Bildhauer Antonio Corradini schuf, und gestaltete eine Vermählungsszene zwischen Maria, Josef und dem Hohenpriester. Holz hielt aber auf Dauer dem Wiener Klima nicht stand – Joseph Emanuel Fischer von Erlach schuf mit dem heutigen Tempel aus weißen korinthischen Marmorsäulen und dem luftigen Bronzebaldachin ein platzbeherrschendes Kunstwerk.

:4 **Volksgarten**
I., Dr. Karl-Renner-Ring
U3, Straßenbahn 46, 49, Bus 2A, 48A (Dr.-Karl-Renner-Ring); Straßenbahn 1, 2, D, J (Stadiongasse/Parlament)

Der zweitälteste Park Wiens (nach dem Augarten), 1823 anstelle der alten Stadtbefestigungsanlage errichtet. Der von Peter von Nobile errichtete Kaffeesalon mitten im Volksgarten war einst Ort für die Konzerte von Joseph Lanner und Strauß Vater sowie Sohn, heute ist darin die Volksgarten-Meierei untergebracht (→ Essen und Trinken, Kaffeehäuser).

Hauptbauwerke im Volksgarten sind der Theseus-Tempel, die Nachbildung des antiken Theseions in Athen (ebenfalls von Peter von Nobile, 1820), und das Kaiserin-Elisabeth-Denkmal von Friedrich Ohmann (1907).

Das Geviert entlang des Zauns zur Ringstraße ist mit Hunderten verschiedener Sorten von Rosenstöcken bepflanzt – ein Dorado für Blumenliebhaber und Taubenfütterer.

:2 **Votivkirche**
IX., Rooseveltplatz
U2, Straßenbahn 1, 2, D, 37, 38, 40, 41, 42, 43, 44, Bus 1A (Schottentor/Universität)

Ein Hauptwerk des strengen Historismus, von Heinrich von Ferstel im Stil französischer Kathedralgotik gebaut (1856–79). Der erste große Kirchenbau Wiens seit dem Barock, eine Stiftung des Erzherzogs Ferdinand Maximilian, des späteren Kaisers von Mexiko, zum Gedenken an das mißglückte Attentat auf seinen Bruder, den Kaiser Franz Joseph I. Sehenswert sind das filigrane Steinmetzwerk der Türme sowie der Antwerpener Altar (1530, ein flämisches Holzschnitzwerk mit Szenen aus der Leidensgeschichte Christi).

**Villa Wagner I.**
XIV., Hüttelbergstr. 26
Tel. 9 14 85 75
Straßenbahn 49 (Endstation Bujattigasse); von dort 15 Min. Fußweg durch den Wienerwald oder eine Station mit dem Bus 148 oder 152 (Freyenthurmgasse)
Di–Fr 9.45–15.45, Sa 9.45 bis 15 Uhr,
Führung Erw. 120 öS, Kinder 70 öS (nach telefonischer Vereinbarung)

Das von ihm selbst entworfene Sommerhaus des Architekten Otto Wagner (1886–88). Renaissance-Anklänge mit aufkommendem Jugendstil vermischt, ein Traumhaus mit offenem Portikus und Pergolen. Im Besitz des Malers Ernst Fuchs, dem Begründer der Wiener Schule des »Phantastischen Realismus«. Er machte das Haus zu einem »Ernst-Fuchs-Privatmuseum« und beeinträchtigte den Gesamteindruck des Hauses durch bunte Färbung. Immerhin ist es so auch von innen zu besichtigen.

**Währinger Israelitischer Friedhof**
XVII., Semperstr. 64a
U3, Straßenbahn 37, 38, Bus 34A, 35A (Nußdorfer Straße)
Der größte der alten jüdischen Friedhöfe Wiens, eine Insel der Stille mitten in der Stadt. Die Gräber wurden zwischen 1784 und 1879 belegt, hier befinden sich die Grabstellen der »tolerierten« jüdischen Wiener Familien des 18. und des 19. Jh.

C6 **Wienzeilenhäuser**
VI., Linke Wienzeile 38 und 40 sowie Köstlergasse 1 und 3
U4 (Kettenbrückengasse)
Drei Mietshäuser aus der Hand des Architekten Otto Wagner (1898–99). Reinster Jugendstil mit vergoldetem Fassadenstuckwerk. Beim Majolikahaus (Linke Wienerzeile Nr. 40) ließ Wagner auf eigene Kosten eine witterungsunempfindliche Fliesenverkleidung mit durchgehender, grün-roter Pflanzenornamentik anbringen. Das Haus gilt als einer der schönsten Wohnbauten Wiens. Die Besichtigung der ebenfalls reich ornamentierten Treppenhäuser ist möglich.

Der gute Tip M:
**Zentralfriedhof**
Die internationale Hauptstadt des Todes können Sie nur im Zentrum der Hauptstadt richtig kennenlernen – auf dem Zentralfriedhof.

**Zentralfriedhof M**
XI., Simmeringer Hauptstr. 234 (Haupttor = 2. Tor)
S7 (Zentralfriedhof/Kledering); Straßenbahn 71, 72 (Zentralfriedhof/2. Tor)
Nov.–Feb. tgl. 8–17 Uhr; März/April, Sept./Okt. 7 bis 18 Uhr; Mai–Aug. 7–19 Uhr
*Israelitische Abteilung:*
1. Tor (Simmeringer Hauptstr. 234)
S7 (Zentralfriedhof); Straßenbahn 71, 72 (Zentralfriedhof/1. Tor)
Wien ist die Hauptstadt des Lebens nach dem Tode – vielleicht liegt das auch daran, daß Wien auch schon einmal die Hauptstadt eines Reiches war, das so wunderschön untergegangen ist. Der Zentralfriedhof ist in diesem Sinne Wiens Zentrum, weit draußen an der östlichen Peripherie, zwischen Rangierbahnhöfen, Stadtautobahnen und Industrieanlagen. Hier liegen 3 Mio. Wiener begraben – mehr als das Doppelte der heute in Wien lebenden Bevölkerung. Beliebtes Ausflugsziel der Wiener sind die 2000 Ehren- und Prominentengrüfte: Ludwig van Beethoven, Wolfgang Amadeus Mozart, Franz Schubert, Johannes Brahms, Johann Strauß Vater und Sohn, Josef Strauß, Arnold Schönberg, Johann Nestroy, Franz Werfel, Robert Stolz liegen hier, außerdem Freiheitskämpfer, Bundespräsidenten und Kanzler, geordnet nach Beruf und Aufgabe. Die Stile der oft bombastischen Grabstellen sind vielfältig: Ringstraßen-Prunk, italienischer Realismus, Secession, Jugendstil, Klassizis-

mus. Die ringförmige Anlage der Ehrengräber liegt direkt hinter dem Haupttor (2. Tor).
1863 beschloß der Wiener Gemeinderat, einen Friedhof auf Gemeindekosten und mit interkonfessionellem Charakter zu errichten – gegen erhebliche Widerstände aus Politik und Gesellschaft. Erst recht wurde protestiert, als die Stadtverwaltung das Areal der Israelitischen Abteilung im Jahr 1874 der Israelitischen Kultusgemeinde Wien zur »Eigenverwaltung im Sinne der jüdischen Tradition« übergab. Die Zeremonienhalle dieses Friedhofsteiles wurde 1938 in der »Reichskristallnacht« zerstört. Berühmte Grabstätten: Familie Rothschild, Arthur Schnitzler, Friedrich Torberg.
Der Neue Friedhof für Tote jüdischer Konfession wurde 1917 am östlichen, stadtabgewandten Ende des Zentralfriedhofes eröffnet (4. Tor).
Beachtung verdient auch das Krematorium, die Städtische Feuerhalle, auf der anderen Seite der Simmeringer Hauptstraße (gegenüber dem Haupttor/2. Tor), eine fast theatralische Inszenierung des Architekten Clemens Holzmeister (1921–23). Der mit stilisierten Zinnen bewehrte Bau lehnt sich formal an das »Neugebäude« an, das Landschloß Kaiser Maximilian II. (1569) hinter dem das Krematorium umgebenden Urnenhain.

**Zur Heiligsten Dreifaltigkeit**
XXIII., Ecke Georgsgasse/Rysergasse
Tel. 8816185
Bus 60A (Kaserngasse)
Ganzjährig Sa 14–20 Uhr, März–Okt. auch Mo–Fr 14–17, So, Feiertag 9–18 Uhr; Nov.–Feb. Di–Fr 14–16, So, Feiertag 9–17 Uhr; Führungen nach telefonischer Vereinbarung
*Messen:* Sa 18.30, So 9.30 Uhr
Die einzigartige Manifestation eines bildhauerischen Konzeptes als Kirchenbau (1965–76): Scheinbar zufällig aufeinandergetürmte, riesige Betonwürfel ergeben einen von interessanten Lichteffekten durchfluteten Innenraum. Fritz Wotruba, einer der wichtigsten österreichischen Bildhauer des 20. Jh., war der Architekt.

## Museen und Galerien

Wien ist die Stadt mit den meisten Museen Mitteleuropas – kein Fachgebiet, zu dem es keine Sammlung gäbe, keine kunstgeschichtliche Epoche, die hier nicht dokumentiert wäre. Wien zehrt noch heute von der jahrhundertelangen Sammeltätigkeit des kunstsinnigen Habsburgergeschlechtes.
Wegen der Fülle des Angebotes können in diesem Kapitel nicht alle Museen Wiens aufgeführt werden – ein ausführliches Museenverzeichnis erhalten Sie gratis bei allen Fremdenverkehrs-Informationsstellen (→ Allgemeine Informationen, Auskunft).
Dort liegen auch Broschüren über aktuelle Ausstellungen aus. Das Programm der priva-

***Die neuen Gründerjahre – Kunst und Museen in Wien*** *Die eigentlichen »Gründerjahre« Wiens fanden um die letzte Jahrhundertwende statt – man versteht darunter die Zeit des Ringstraßenbaus, Blütezeit der k.u.k.-Monarchie. Die neuen Gründerjahre finden jetzt statt – mit seit den Weltkriegen unbekannter Intensität kümmern sich Wiens Stadtväter um die Verwirklichung von möglichst monumentalen Kultur- und Kunstbauten. Wiens Kulturbudget beträgt mittlerweile rund zwei Milliarden Schilling.*
*Alte Museumsbauten wie das Museum für Angewandte Kunst, die Albertina und die Österreichische Galerie wurden und werden damit auf Hochglanz gebracht. Neue Museen wurden und werden errichtet: Die Kunsthalle auf dem Karlsplatz, das KunstHaus Wien und das Palais Liechtenstein präsentieren bereits moderne Kunst, der ehemalige »Messepalast« in den Stallungen der Hofburg an der Landesgerichtsstraße soll zum »Museumsquartier«, einem gigantischen Museumskomplex nach dem Vorbild des Pariser Centre Pompidou, um-*

ten Galerien entnehmen Sie am besten den Stadtzeitungen (Falter, Prinz, City-Tele) oder den Wochenendbeilagen der Tageszeitungen (meist in den Samstagsausgaben).

D5 **Akademie der bildenden Künste**
I., Schillerplatz 3
Tel. 58816/225 oder 231
U1, U2, U4, Bus 4A (Karlsplatz/Oper); Straßenbahn 1, 2, D, J, 62, 65, Bus 59A, 3A, Lokalbahn (Oper)
Di, Do, Fr 10–14, Mi 10–13 und 15–18, Sa, So, Feiertag 9–13 Uhr
Eintritt Erw. 30 öS

Die Wiener Kunstakademie ist die einzige des deutschsprachigen Raumes mit einer Gemäldegalerie alter Meister. Sie zeigt die Entwicklungsgeschichte der europäischen Malerei vom 14. bis zum 18. Jh. (Hans Baldung Grien, Lucas Cranach, Tizian, Luca Giordano, Francesco Guardi, Giovanni Battista Tiepolo, Bartolomé Murillo, Rembrandt, Anthonis van Dyck, Peter Paul Rubens, Hieronymus Bosch). Die Sammlung des Kupferstichkabinetts umfaßt 28000 Zeichnungen und Aquarelle sowie 70000 Stiche, Radierungen, Lithographien und Holzschnitte aus den vergangenen fünf Jahrhunderten.

**Beethoven-Gedenkstätten**
Alle tgl. außer Mo 9–12.15 und 13–16.30 Uhr
Eintritt: Erw. 15 öS, Kinder 5 öS; Zehnerblock (gilt in allen Beethoven-Gedenkstätten) 80 öS

Ludwig van Beethoven war ein ruheloser Mensch. Allein in Wien und Umgebung sind 60 verschiedene Domizile des Komponisten verbürgt – von der Innenstadt über die damaligen Weinbauerndörfer Grinzing und

*gebaut werden, und im Namen des New Yorker Guggenheim Museum will man am östlichen Donauufer einen Tempel für eine Sammlung der »Klassischen Moderne« errichten.*
*Der künstlerische Gestaltungswille der Stadtväter scheint keine Grenzen zu kennen: Selbst simple Gemeindebauten werden in deren Auftrag von Malern wie Friedensreich Hundertwasser oder Arik Brauer gestaltet, seit Jahrzehnten im Dornröschenschlaf verweilende Jugendstilbauten werden herausgeputzt, vergessen geglaubte Barockensembles wiederbelebt. Was neu gebaut wird, muß höchsten Ansprüchen genügen: Außer Marmor, Stahl und Holz scheinen nicht viele Materialien in Frage zu kommen, postmoderner Prunk ist Pflicht. Überall ist Kunst. Selbst auf Rummelplätzen wie dem Wurstelprater werden Plastiken aufgestellt, Müllverbrennungsanlagen werden bemalt (von Hundertwasser), öffentliche Plätze kunstgerecht »möbliert«: Wien muß aufpassen, nicht in ein – freilich ganz gehobenes – Kunst-Disneyland verwandelt zu werden.*

Heiligenstadt bis in die abgeschiedenen, südlich von Wien gelegenen Dörfer Mödling und Baden. Eine Auswahl der wichtigsten Gedenkstätten:

C3 *Pasqualatihaus:*
I., Mölker Bastei 8
U2, Straßenbahn 1, 2, 3, 37, 38, 40, 41, 42, 43, 44, Bus 1A (Schottentor/Universität)
Das einzige Quartier, das Beethoven etwas länger bewohnte: von 1804–15 (mit wenigen Unterbrechungen). Die beiden Räume im vierten Stock sollen zu seiner Zeit ein Ort des Chaos gewesen sein – heute sind sie freilich nett geordnet: Auf dem Nachtkästchen stehen säuberlich ausgerichtet Uhr, Salz- und Pfefferstreuer sowie Zuckerdose, von Beethoven mit einem Schloß zur Abwehr der diebischen Quartiersfrau versehen. Das Haus ist Teil eines guterhaltenen Ensembles mehrerer Häuser aus dem 18. Jh., die auf den Resten der Ende des 19. Jh. größtenteils abgetragenen Mölkerbastei einem Teil der ehemaligen mittelalterlichen Wiener Stadtbefestigung errichtet sind.

*Heiligenstädter-Testament-Haus:*
XIX., Probusgasse 6
Bus 38A (Armbrustengasse)
Hier setzte Beethoven 1802 aus Verzweiflung über seine fortschreitende Schwerhörigkeit das »Heiligenstädter Testament« auf.

*Eroica-Haus:*
XIX., Döblinger Hauptstr. 92
Straßenbahn 37 (Gebhardtgasse)
Hier komponierte Beethoven große Teile der »Eroica«.

**Bestattungsmuseum**
IV., Goldeggasse 19
Tel. 50195/227

Bus 13 A (Argentinierstraße)
Nur mit Führung Mo–Fr 12–15 Uhr, nur nach telefonischer Voranmeldung
Eintritt frei

In Österreich gehen die Uhren immer noch anders – weite Bereiche der Wirtschaft sind nach wie vor in staatlicher oder kommunaler Hand wie beispielsweise das Wiener Beerdigungsgewerbe. Da die »Wiener Städtische Bestattung« dadurch ein entsprechend großes Unternehmen ist, kann sie sich auch ein eigenes Museum leisten. Das enthält eine weitläufige Sammlung von Gegenständen und Dokumenten zu den Totenbräuchen einer sich stets aufs neue am Totenkult berauschenden Stadt: Man sieht prächtige Särge und kostbare Urnen, Leichenwagen, Leichen-Straßenbahnwaggons und Leichenkutschen, »Bahrtücher« (oft sorgfältig verzierte Stoffdekken zum Verhüllen von Särgen) und Uniformen der Sargträger. Außerdem gibt es auch skurrile Gegenstände zu sehen – den »Rettungswecker für Scheintote«, den früher ängstliche Todeskandidaten testamentarisch für sich selbst verfügen konnten, um dem qualvollen Tod nach einer etwaigen irrtümlichen Beerdigung zu entgehen, oder »Herzstichmesser« für Mißtrauische, die auch ganz sicher tot sein wollten. Der »Sargschützer«, ein metallener Bogen, diente schließlich zum Schutz gegen das Eindrükken des Sarges im Grabe – »ohne die sanitären Übelstände einer Gruft«. Den Wienern war zum Thema Tod eben immer schon ziemlich viel eingefallen.

**Heike Curtze** E5
I., Seilerstätte 15
Tel. 5129375
U1, U3, Bus 1A, 2A, 3A (Stephansplatz)
Di–Fr 11–18.30, Sa 11–14 Uhr
Eintritt frei

Galerie mit Werken prominenter österreichischer Künstler der ersten Nachkriegsgeneration (Christian Ludwig Attersee, Günter Brus, Maria Lassnig, Hermann Nitsch) und Art-brut-Künstler aus dem Psychiatrischen Krankenhaus Gugging (bei Wien).

**Dokumentationsarchiv des österreichischen Widerstandes** D3
I., Wipplingerstr. 8
Altes Rathaus (Erdgeschoß)
U1, U3 (Stephansplatz); U1, U4 (Schwedenplatz); Bus 1A, 2A, 3A (Rothenturmstraße)
Mo, Mi, Do 9–17 Uhr
Eintritt frei

Akten, Dokumente und Fotografien zum Hitler-Wahnsinn in Österreich und über die Zeit danach: Was mit den Nazigrößen im Nachkriegsösterreich und anderswo geschah, über den wiederaufkeimenden Rechtsradikalismus. Unter Leitung von Simon Wiesenthal wurde im Alten Rathaus von Wien in den Jahrzehnten nach dem Krieg eine der größten Sammlungen dieser Art aufgebaut.

**Ephesosmuseum** D4
I., Neue Burg, Heldenplatz
(Eingang hinter dem Prinz-Eugen-Denkmal)

Im Bestattungsmuseum – Wien wird nicht umsonst Hauptstadt des Todes genannt …

U2 (Babenbergerstraße); U3 (Dr.-Karl-Renner-Ring); Straßenbahn 1, 2, D, J, Bus 2A, 57A (Burgring)
Tgl. außer Di 10–18 Uhr
Eintritt Erw. 30 öS, Kinder 15 öS
Funde aus Ephesos und Samothrake, von österreichischen Archäologen um die Jahrhundertwende entdeckt und vom damaligen Sultan umgehend zum Geschenk gemacht. In der Hofburg sind Teile eines riesigen Grabmales zu sehen, prächtige Skulpturen und etliche kleinere Funde.

E3/E4 **Erzbischöfliches Dom- und Diözesanmuseum**
I., Stephansplatz 6 (Durchgang)
U1, U3, Bus 1A, 2A, 3A (Stephansplatz)
Di, Mi, Fr, Sa 10–16, Do 10 bis 18, So, Feiertag 10–13 Uhr
Eintritt Erw. 40 öS, Kinder 10 öS
Sakrale Kunst aus sieben Jahrhunderten: Gemälde von der Gotik bis zur Wiener Romantik, Reliquiare, sakrale Gegenstände, gotische Tafelbilder, Skulpturen. Das alte Palais war früher der Pfarrhof von St. Stephan, später Sitz der Bischöfe und Erzbischöfe Wiens – es wurde 1627 bei einem Brand vernichtet. Der heutige Bau entstand 1632–41. Das Museum ist in der ehemaligen Wohnung des Dompropstes untergebracht.

**Fiakermuseum**
XVII., Veronikagasse 12
Tel. 40 10 60
U6, Straßenbahn J, 31/5 (Josefstädter Straße)
Jeden 1. Mi des Monats 10 bis

Im Geymüller-Schlößl werden Uhren im Empire- und Biedermeier-Interieur präsentiert

12 Uhr und nach telefonischer Vereinbarung
Eintritt frei

Der Name »Fiaker« für Pferdedroschke geht auf den Standplatz der Pariser Lohnkutscher am »Hôtel de Saint-Fiacre« zurück. In Wien gibt es dieses Gewerbe seit dem Ende des 17. Jh. Das Museum gibt darüber Aufschluß.

**Filmmuseum**
(→ Am Abend, Kinos)

**Geymüller-Schlößl (Uhrensammlung Sobek)**
XVIII., Khevenhüllerstr. 2
Straßenbahn 41 (Endstation Pötzleinsdorf)
März–Nov. Di, Mi, Fr–So 10 bis 17 Uhr; Führung So 15 Uhr
Eintritt Erw. 30 öS, Kinder 15 öS

Die Außenstelle des Museums für Angewandte Kunst am Stubenring ist im »Sommergebäude« des Wiener Handelsherren und Bankiers Johann Jakob Geymüller (1760–1834) untergebracht. Dessen Architekt ist bis heute unbekannt, das Haus, ein Gemisch aus gotischen, indischen und arabischen Stilelementen, war ein wichtiger gesellschaftlicher Treffpunkt des Wiener Musik- und Theaterlebens. Nach dem Zweiten Weltkrieg erwarb der Direktor der Österreichischen Staatsdruckerei, Dr. Franz Sobek, das Gebäude und trug eine einmalige Sammlung von Uhren und Einrichtungsgegenständen des Empire und Biedermeier zusammen, die heute noch in einem originalgetreu wiederhergestellten Ambiente zu besichtigen sind. Eine Biedermeier-Installation als Museum!

5 **Graphische Sammlung Albertina**

I., Augustinerstr. 1 (hinter der Staatsoper)
U1, U2, U4 (Karlsplatz/Oper); Straßenbahn 1, 2, D, J, 62, 65, Bus 59A (Oper); Bus 3A (Albertinaplatz)
Voraussichtlich bis 1999 wegen Umbau geschl. (bis dahin keine Besichtigung!)

Die größte Graphik-Sammlung der Welt! Maximilian I. (1459 bis 1519) begründete die Sammlung auf der Grundlage der kaiserlichen Bibliothek. Der kunstbegeisterte Rudolf II. (1552 bis 1612) stockte vor allem italienische, französische, spanische und niederländische Werke auf – er sammelte in allen Regionen, zu denen das Habsburgerreich gute Beziehungen unterhielt. Doch erst 1920 wurde die »Collectio Albertina« des Herzogs Albert von Sachsen-Teschen, des Gemahls von Erzherzogin Marie Christine, der Lieblingstochter Maria Theresias, mit den Beständen der Hofbibliothek zusammengelegt – unter dem gemeinsamen Namen »Albertina«.

Hier lagern 40000 Zeichnungen und 1 Mio. Blätter Druckgraphik – freilich ist immer nur ein winziger Bruchteil ausgestellt, und selbst der oft nur als Faksimile: Die Empfindlichkeit des Materials verbietet eine ständige Ausstellung. Die populärsten Stücke: Albrecht Dürers »Hase« und seine »Betenden Hände«, Raffaels »Madonna mit dem Granatapfel« und Portraitzeichnungen von Rubens. Weiter sind vertreten: Hans Holbein der Ältere, Lucas Cranach der Ältere, Pieter Brueghel der Ältere, Anthonis van Dyck, Michelangelo, Leonardo da Vinci, Tintoretto, Paolo Veronese, Bernardo Canaletto, Jean-Honoré Fragonard, Jean Louis Théodore Géricault, Pablo Picasso, Henri Matisse, Marc Chagall – die Auflistung der Sammlung liest sich wie eine gesamteuropäische Kunstgeschichte.

**Haydn-Museum (mit Brahms-Gedenkraum)**

VI., Haydngasse 19
U3 (Zieglergasse)
Tgl. außer Mo 9–12.15 und 13–16.30 Uhr
Eintritt Erw. 15 öS, Kinder 10 öS

Dokumente, Notenblätter, Autographen, Bilder …

> Der gute Tip **M**:
> **Heeresgeschichtliches Museum**
> Hier wird Geschichte lebendig und (unbeabsichtigterweise) die bedrückende Realität kriegerischer Auseinandersetzungen deutlich.

**Heeresgeschichtliches Museum M**

III., Arsenal, Objekt 18
S1, S2, S3, S 15, Straßenbahn 18, O, Bus 13A, 69A (Südbahnhof); Straßenbahn D (Schloß Belvedere)
Tgl. außer Fr 10–16 Uhr, 1. Jan., Ostersonntag, 1. Mai,

Pfingstsonntag, Allerheiligen, 24. Dez., 25. Dez. und 31. Dez. geschl. Führungen So und Feiertag 10.15 und 14.15, an Wochentagen gegen Voranmeldung (Tel. 795 61/5 14 oder 5 13)
Eintritt Erw. 40 öS, Familien mit bis zu 2 Kindern 60 öS, Kinder 20 öS. Jeden 1. So im Monat freier Eintritt. Für Schwerkriegsbeschädigte gilt der ermäßigte Eintrittspreis, Soldaten in Uniform haben immer freien Eintritt.

Ein Museum der Superlative, auch wenn es ein wenig verloren am Stadtrand zwischen Südbahnhof und Stadtautobahn dahinzuschlummern scheint: Das »Heeresgeschichtliche« ist das bedeutendste militärhistorische Museum Europas, der erste planmäßige Museumsbau Wiens, durch den Architekten Theophil von Hansen als Gesamtkunstwerk im byzantinischen Stil errichtet (1852–56), als Kernstück des »Arsenals«, einer riesigen ehemaligen Kasernen- und Rüstungsproduktionsanlage. Das Bauwerk nahm bereits damals den Stil der Wiener Ringstraßenbauten vorweg.
Gleichzeitig könnte man das Haus als das größte Antikriegsmuseum der Welt bezeichnen: In vier großen Abschnitten wird die kriegerische Geschichte der Habsburgermonarchie gezeigt – Dreißigjähriger Krieg und Wallenstein, Zeitalter der Türkenkriege, die Periode Prinz Eugens und Maria Theresias, die Franzosenkriege, die Revolution von 1848, die Armee des k.u.k-Vielvölkerreichs sowie dessen Ende im Ersten Weltkrieg. Breiter Raum ist der österreichischen Kriegsmarine und deren Entdeckungsfahrten gewidmet. In und um das Gebäude ist die weltgrößte Sammlung historischer Geschützrohre zu sehen, im Hof sind jede Menge Panzer aufgestellt. Alle Objekte sind perfekt präsentiert – das Grausen stellt sich während des Besuches allmählich, aber gründlich ein. Höhepunkte der Sammlung sind die Uniform des am 28. Juni 1914 in Sarajevo erschossenen österreichischen Thronfolgers Erzherzog Franz Ferdinand, die detailgetreuen Schiffsmodelle und die Glorifizierung der österreichischen Polarexpeditionen in zahlreichen Monumentalgemälden.

**Heimito-von-Doderer-Gedenkstätte**

Im Bezirksmuseum Alsergrund
IX., Währinger Str. 43
Straßenbahn 37, 38, 40, 41, 42 (Sensengasse)
Mi 9–11, So 10–12 Uhr; Juli bis Aug. Mi geschl.
Eintritt Erw. 15 öS, Kinder 5 öS

Gedenkräume für den großen österreichischen Dichter des 20. Jh., in der Nähe der Strudlhofstiege – das Treppenbauwerk gab einem seiner Romane den Titel.

**Hermesvilla**

XIII., Lainzer Tiergarten (Zugang: Hermesstraße/Lainzer Tor)

Tel. 8 04 13 24
Bus 60 B (Lainzer Tor); von dort 20 Min. Fußweg, keine Zufahrtsmöglichkeit
Mi–So und Feiertag 9 bis 16.30 Uhr
Eintritt Erw. 30 öS, Kinder 10 öS, Familienkarte (2 Erw. und Kinder) 45 öS, Fr vormittag Eintritt frei

Das von Carl von Hasenclever für Kaiserin Elisabeth (Sissi) erbaute Lustschloß sollte stilbildend für die Wiener Architektur des ausgehenden 19. Jh. werden – die spielerische Auflösung der Symmetrie ebenso wie die romantisierenden Bauelemente. Seinen Namen hat das Schloß von der im Gartenparterre stehenden marmorweißen Hermes-Statue. Die Innenräume sind mit Gemälden Gustav Klimts und Hans Makarts ausgestattet. Hier finden wechselnde Sonderausstellungen des Historischen Museums der Stadt Wien statt.

**Historisches Museum der Stadt Wien** E6
IV., Karlsplatz (neben der Karlskirche)
U 1, U 2, U 4, Straßenbahn 62, 65, Bus 4 A, 59 A (Karlsplatz)
Tgl. außer Mo 9–16.30 Uhr

1954–59 nach Entwürfen von Oswald Haerdtl erbaut. Die Exponate veranschaulichen 3 000 Jahre Wiener Geschichte: im Erdgeschoß Fundstücke aus der urgeschichtlichen und römischen Zeit, Gegenstände aus der Epoche der Völkerwanderung und des Mittelalters. Im ersten Stock sind Stücke aus dem 16.–18. Jh. zu sehen, der zweite Stock dokumentiert das 19. und das 20. Jh. mit Werken des Wiener Biedermeier, des Jugendstils und der Wiener Werkstätten. Für Interessierte: sehr informativ!

**Grita Insam** E3
I., Köllnerhofgasse 6
Tel. 5 12 53 30
U 1, U 3, Bus 1 A, 2 A, 3 A (Stephansplatz)
Di–Fr 12–19, Sa 10–14 Uhr
Eintritt frei

Österreichische Avantgarde (Brigitte Kowanz, Franz Pichler, Manfred Wakolbinger, Peter Weibel), viel experimentelle Medienkunst (Video, Installationen).

**Johann-Strauß-Wohnung** F2
II., Praterstr. 54
U 1, Bus 5 A (Nestroyplatz)
Tgl. außer Mo 9–12.15 und 13–16.30 Uhr
Eintritt Erw. 15 öS, Kinder 5 öS

Die neu renovierte Wohnstätte des »Erfinders« des Wiener Walzers, angefüllt mit Möbeln, Instrumenten, Dokumenten und Erinnerungsstücken des Komponisten.

> Der gute Tip M:
> **Josephinum**
> Die ehemalige medizinisch-chirurgische Militärakademie beherbergt die poetischste Sammlung Wiens.

**Josephinum M** B1
IX., Währinger Str. 25/1
Straßenbahn 37, 38, 40, 41, 42 (Sensengasse)
Mo–Fr (außer Feiertagen) 9–15 Uhr

Eintritt Erw. 10 öS, Kinder freier Eintritt

Das »Josephinum« (Museum des Institutes für Geschichte der Medizin der Universität Wien) wurde 1785 im Auftrag von Kaiser Joseph II., dem ältesten Sohn und Mitregenten der Kaiserin Maria Theresia, errichtet, um darin die neugeschaffene medizinisch-chirurgische Militärakademie unterzubringen – der Kaiser fand, daß seine Militärärzte viel zu schlecht ausgebildet seien.

Um dem chronischen Mangel an Leichen für die Sezierübungen der jungen Studenten abzuhelfen, ließ Joseph II. anatomische Wachspräparate herstellen. Unter der Anleitung der beiden italienischen Anatomen Felice Fontana (1720–1805) und Paolo Mascagni (1750–1815) formten florentinische Bildhauer aus farbdurchlässigem, ukrainischem Bienenwachs naturgetreu aufgeschnittene Menschenkörper: Frauen mit offengelegten Innereien, perlenkettengeschmückt auf dunklem Samt gebettet, Männer mit abgeschälten Muskelpaketen in hohen Glasvitrinen, daneben einzelne Organe, die aussehen wie Wesen von einem anderen Stern. Der didaktische Nutzen sei dahingestellt, der künstlerische Wert steht außer Frage. Zur Abrundung der Sammlung aus über 1000 Wachspräparaten zeigt das Museum noch allerlei altertümliches chirurgisches Gerät.

**Jüdisches Museum der Stadt Wien** D4

I., Dorotheergasse 11
U 1, U 3 (Stephansplatz); Bus 2 A, 3 A (Plankengasse)
Tgl. außer Sa 10–18, Do bis 21 Uhr
Eintritt Erw. 50 öS, Kinder 25 öS

Eines der neuesten Museen Wiens residiert in einem Barockpalais aus dem 18. Jh. ganz in der Nähe von Stephansplatz und Fußgängerzone Graben – im Palais Eskeles, wo schon nach 1900 Ausstellungen von Künstlern wie Klimt, Schiele, van Gogh oder Picasso gezeigt wurden.

1993 zog hier das Jüdische Museum ein, zusammen mit einer jüdischen Buchhandlung (»Literaturhandlung«) und dem koscheren Café Teitelbaum, wo u. a. internationale jüdische Zeitschriften und Zeitungen ausliegen. Die kleine, aber gekonnt präsentierte ständige Sammlung zeigt Stücke aus der jüdischen Vergangenheit Wiens und aus der Zeit ihrer Vernichtung durch den Nationalsozialismus. Wechselausstellungen präsentieren die Werke jüdischer Künstler.

**Kriminalmuseum** E2

II., Große Sperlgasse 24
Straßenbahn N, 21 (Karmeliterplatz); Bus 5 A (Tandelmarktgasse)
Tgl. außer Mo 10–17 Uhr
Eintritt Erw. 60 öS, Kinder 30 öS

Im »Seifensiederhaus«, einem

der ältesten Häuser des 2. Bezirkes (Leopoldstadt), nachweislich vor dem Jahr 1685 errichtet, wird dem Besucher ein Querschnitt durch die Geschichte des verbrecherischen Wien geboten: der mumifizierte Kopf eines öffentlich Hingerichteten aus der 2. Hälfte des 18. Jh. (»interessantes Beispiel einer Mumifizierung unter Erhaltung der Kopfhaare«), mittelalterliche Moritatenbilder, das Skelett der Mörderin Theresia Kandl, die Schädeldecke des ermordeten Detektivs Blöch, der verkohlte Schädel eines Opfers des Ringtheaterbrandes. Richtig grausam wird die Dokumentation allerdings erst mit den Jahren, als die Fotografie bereits erfunden war. Eine Sonderausstellung beschäftigt sich mit der Todesstrafe in Österreich (1873–1950 – in diesem Jahr wurden noch 31 Personen mit dem Würgegalgen hingerichtet). Ein gemütliches Kaffeehaus im Biedermeier-»Pawlatschenhof« (ein mit offenen Gängen umgebenes Geviert) sorgt anschließend für Entspannung – hier liegen allerdings statt Tageszeitungen kriminalistische Fachblätter aus (Die Bundespolizei, Die Bundesgendarmerie, Sicherheit). Alles in allem eine sehr wienerische, sensationsheischende und ziemlich skurrile Institution. Für Kinder nur bedingt geeignet.

D6 **Kunsthalle Wien**
IV., Treitlstr. 4 (Karlsplatz)
Tel. 5 86 97 76/14
U1, U2, U4, Straßenbahn 62, 65, Bus 4A (Karlsplatz); Bus 59A (Bärenmühlendurchgang)
Tgl. außer Di 10–18, Do bis 20 Uhr, Führungen Sa 15, So 11 und 15, Do 18 Uhr
Eintritt Erw. 50 öS, Kinder 30 öS

Der neueste der provisorischen Wiener Museums- und Galeriebauten (der älteste ist das Museum des 20. Jahrhunderts). Die Kunsthalle ist eine gelb-blaue Riesenmetallschachtel mitten auf dem Karlsplatz, die gedachte Fortsetzung der provokativen Secession der Jahrhundertwende, 1992 von Architekt Adolf Krischanitz errichtet. Eine äußere Längsseite des Baus dient als Ausstellungsfläche für stets wechselnde monumentale Kunstwerke. Die Fußgänger-Rohrbrücke überquert nicht nur die Rechte Wienzeile, sondern durchquert auch die Ausstellungshalle – ein Symbol künstlerischer Transparenz.
In dem Gebäude finden Wechselausstellungen internationaler zeitgenössischer Kunst statt, der Vorbau und der Vorgarten werden als Café-Restaurant genutzt (tgl. 10–2 Uhr).

**KunstHaus Wien**
III., Untere Weißgerberstr. 13
Tel. 7 12 04 91
Straßenbahn O, N (Radetzkyplatz)
Tgl. 10–19 Uhr
Eintritt Daueraustellung Erw. 70 öS, Kinder 40 öS
Eintritt jeweilige Sonderausstellung Erw. 80 öS, Kinder 40 öS
Kombinierter Eintritt/ganzes

Haus Erw. 100 öS, Kinder 80 öS
Mo 50% Rabatt auf alle Eintrittspreise
Restaurant tgl. 10–21 Uhr, Eingang nach 19 Uhr Weißgerber Lände 14

»Ein Museum, in dem man sich zu Hause fühlt«, steht im Prospekt, »ein Haus, das nicht den üblichen Normen entspricht, ein Abenteuer der modernen Zeit, eine Reise in das Land der kreativen Architektur, eine Melodie für Füße und Augen«. Allerdings: Hier gleicht kein Eck dem anderen. Die Böden sind gewellt, die Wände krumm, die Säulen gleichen buntwuchernden Geschwülsten. Im Eingangsbereich gluckert die Pflanzenkläranlage, im Restaurant ißt man unter Bananenbäumen und Kletterpflanzen.

Im Museumsshop sind Poster, Schals, Socken, Schirme und Mobiles käuflich zu erwerben – denn das Museum ist dem Vermarktungsspezialisten Friedensreich Hundertwasser gewidmet (»die gerade Linie ist gottlos«): Zwei Stockwerke des Hauses beherbergen seine Produkte. (Behübschungen von Kirchen, Tankstellen und Müllverbrennungsanlagen sowie Autonummernschildern. Außerdem Graphik, bunte Teppiche und noch buntere Bildchen, Kalender nicht zu vergessen.)

Zwei Stockwerke bleiben glücklicherweise den internationalen Wechselausstellungen vorbehalten.

**Kunsthistorisches Museum** C5

*Gemäldegalerie, Ägyptisch-orientalische Sammlung, Antikensammlung, Kunstkammer, Münzkabinett:*
I., Maria-Theresia-Platz (Hauptgebäude)
U2 (Babenberger Straße); U3 (Dr.-Karl-Renner-Ring); Straßenbahn 1, 2, D, J, 46, 49, 57A (Burgring); Bus 48A (Endstation/Dr.-Karl-Renner-Ring)
Eintritt Erw. 45 öS, Kinder 30 öS
Tgl. außer Mo 10–18 Uhr, Gemäldegalerie außerdem Do bis 21 Uhr
*Hofjagd- und Rüstkammer, Sammlung alter Musikinstrumente:*
I., Heldenplatz (Neue Burg/hinter dem Prinz-Eugen-Denkmal)
Tgl. außer Di 10–18 Uhr
Eintritt Erw. 45 öS, Kinder 30 öS

Das monumentale Gebäude am Ring (äußerlich baugleich mit dem gegenüberliegenden Naturhistorischen Museum) wurde 1872–91 nach Plänen von Gottfried Semper und Karl von Hasenauer errichtet – im Stil des strengen Historismus mit neubarocken Anklängen (»Ringstraßenstil«). Die beiden Museen sollten ursprünglich durch riesige Bögen über der Ringstraße mit der Neuen Hofburg und einem noch neu zu bauenden Teil der Hofburg verbunden werden – zum sogenannten »Kaiserforum«. Dazu sollte es allerdings nie kommen.

Das Kunsthistorische Museum besitzt eine der wichtigsten Ge-

Wer hat Angst vor Rot, Blau, Gelb und gewelltem Boden? Im Kunsthaus Wien ist alles möglich

mäldesammlungen der Welt. Das Hauptgebäude, Heimstatt der Galerie, hat vier Geschosse, einen von der antiken Göttin Pallas Athene gekrönten Kuppelturm und vier offene Nebenkuppeln. Das Vestibül mit der daraus emporsteigenden Haupttreppe ist eine eindrucksvolle Inszenierung: Die Kuppel ist mit Wiener Landschaftsszenen bemalt (Antonio Canaletto), das Podest der Treppe wird von der Marmorgruppe »Theseus besiegt den Kentauren« (Antonio Canova) beherrscht. Das Dekkengemälde »Apotheose der Kunst« stammt von Michael Munkácsy und ist von Bildern von Hans Makart, Gustav Klimt und Franz Matsch umgeben.
Das Hochparterre umfaßt 37 Säle: Im Westflügel sind die Ägyptische Sammlung und die Antikensammlung untergebracht. Im Ostflügel steht die Sammlung für Plastik und Kunstgewerbe.
Der erste Stock (15 Säle, 24 Kabinette) beinhaltet die Gemäldegalerie (Ostflügel: flämische, niederländische, altdeutsche und englische Malerei. Westflügel: italienische, spanische und französische Meister).
Der zweite Stock umfaßt das Münzkabinett, die Ambraser Portraitsammlung sowie die Sekundärgalerie der Gemäldekollektion.
Von den ausgelagerten Sammlungen sei die der alten Musikinstrumente in der Neuen Burg

Kleine Verschnaufpause im Park vor dem Kunsthistorischen Museum

auf der anderen Ringstraßenseite erwähnt – eine der größten, umfassendsten und eindrucksvollsten ihrer Art. Zu sehen sind u. a. die Geige von Josef Lanner oder Klaviere von Franz Schubert, Johannes Brahms, Clara und Robert Schumann sowie Gustav Mahler.

D6 **Künstlerhaus**
I., Karlsplatz (gegenüber dem Musikvereinssaal)
Tel. 5879663
U1, U2, U4, Bus 4A (Karlsplatz/Oper); Straßenbahn 1, 2, D, J, 62, 65, Bus 59A, 3A, Lokalbahn (Oper)
Tgl. 10–17.30, Do bis 20.30 Uhr
Eintritt Erw. 90 öS, Kinder 60 öS (unter 10 Jahren freier Eintritt)

Als repräsentatives Ausstellungsgebäude der »Vereinigung bildender Künstler Wiens« von August Weber im italienischen Renaissance-Stil erbaut (1865 bis 1868). Am Portal stehen acht marmorne Künstlerstatuen (von Dürer bis Tizian). In den Ausstellungsräumen finden internationale Wechselschauen moderner Kunst und verschiedene Ausstellungen statt. Ein Flügel des Hauses wird vom Künstlerhaus-Kino (→ Am Abend, Kino) eingenommen, ein anderer von dem kleinen Theater Dietheater Künstlerhaus.

**Metropol** D4
I., Dorotheergasse 12
Tel. 5132208
U1, U3 (Stephansplatz); Bus 1A, 2A, 3A (Graben/Petersplatz)
Mo–Fr 10–18, Sa 11–13 Uhr

Die Galeristen Georg Kargl und Christian Meyer bieten Raum für die zeitgenössische österreichische Avantgarde – Raum, der für einzelne Ausstellungen oft völlig umgestaltet wird (Franz Graf, Walter Obholzer, Gerwald Rockenschaub).

E4 **Mozart-Erinnerungsräume (im Figarohaus)**
I., Domgasse 5
U1, U3, Bus 1A, 2A, 3A (Stephansplatz)
Tgl. außer Mo 9–12.15 und 13–16.30 Uhr
Eintritt Erw. 15 öS, Kinder 5 öS
Hier komponierte Mozart die berühmte Oper »Le Nozze di Figaro«: Dokumente, Original-Schaustücke, Bilder...

**Museum des 20. Jahrhunderts**
III., Schweizer Garten (neben dem Südbahnhof)
S1, S2, S3, S15, S60, S80, Straßenbahn D, O, 18, Bus 13A (Südbahnhof)
Tgl. außer Mo 10–18 Uhr
Eintritt Erw. 45 öS, Kinder 25 öS. In Kombination mit dem Museum moderner Kunst im Palais Liechtenstein Erw. 60 öS, Kinder 30 öS
Ursprünglich war auch das »Zwanzigerhaus« als Provisorium gedacht, doch steht der ehemalige Ausstellungspavillon des Architekten Karl Schwanzer für die Expo 1958 in Brüssel immer noch neben dem Südbahnhof. Angeblich soll er bald weggeräumt werden – aber bis dahin finden dort Wechselausstellungen internationaler zeitgenössischer Kunst statt.

**Museum für Angewandte Kunst (MAK)** M F4
I., Stubenring 5
U3, Straßenbahn 1, 2, Bus 1A, 74A (Stubentor)
Tgl. außer Mo 10–18, Do bis 21 Uhr
Das MAK wurde 1864 als Österreichisches Museum für Kunst und Industrie gegründet. Nach den Plänen des Architekten Heinrich von Ferstel entstand an der Ringstraße am Rande des Stadtparkes 1867 bis 1871 der Museumsbau in strenger Neurenaissance mit glasüberdachtem Innenhof, die dazugehörige Akademie bezog 1877 ein eigenes Haus neben dem Museum, wo sie heute noch untergebracht ist.

Der gute Tip M:
**Museum für Angewandte Kunst (MAK)**
Kunst- und Kulturgegenstände aus acht Jahrhunderten zeitgemäß und ästhetisch anspruchsvoll präsentiert.

1993 wurde das MAK nach einer umfassenden Sanierung neu eröffnet. Ein Tor zum Garten (Architekt Walter Pichler) und ein Tor zur Ringstraße (Künstlergruppe SITE) sowie ein Terrassenplateau zum Wienfluß im Garten (Architekt Peter Noever) machen den Bau vielfältig nutzbar – das Haus ist das architektonisch wie konzeptionell anspruchsvollste Museum Wiens.
Die ständige Sammlung ist im

Hauptgebäude am Ring untergebracht: Design, Kunsthandwerk, Kunst- und Gebrauchsgegenstände aus acht Jahrhunderten. Die Räume sind Epochen zugeordnet und jeweils von bekannten zeitgenössischen Künstlern gestaltet worden: Romanik, Gotik, Renaissance (Günther Förg), Barock, Rokoko, Klassizismus (Donald Judd), Empire, Biedermeier (Jenny Holzer), Historismus, Jugendstil (Barbara Bloom), Orient (Gang Art). Außerdem gibt es Sammlungen zu Art déco, Wiener Werkstätte und Design des 20. Jh. Die Gegenstände sind ungewöhnlich präsentiert: Bugholzstühle werden hinter großen Stoffbahnen von hinten angestrahlt, so daß vor allem die interessanten Konturen sichtbar werden, Leuchtschriftbänder durchziehen klassische Säle mit Biedermeiermobilar.

Die Studiensammlung im Keller ist nach Materialien gegliedert: Metall, Textil, Keramik und Glas. Einige Räume sind ästhetisch herausragenden Möbelstükken verschiedener Epochen (bis zur Gegenwart) gewidmet. Das Nebengebäude ist für Wechselausstellungen zeitgenössischer Kunst reserviert. Die Buchhandlung Minerva neben dem Haupteingang ist in Sachen Design, Kunst, Architektur und Fotografie sehr gut bestückt. Café und Restaurant MAK sind vom Architekten Hermann Czeck gestaltet und bieten beste Küche (→ Essen und Trinken, Restaurants).

**Museum für Völkerkunde** C5

I., Heldenplatz/Neue Burg

U2 (Babenberger Straße); U3 (Dr.-Karl-Renner-Ring); Straßenbahn 1, 2, D, J, Bus 57A (Burgring), Straßenbahn 46, 49, Bus 48A (Endstation/Dr.-Karl-Renner-Ring); Bus 2A (Heldenplatz)

Tgl. außer Di 10–16 Uhr

Eintritt Erw. 30 öS, Kinder unter 10 Jahren Eintritt frei

Drei ständige Schauen (Bronzekunst des Königreichs Benin, Kunst der Azteken, Sammlung des Weltumseglers James Cook) und interessante Wechselausstellungen.

**Museum moderner Kunst/Stiftung Ludwig**

Palais Liechtenstein

IX, Fürstengasse 1

Straßenbahn D (Fürstengasse); Bus 40A (Bauernfeldplatz)

Tgl. außer Mo 10–18 Uhr

Eintritt Erw. 45 öS, Kinder 25 öS. In Kombination mit dem Museum des 20. Jahrhunderts Erw. 60 öS, Kinder 30 öS

Ein Kuriosum: Das Gebäude dieses Museums für moderne Kunst (Gartenpalais Liechtenstein, 1691–1704 von Domenico Martinelli im Barockstil errichtet) ist rund 200 Jahre älter als das des ehrwürdigen Kunsthistorischen Museums. Glanzlicht des Baus ist der große Saal mit den Deckenfresken von Andrea Pozzo. Hier sind seit 1979 eine Sammlung des Aachener Industriellen Peter Ludwig ausgestellt (vorwiegend Pop-art und Fotorealismus) sowie einige

Werke aus der damals zugekauften Kölner Sammlung Hahn (»Fluxus«, Aktionismus). Die bekanntesten Namen: Joseph Beuys, Max Ernst, René Magritte, Pablo Picasso, Roy Lichtenstein, Andy Warhol.

**Nächst St. Stephan**
I., Grünangergasse 1
U1, U3, Bus 1A, 2A, 3A (Stephansplatz)
Mo–Fr 10–18, Sa 11–14 Uhr
Eintritt frei

Die Galeristin Rosemarie Schwarzwälder ist eine der wichtigsten Figuren der Wiener Kunstszene. Die Ausstellungsräume gleich hinter dem Stephansdom sind seit mehr als zwanzig Jahren Zentrum zeitgenössischer österreichischer Avantgarde. Hier finden auch Symposien über Kunst, Musik und Literatur statt, hier traten Aktionisten wie Otto Mühl und Hermann Nitsch auf, lasen die Autoren der »Wiener Gruppe«, hier präsentierten heute anerkannte Architekten wie Walter Pichler und Hans Hollein erstmalig ihre Arbeiten.
Veranstaltungsprogramm beachten!

D4 **Nationalbibliothek**
I., Heldenplatz, Neue Burg (Eingang hinter dem Prinz-Eugen-Denkmal)
U3 (Dr.-Karl-Renner-Ring); Straßenbahn 1, 2, D, J, Bus 2A (Heldenplatz); Bus 57A (Burgring)
Information: Tel. 53410
Katalog und Lesesaal Mo–Fr 9–19.45, Sa 9–13
Eintritt frei

Die größte Bibliothek Österreichs. Zeitschriftensaal, Musikaliensammlung, Landkartensammlung. Lesesaal mit Freihandbibliothek. Um hier zu lesen, müssen Sie einen Ausweis lösen (Personalausweis mitbringen!).

**Naturhistorisches Museum** C4/C5
I., Maria-Theresien-Platz
U2 (Babenberger Straße); U3 (Dr.-Karl-Renner-Ring); Straßenbahn 1, 2, D, J, Bus 2A, 57A (Burgring); Straßenbahn 46, 49, Bus 48A (Endstation Dr.-Karl-Renner-Ring)
Tgl. außer Di 9–18 Uhr, im Winter: 1. Stock nur 9–15 Uhr
Eintritt Erw. 30 öS, Kinder 15 öS

Mineralogisch-Petrographische, Zoologische, Anthropologische und Prähistorische Sammlung, Sauriersaal, Edelsteinsammlung (3000 Exponate), Kindersaal – und noch viel mehr: Fundorte, Auswahl und Entdecker der Präparate dokumentieren auch die Kulturgeschichte der k.u.k.-Monarchie. Hier gibt es ausgestopfte Raubkatzen, Dinosaurierskelette in Hausgröße, aufgespießte Schmetterlinge und die »Venus von Willendorf«, die als die älteste Skulptur der Welt gilt (15000 v. Chr.).

**Österreichische Galerie**
Tgl. außer Mo 10–17 Uhr
Eigentlich drei Museen unter zwei Dächern (Oberes und Unteres Belvedere):
*Galerie der österreichischen und internationalen Kunst des 20. Jahrhunderts:*
Oberes Belvedere

Mit seinen riesigen Dinosaurierskeletten ist das Naturhistorische Museum auch für Kinder interessant

III., Prinz-Eugen-Str. 27
S1, S2, S3, S15, Straßenbahn 18, Bus 13 A, 69 A (Südbahnhof); Straßenbahn D (Schloß Belvedere)

*Museum mittelalterlicher österreichischer Kunst:*
Orangerie des Schlosses (Unteres Belvedere)

*Österreichisches Barockmuseum:*
Unteres Belvedere
III., Rennweg 6A
Straßenbahn 71 (Unteres Belvedere)
Eintritt Erw. 60 öS, Kinder 30 öS (gilt für alle Sammlungen)

Die Österreichische Galerie des 19. und 20. Jh. zeigt u. a. Gemälde von der Romantik bis zum Expressionismus (Caspar David Friedrich, Anselm Feuerbach, Carl Spitzweg, Wilhelm Busch, Lovis Corinth, Max Liebermann, Eugène Delacroix, Auguste Rodin, Edouard Manet, Claude Monet, Auguste Renoir, Paul Cézanne). Es gibt ferner Werke von Ferdinand Hodler, Vincent van Gogh und Edvard Munch zu sehen – sowie eine breite Auswahl österreichischer Kunst (Ferdinand Georg Waldmüller, Hans Makart, Albin Egger-Lienz, Egon Schiele, Gustav Klimt, Oskar Kokoschka und Herbert Boeckl, außerdem die Werke von Altwiener Portrait- und Landschaftsmalern des Biedermeiers).

Das Österreichische Barockmuseum hat Malerei und Plastik des österreichischen Barock gesammelt (Franz Anton Maulbertsch,

Johann Martin Schmidt, Georg Raphael Donner, Johann Michael Rottmayr, Paul Troger – um nur ein paar zu nennen).
Das Museum mittelalterlicher österreichischer Kunst hat vor allem gotische Altäre und Tafelbilder in seiner Sammlung.

**Peter Pakesch**
III., Ungargasse 27
Tel. 7137456
Straßenbahn O (Sechskrügelgasse)
Di–Fr 11–17, Sa 11–13 Uhr
Eintritt frei

Hier stellen die Großmeister österreichischer Gegenwartskunst (Herbert Brandl, Franz West, Otto Zitko, Heimo Zobernig) sowie internationale Künstler aus (Pierpaolo Calzolari, Albert Oehlen).

B2 **Pathologisch-Anatomisches Bundesmuseum**
Altes Allgemeines Krankenhaus, 6. Hof, Narrenturm
IX., Alserstr. 4 (oder Eingang: IX, Spitalgasse 2)
Straßenbahn 5, 43, 44 (Lange Gasse)
Mi 15–18, Do 8–11 Uhr; jeden 1. Sa im Monat 10 bis 13 Uhr; an Feiertagen und im Aug. geschl.
Eintritt frei

Das Museum ist im Wiener Narrenturm untergebracht, einem runden, düsteren Gemäuer mitten im Hofgewirr des ehemaligen Allgemeinen Krankenhauses, das 1783–84 im Auftrag Joseph II. als Wiener Zentralkrankenhaus errichtet wurde. Während dieser Zeit wurde auch der Narrenturm erbaut – im Stil des französischen Revolutionsklassizismus. Schmale Fenster lassen nur wenig Licht in die Zellen, die bis zum Jahr 1860 mit einem oder zwei psychisch Kranken belegt waren.
Das Museum hat sich die »Dokumentation der Krankheit im Objekt, in Bild und Beschreibung« zur Aufgabe gemacht. Hier gibt es u. a. »Mazerationspräparate« zu sehen (menschliche Skelette), vornehmlich von verkrüppelten oder sonstwie verstümmelten Toten; »Moulagen« (farb- und formgetreue Nachbildungen kranker Organe und Körperteile), medizinische Geräte, Totenköpfe und menschliche Skelette, die zu klassischen Figurengruppen zusammengestellt wurden. Außerdem sind jede Menge Dokumente zu sehen – zum Beispiel das handschriftliche Protokoll über die Konservierung des Leichnams von Kaiser Franz Joseph I. –, alles in allem eine durch und durch morbide und daher sehr wienerische Sammlung.

**Römische Baureste am Hof** D3
I., Am Hof 9
U3 (Herrengasse); Bus 1A, 2A, 3A (Heidenschuß/Am Hof)
Sa, So und Feiertag 11–13 Uhr
Eintritt Erw. 15 öS, Kinder öS

Römische Grundmauern unter bestehenden Gebäuden – Gegenwart und Vergangenheit treffen aufeinander. Ein Ausflug in die Frühgeschichte der Stadt.

Schubert-Sterbezimmer: Erinnerung an den Musiker, der hier, im Haus seines Bruders, starb

E3 **Römische Ruinen unter dem Hohen Markt**

I., Hoher Markt 3
U1, U3 (Stephansplatz); Bus 1A, 2A, 3A (Hoher Markt)
Tgl. außer Mo 9–12.15 und 13–16.30 Uhr
Eintritt Erw. 15 öS, Kinder 5 öS, Fr. vorm. freier Eintritt

Keine großen archäologischen Sensationen, aber ein interessanter Einblick in das, was lange vor dem Mittelalter hier stattfand – die erste Hochkultur Wiens, damals noch »Vindobona«!

C4 **Schatzkammer (Weltliche und Geistliche)**

I., Hofburg (Schweizerhof)
U3 (Herrengasse); Straßenbahn 1, 2, D, J, Bus 2A, 3A (Michaelerplatz); Bus 57A (Burgring)
Tgl. außer Di 10–18, Do bis 21 Uhr
Eintritt Erw. 25 öS, Kinder 15 öS

Hier sind die Insignien und Kleinodien der Herrscher des Heiligen Römischen Reiches Deutscher Nation versammelt – die Schätze aus 1000jähriger Machtgeschichte von Karl dem Großen im Jahr 800 bis zu Kaiser Franz II. im Jahr 1860. Die wertvollsten Stücke sind die Reichskrone (962 für die Krönung Ottos des Großen angefertigt), die Stephansbursa (karolingische Reliquie mit dem angeblichen blutgetränkten Gewandfetzen des hl. Stephan), Reichsapfel und Zepter sowie das Mauritiusschwert Karl IV. Der Burgunderschatz des Herzogs Philipp des Guten von Burgund nimmt einen eigenen Saal ein – die hier gehorteten Reichtümer sind unermeßlich wertvoll und unglaublich schön. Es herrscht stets großer Besucherandrang.

**Schubert-Museum (Geburtshaus)**
IX., Nußdorfer Str. 54
Straßenbahn 37, 38 (Canisiusgasse)
Tgl. außer Mo 9–12.15 und 13–16.30 Uhr
Eintritt Erw. 15 öS, Kinder 5 öS

Hier wurde Franz Schubert geboren, der romantisch-todessehnsüchtige Liederschreiber, Pianist und Komponist des Wiener Biedermeier. Teilweise Original-Einrichtungsgegenstände, viele Dokumente, Bilder…

**Schubert-Sterbezimmer**
IV., Kettenbrückengasse 6
U4 (Kettenbrückengasse)
Tgl. außer Mo 9–12.15 und 13–16.30 Uhr
Eintritt Erw. 15 öS, Kinder 5 öS

Das Sterben großer Persönlichkeiten ist in Wien mindestens ebenso interessant wie deren Leben…

D6 **Secession**
I., Friedrichstr. 12
Tel. 5 37 53 07
U1, U2, U4, Straßenbahn 62, 65, Bus 4 A (Karlsplatz); Bus 59 A (Bärenmühlendurchgang)
Di–Fr 10–18, Sa, So und Feiertag 10–16 Uhr
Eintritt Erw. 60 öS, Kinder 30 öS (Wechselausstellung und Beethovenfries)

Ausstellungs- und Clubgebäude der 1897 gegründeten »Vereinigung bildender Künstler Österreichs Secession«, von dem Architekten Josef Olbrich geplant. Wiens spektakulärster, vor-kubistischer Ausstellungsbau: Die vergoldete Bronzekuppel aus filigranem Flechtwerk stilisierter Lorbeerzweige leuchtet bei Sonnenschein weithin (Bezeichnung im Volksmund: »Krauthappel« – Kohlkopf), der Eingangsbereich wirkt durch die ihn flankierenden Riesenschildkröten ziemlich exotisch. Die Metalltore entwarf Gustav Klimt. Über dem Tor prangt der Leitspruch der Secession: »Der Zeit ihre Kunst/der Kunst ihre Freiheit.«

Im Keller sind die Fragmente des »Beethoven-Frieses« von Gustav Klimt zu besichtigen – mit Kopien der Entwurfskizzen in der Mitte des Raumes.

Erdgeschoß und erster Stock dienen als Ausstellungsräume des Kunstvereins Secession – für wechselnde Schauen internationaler Avantgarde-Kunst. Der Fries und die jeweilige Ausstellung können nicht unabhängig voneinander besichtigt werden.

**Sigmund-Freud-Museum** C1
IX., Berggasse 19
Straßenbahn D (Schlickgasse); Bus 40 A (Berggasse)
Tgl. 9–16 Uhr
Eintritt Erw. 60 öS, Kinder 25 öS

Das Museum ist in den Räumen der ehemaligen psychoanalytischen Praxis und Wohnung Freuds eingerichtet. Von den damaligen Einrichtungsgegenständen sind allerdings nur einige vorhanden – Freud nahm bei seiner erzwungenen Emigration

1938 vieles nach London mit. Dort werden sie heute noch im Londoner Freud-Museum aufbewahrt, oder aber sie gingen verloren. Das Wartezimmer präsentiert sich allerdings wie damals: Die Sitzgarnitur für die Patienten, Freuds Hut an der Kleiderablage, sein Spazierstock, seine Wanderflasche, ein Handkoffer und eine Reisetasche. In den anderen Räumen hat man sich mit Fotos und Dokumenten beholfen. Die frei zugängliche Bibliothek umfaßt mehr als 25 000 Titel.

**Technisches Museum für Industrie und Gewerbe**
(mit Eisenbahn-, Post- und Telegrafenmuseum)
XIV., Mariahilfer Str. 212
Straßenbahn 10, 52, 58 (Winckelmannstraße)
Wegen Generalsanierung geschl. Voraussichtliche Wiedereröffnung 1996

Sämtliche Bereiche der Technik werden hier plastisch vor Augen geführt: Es gibt den Nachbau eines Kohlebergwerkes, historische Dampfmaschinen, Flugzeuge, Automobile und Lokomotiven, die ersten Fahrräder und Flugmaschinen anzuschauen. Österreichische Erfinder sind durch ihre Werke vertreten: Josef Madersperger durch die Nähmaschine (1815), Josef Ressel durch die Schiffsschraube (1812), Peter Mitterhofer durch die Schreibmaschine (1860) und Siegfried Marcus durch das Automobil (1875).

D3 **Uhrenmuseum der Stadt Wien**
I., Schulhof 2
U3 (Herrengasse); Bus 1A, 2A, 3A (Heidenschuß/Am Hof)
Tgl. außer Mo 9–16.30 Uhr
Eintritt Erw. 30 öS, Kinder 15 öS

Das winzige Museumsgebäude hinter der Kirche am Hof stammt teilweise aus dem 12. Jh. Wegen seiner Dachkonstruktion wird es auch »Harfenhaus« genannt. Die drei Stockwerke des Museums sind miteinander über eine enge Wendeltreppe verbunden, im Hof steht ein römischer Brunnentrog.

Doch das ist noch nicht alles: Das Haus beherbergt 3000 funktionierende Uhren aus sechs Jahrhunderten. Glanzlichter der Sammlung sind die Taschenuhren aus der Sammlung der Dichterin Marie von Ebner-Eschenbach, die astronomische Kunstuhr des Schwarzwälder Augustinermönches David Cajetan aus dem Jahr 1769 und die des steirischen Pfarrers mit den 35 Zifferblättern und 40 Zeigern. Das ganze Haus ist von Schnarren und Ticken und Takken erfüllt.

**Ulysses** D5
I., Opernring 21
Tel. 5 87 12 26
U1, U2, U4, Bus 4A (Karlsplatz/Oper); Straßenbahn 1, 2, D, J, 62, 65, Bus 59A, 3A, Lokalbahn (Oper)
Di–Fr 10–13 und 14–18, Sa 10–13 Uhr
Eintritt frei

In dem Dachgeschoß vis-à-vis des Burggartens sind vor allem Vertreter der klassischen akademischen österreichischen Moderne zu sehen.

Kaffeehausatmosphäre überall – auch draußen, wie hier am Ring

## Essen und Trinken

Die Wiener Küche ist eigentlich gar keine unabhängige Nationalküche, sondern eine Mischung aus böhmischen, ungarischen, balkanischen und italienischen Einflüssen – die allerdings seit mehreren Jahrhunderten ununterbrochen gut verrührt wurde und dadurch etwas Eigenständiges entwickeln konnte.
Die wichtigsten Gerichte der Wiener Küche sind gekochtes Rindfleisch (Tafelspitz), gebackenes Kalbfleisch (Wiener Schnitzel), gebratenes Schweinefleisch (Schweinsbraten), geschnetzelte Lunge in Sahnesauce (Beuschel), Innereien aller Art in allen möglichen Variationen sowie geschmortes Rindfleisch (Rindsbraten, Zwiebelrostbraten) und in Paprikasauce geschmorte Rindfleischstücke (Gulasch).
Dazu kommen die berühmten Mehlspeisen: Palatschinken (Pfannkuchen), Kaiserschmarren (zerpflückte Pfannkuchen mit geschlagenem Eiweiß), Powidltascherl und Germknödel (Hefeteiggebäck mit Pflaumenmus gefüllt). Weitere Einzelheiten entnehmen Sie bitte dem Speisen- und Getränkelexikon – aufgrund der spezifischen sprachlichen Entwicklung Österreichs gibt es für fast alle Gerichte und Zutaten eigene regionale Bezeichnungen.
Und nun noch ein paar Worte zu den einzelnen Mahlzeiten des Tages:
Das Frühstück besteht aus Brot, Gebäck, Butter und Marmelade, eventuell Eiern in verschiedenster Form (im Glas!) und natürlich viel Kaffee. Das Gabelfrühstück ist die Zwischenmahlzeit des Vormittags und besteht aus belegten Broten, Semmeln oder Salzstangerln, eventuell mit Mayonnaise-Salaten, Gurkerln oder anderem Essiggemüse als Beilage. Das Mittagessen wird normalerweise im Restaurant oder Beisl eingenommen, es besteht aus Suppe, Hauptspeise, d.h. Fleisch mit Kartoffeln, Knödeln oder ähnlich sättigender Beilage, und einem Nachtisch, vorzugsweise heißen Mehlspeisen wie Palatschinken oder Kaiserschmarren. Getränke: Wein oder Bier.

Die Jause ist die wichtigste und kontemplativste Mahlzeit des Tages. Dabei wird fast gar nichts gegessen, höchstens ein bißchen (kalte) Mehlspeise oder süßes Gebäck. Getrunken wird Kaffee, sehr viel Kaffee. Das Nachtmahl ist dann eher informell: Es wird zu Hause oder im Restaurant bzw. im Beisl eingenommen. Die Abfolge der Speisen orientiert sich am Mittagessen, wobei sie in den eigenen vier Wänden auch vereinfacht wird – etwa kalte Platte (Aufschnitt) mit Bier oder Wein. Danach: Schnaps.

**Ausflugslokale**

**Birner's Strandgasthaus**
XXI., An der oberen Alten Donau 47 (Ecke Morelligasse)
Tel. 38 53 36
S1, S2, S3, S15 (Strandbäder) von dort 20 Min. Fußweg entlang der Alten Donau, Bootsanlegesteg
Sommer tgl. außer Mi 9 bis 22.30 Uhr (warme Küche bis 21.30 Uhr), bei Schönwetter entfällt der Ruhetag
Winter tgl. außer Mi 9–18 Uhr
2. Kategorie

Volkstümlich, deftig, professionell vorstädtisch und billig. Besonders im Sommer interessant: mehrere Terrassen auf verschiedenen Ebenen direkt am Wasser, Bademöglichkeiten direkt vis-à-vis.

**Gasthaus (ehemals: Friedhof der Namenlosen)**
XI., Albern 54
Tel. 769 39 71
Bus 6 A (Alberner Hafen)
Tgl. außer Do 8.30–21 Uhr (warme Küche 11–20.30 Uhr); Mitte Dez.–Mitte Jan. geschl.
3. Kategorie

Das ehemalige »Gasthaus zum Namenlosen-Friedhof« heißt jetzt einfach »Gasthaus«, weil der alte Name »zu makaber« war (Kellnerin), dem Wirt in den letzten zehn Jahren aber noch kein neuer Name eingefallen ist. Das winzige Lokal liegt gut versteckt hinter dem Friedhof und dem Alberner Hafen, zwischen Sauhaufen, Mühlhaufen und Donau (alle Namen gibt es wirklich – »Haufen« heißt in diesem Zusammenhang »kleine Insel in der Aulandschaft«, »Albern« ist ein ganz und gar ernstes Dorf am Wiener Stadtrand). Hervorragende Hausmannskost zu sehr zivilen Preisen, frische Luft vom Donaustrom. Bodenständiges Publikum von den nahen Pfahlbaudörfern sowie rastende Radfahrer und Ausflügler. Sehr viel Vorstadt-Lokalkolorit. Drinnen durch Vernichtungslampen und Gitternetze mückenfrei, draußen allerdings nicht. Guter Ausgangs- oder Endpunkt für Spaziergänge entlang der Donau.

**Lusthaus**
II., Freudenau 254 (Prater/Ende der Hauptallee/Aspernallee)
Tel. 728 95 65
Bus 77 A (Lusthaus) Straßenbahn 21 (Endstation Stadlauer Brücke, von dort 15 Min. Fußweg durch den Prater); mit dem Auto Zufahrt über Handelskai/Aspernallee
Mo–Sa 12–23 (warme Küche 12–14.30 und 18–22 Uhr), So

und Feiertage 12–18 Uhr (warme Küche bis 15 Uhr)
Josephinisches Jagdschlößchen am Schnittpunkt der Prateralleeen. Schöne, kreisförmige Terrasse, urbanrustikales Inneres. Ideal am frühen Nachmittag (Jause).

**Rieglerhütte**
XIV., Karl-Bekehrty-Str. (ganz am Ende)
Tel. 9 11 37 38
Bus 152 (Endstation Jägerwaldsiedlung), von dort 20 Min. durch den Wald entlang des Halterbaches; mit dem Auto Zufahrt zur Karl-Bekehrty-Straße, bis es nicht mehr weitergeht
Mi–So 10–22 Uhr
Klassisches Ausflugsgasthaus mitten im Wienerwald. Hausmannskost (Hausschlachtung), Tagesspezialitäten, durchgehend warme Küche. Sehr schöner Garten.

**Schloß Concordia (Kleine Oper Wien)**
XI., Simmeringer Hauptstr. 283 (vis-à-vis 1. Tor/Zentralfriedhof)
Tel. 7 69 88 88
Straßenbahn 71, 72 (Zentralfriedhof/1. Tor)
Tgl. 10–2 Uhr
2. Kategorie
Die Magie dieses Ortes läßt sich Fremden nur schwer erklären. Was soll das auch sein: ein Restaurant, ein Kaffeehaus, ein Literatursalon, eine Galerie, eine Meierei, ein Gartenlokal? Jedenfalls ist es in einem Schloß gegenüber dem Zentralfriedhof untergebracht und bietet Raum für Musikveranstaltungen, Lesungen, Klavierabende, Picknicke!

**Schutzhaus Zur Zukunft**
XV., Auf der Schmelz (verlängerte Kannegasse)
Tel. 9 82 01 27
Bus 48 A (Brüßlgasse); Bus 15 A (Akkonplatz), von dort jeweils 15 Min. Fußweg zwischen den Kleingärten hindurch
Mi–Fr 9–22, Sa 9–24 Uhr (warme Küche bis 21 Uhr), Sa und So Tanz ab 17 Uhr
3. Kategorie
Ein Ausflug mitten in der Stadt? Ein Beisl mitten in einer Schrebergartensiedlung (Kleingärtnersiedlung) im XV. Bezirk. Sehr viel Lokalkolorit, das bei den zahlreichen Veranstaltungen immer wieder durchbrochen wird: Zu Konzerten, Lesungen, Plattenpräsentationen oder Tanzabenden kommt jeweils fachlich interessiertes Publikum.

**Schweizerhaus**
II., Straße des 1. Mai 116 (Prater)
Tel. 2 18 01 52
Tgl. 10–24 Uhr (durchgehend warme Küche); Mitte Nov. bis Mitte März geschl.
2. Kategorie
*Das* Prater-Wirtshaus (seit 1873, der ersten Wiener Weltausstellung im Prater). Bei schönem Wetter ist an den Wochenenden nur mit Mühe ein Platz zu finden. Großer Garten, stets überlastete Kellner. Spezialität: Gegrillte Stelzen (Schweinshaxen). Dazu Krügerl (Budweiser vom Faß). Kinderspielplatz.

**Sophienalpe**
XIV., Sofienalpenstr. 13
Tel. 46 24 32
Bus 449 (Sofienalpe)

Tgl. 9–24 Uhr (warme Küche 9–22 Uhr); Winter nur Sa und So geöffnet
2. Kategorie
Eines der beliebtesten Ausflugsziele Wiener Familien. Warum? Weil man mit dem Auto bis vor die Tür fahren kann. Weil der Kinderspielplatz selbst gehobensten Ansprüchen gerecht wird.

Der gute Tip **M**:
**Grünauer**
Hausmannskost wird hier neu definiert, doch sonst bleibt alles beim alten: Die Portionen sind groß, die Preise klein. Ein neues Beisl im besten alten Sinn!

Weil der Millirahmstrudel als der beste Wiens gilt. Und weil die Liegewiese zwecks Erholung nach deftiger Mahlzeit gleich hinterm Haus wartet.

**Beisln**
Lokale mit warmer, aber einfacher Küche. Bodenständige Hausmannskost, informellerer Umgangston. Nur eventuell Tischwäsche, mehr- sowie eingängiges Essen möglich.
C1 **Gasthaus Wickerl**
IX., Porzellangasse 24 a
Tel. 3177489
Straßenbahn D (Fürstengasse)
Mo–Fr 8–23 (Küche 11–22 Uhr), Sa 8–17 (Küche 11–15 Uhr), So 9–14 Uhr (Küche 11–13 Uhr)
2. Kategorie
Ein Beisl so urig und original, wie es sie nur noch selten gibt: großer, holzgetäfelter Raum, Stehpulte für die Kartenspieler, jede Menge Stammgäste, bürgerlich bis proletarisch. Hier werden gemeinschaftlich Fußballübertragungen im Fernsehen verfolgt. Deftige Hausmannskost. Verschiedene offene Weine.
**Grünauer M**
VII., Hermanngasse 32
Tel. 5264080
Bus 48 A (Zieglergasse); 13 A (Burggasse)
Mo 18–24, Di–Fr 10–15 und 18–24 Uhr
2. Kategorie
Für ein richtiges Beisl ist alles noch zu frisch und zu sehr aus einem Guß, doch mit den Jahren wird sich das richtige Ambiente schon einstellen, weil die Ingredienzen stimmen. Genauso wie die der Speisen: Wiener Küche im besonderen und österreichische Küche im allgemeinen auf höchstem Niveau. Hier hat die einfachste Hausmannskost Feinschmeckerqualität, selbst die oft lieblos heruntergekochten Standards der Wiener Küche (Schnitzel, Schweinsbraten…) lassen sich hier genußvoll neu entdeken. Und woanders wird man für sein Geld kaum soviel Qualität bekommen. Wohlsortierter Weinkeller, auch vegetarische Speisen, einige Desserts. Tischreservierung empfehlenswert.
**Oswald & Kalb** E
I., Bäckerstr. 14
Tel. 5126992
U1, U3, Bus 1 A, 2 A, 3 A (Stephansplatz)
Tgl. 18–1 Uhr (Küche bis 24 Uhr)
1. Kategorie

Das erste und langlebigste aller Wiener Szene-Beisln. Speiselokal und Bar in einem. Hier verkehren Journalisten, Schriftsteller, Künstler und alle die, die gerne welche wären. Verfeinerte Wiener Küche mit internationalem Einschlag. Stets laut und voll und gut gelaunt. Schöne Gasträume (eng, gewölbte Decken). Reservierung empfehlenswert.

4 **Pfudl**
I., Bäckerstr. 22
Tel. 5126705
U3, Straßenbahn 1, 2, Bus 1A, 74A (Stubentor)
Mo–Fr 9–2 (warme Küche 11.30–24 Uhr), Sa 9–15 Uhr (warme Küche 11.30–14 Uhr)
2. Kategorie

Preiswertes Wiener Gasthausessen mitten in der Innenstadt – das ist bald schon eine Seltenheit. Hier nicht: kräftige Hausmannskost, preiswerte, offene Eigenbauweine (Mailberger), Saison-Spezialitäten. Gemischtes Publikum. Rustikal angehauchtes Ambiente.

4 **Reinthaler**
I., Gluckgasse 5
Tel. 5123366
U1, U2, U4 (Karlsplatz/Oper); Straßenbahn 1, 2, D, J, 62, 65, Bus 59A (Oper); Bus 3A (Albertinaplatz)
Mo–Do 7.30–23, Fr 7.30 bis 16 Uhr (durchgehend warme Küche)
2. Kategorie

Ein echtes Beisl mitten in der Innenstadt, zwischen Staatsoper und Neuem Markt. Souterrain-Lokal, großes Speisenangebot, buntgemischtes Publikum (Beamte, Geschäftsleute, Handwerker, Studenten). Kaum Touristen. Zu den Essenszeiten laut und voll. Schanigarten (Efeuhecken in Blumenkisten) unter dunkler Markise – angenehm schattig.

**S'Glacis-Beisl** C5
VII., Messeplatz 1 (Museumsquartier/ehemaliger »Messepalast«: hinterster Hof)
Tel. 5266795
U2 (Babenberger Straße); U3 (Dr.-Karl-Renner-Ring); Straßenbahn 1, 2, D, J, Bus 2A, 57A (Burgring); Straßenbahn 46, 49, Bus 48A (Endstation Dr.-Karl-Renner-Ring)
Mo–Sa 10–24 Uhr; Jan. bis Mitte Feb. geschl.
2. Kategorie

Ein verstecktes Lokal: Erwarten Sie keine Hinweisschilder auf der Straße, sondern gehen Sie durch den Haupteingang ins Museumsquartier, sodann schräg nach rechts bis in den hintersten (dritten) Hof, dann über Treppen wie in einem Wohnhaus hinauf in den ersten Stock. Sehr schöner, ruhiger Garten.

**Smutny** D5
I., Elisabethstr. 8
Tel. 5871356
U1, U2, U4, Bus 4A (Karlsplatz/Oper); Straßenbahn 1, 2, D, J, 62, 65, Bus 59A, 3A, Lokalbahn (Oper)
Tgl. 9–24 Uhr (warme Küche 9–23.30 Uhr)
2. Kategorie

Eines der wenigen Beisln in der Innenstadt – und noch dazu original erhalten: alt und knarrend, mit gekacheltem Gastraum und Gasträumen im ersten Stock für Feiern und Veranstaltungen. Passen Sie auf, daß Sie nicht in der neu dazugebauten »Schwemme« landen – die ist nur für ahnungslose Touristen gedacht! Schanigarten.

D3 **Ubls Gasthaus**
IV., Preßgasse 26
Tel. 5876437
Bus 59A (Große Neugasse)
Tgl. 11–14.30 und 18–24 Uhr (warme Küche bis 22 Uhr)
2. Kategorie
Grandiose, uralte Inneneinrichtung mit Kanonenofen und Holztäfelung. Das ehemals gutbürgerliche lokale Publikum ist teilweise jungem, genießerischem Publikum, Szeneleuten und diverser Prominenz gewichen. Schöner Schanigarten.

D3 **Urbanikeller**
I., Am Hof 12
Tel. 5339102
U1, U3 (Stephansplatz); Bus 1A, 2A, 3A (Bognergasse)
Tgl. 18–1 Uhr; Juni–Aug. So geschl.
1. Kategorie
Restaurant in den mittelalterlichen, mehrgeschossigen Kellergewölben eines Barockhauses, seit 1906 Gastbetrieb. Klassische Wiener Küche, ein bißchen pompös. Wiener Stimmungsmusik, kleiner Schanigarten, großes Gästebuch.

**Waldviertler Eck**
VIII., Pfeilgasse 27
Tel. 423293
Straßenbahn 46 (Schottenfeldgasse); Straßenbahn 5, J (Albertgasse)
Mo–Do 9–14.30 und 17.30 bis 23, Fr 9–15 Uhr (warme Küche 9–14.30 und 18–22 Uhr)
3. Kategorie
Ethno-Küche auf österreichisch: Spezialitäten aus dem nördlichsten Teil Niederösterreichs, von der böhmischen Grenze – dort, wo außer Kartoffeln und Schweinefleisch nicht viel wächst. Um so erstaunlicher, was man daraus alles machen kann!

**Zur Goldenen Glocke** C
V., Kettenbrückengasse 9
Tel. 5875767
U4 (Kettenbrückengasse)
Mo–Sa 11–14.30 und 17.30 bis 24 Uhr
1. Kategorie
Gehobenes Beisl mit dem vielleicht schönsten Gastgarten Wiens: Der Hof wird von einer riesigen Markise vollständig überdacht, Wandgemälde verewigen die wichtigsten Vertreter des Wienerliedes: Ankerl, Bratfisch, Nestroy, Schubert, Lanner... Reichhaltige Speisen- und Weinkarte, bürgerliches bis intellektuelles Publikum.

### Heurige und Heurigenlokale

»Heurige« sind Weinschenken, in denen ausschließlich selbst angebauter Wein des aktuellen Jahrganges ausgeschenkt werden darf. Speisen (kalt und warm, Fleisch und verschiedene Aufstriche) holt sich der Gast vom Buffet, Getränke werden serviert. Alle gewünschten Speisen werden simultan verzehrt, es gibt keine Menüabfolge – mit

Ausnahme der Süßspeisen (Strudel, Weinbeißer, Schnitten) – die kommen als letztes dran. In traditionellen Heurigen ist es dem Gast erlaubt, seine eigenen Speisen von zu Hause (oder direkt aus Heurigenbedarfs-Geschäften in den Heurigenorten) mitzubringen und im Lokal lediglich den Wein zu bestellen. Getränke: Wein und Mineralwasser, sonst nichts. Für Kinder gibt es Limonade. »Heurigenlokale« sind Pseudo-Heurige, die eigentlich nur so heißen, aber keine sind. Hier wird auch fremder bzw. älterer Wein ausgeschenkt. Womöglich wird das Essen sogar am Tisch serviert. Kulturverfall! Ausg'steckt heißt, daß der Heurige geöffnet hat (erkennbar an dem Föhrenzweig, der an einem Stock über der Eingangstür auf die Straße hängt). Die wöchentlich bzw. monatlich wechselnden Öffnungszeiten telefonisch klären.

**Bacher**
XIX., Sieveringer Str. 170
Tel. 4419763
Bus 39 A (Endstation Sievering)
Ab Ende Aug./Anfang Sept. ausg'steckt

Bodenständig und weniger touristisch als viele andere Sieveringer Heurige. Gut sortiertes Buffet.

**Buschenschank Poldi Huber**
XVIII., Pötzleinsdorfer Str. 97
Tel. 4795332
Straßenbahn 41 (Endstation Pötzleinsdorf, 5 Min. Fußweg); Bus 41 A (Khevenhüllerstraße)
Tgl. 15–24 Uhr, im Sommer ab 14 Uhr

In den allerletzten Ausläufern Wiens Richtung Wienerwald. Schöner, großer Garten, zu dem man tief gebeugt unter den ausladenden Ästen eines uralten Baumes durchgehen muß. Imposantes Buffet (verschiedene warme Strudel, Aufstriche, Mehlspeisen), hinreichend trockener Wein (Eigenbau). Vier Stüberln.

**Feitzinger**
XXI., Stammersdorfer Str. 115
Tel. 2929642
Straßenbahn 31 (Endstation Stammersdorf)
März–Ende Nov. tgl. außer Mi ab 13 Uhr

An der Hauptstraße durch das alte Weinbauerndorf Stammersdorf. Die Anreise mit der Straßenbahn führt romantisch durch Feld und Wiese (45 Min. vom Zentrum). Angenehmes Ambiente, keine Touristen. Kaltes und warmes Buffet. Schöner Garten. Mo und Di Heurigenmusik. Fr und Sa Zigeunermusik.

**Fuhrgassl-Huber**
XIX., Neustift am Walde 68
Tel. 4401405
Bus 35 A (Agnesgasse)
Tgl. 14–24 Uhr

Mehr Heurigenlokal als richtiger Heuriger, schon allein wegen der ausgedehnten Öffnungszeiten. Groß, dennoch nicht ohne Stimmung. Viel Wiener Publikum, wenig Touristen. An Wochenenden Reservierung angebracht.

**Ing. Werner Welser**
XIX., Probusgasse 12 (Am Heiligenstädter Pfarrplatz)
Tel. 3189797

Straßenbahn 37 (Geweygasse, dann 10 Min. Fußweg); Bus 38 A (Armbrustergasse)
Tgl. 15.30–24 Uhr
Falls es so etwas wie einen Szene-Heurigen gibt – das ist er. Jedenfalls gibt es junge Serviererinnen und ebenso junges Heurigenvolk. Altes Winzerhaus mit Garten, Musik, warmes wie kaltes Buffet. Reservieren!

**Rudolfshof** M
XIX., Cobenzlgasse 8
Tel. 322108
Straßenbahn 38 (Endstation Grinzing)
Tgl. 13–24 Uhr, Musik (Ziehharmonika) 18–23 Uhr
2. Kategorie

Der gute Tip M:
**Rudolfshof**
Ein Heuriger, der ein Kaffeehaus ist? Ein Grinzinger Lokal, in dem es mehr Kuchen als Schweinshaxen gibt? Aber ja: Der Rudolfshof ist schön schräg und ziemlich wienerisch.

Eine Perle mitten im Heurigenort Grinzing, dem Mekka der Reisebusse und der weinseligen Wien-Touristen – ein Kaffeehaus! Gleichzeitig natürlich auch so etwas wie ein Heuriger, freilich einer, den es sonst nirgends gibt: Wo das Buffet bescheidener ist als das Süßspeisenangebot. Wo genausoviel Kaffee wie Wein getrunken wird. Wo die Sitzbänke weich gepolstert anstatt rustikal hölzern-hart sind. Doch wo trotzdem ganz echte Heurigenmusik gemacht wird: Akkordeonspieler Heinz Bubek spielt routiniert das Wienerlied, und selbst die lustigen Lieder klingen bei ihm schön wehmütig (Spende erbeten).
Das Speiseangebot ist klein (Schweinsbraten kalt oder heiß, ein paar Salate), einziges Highlight: Rudolfsspieß (Lungenbraten, Lamm, Pute, Speck und Garnierung). Das Angebot hausgemachter Mehlspeisen (Torten, Kuchen) ist dagegen beeindruckend. Schattiger Garten.

**Sirbu**
XIX., Kahlenberger Str. 210
Tel. 325928
Bus 38 A (Endstation Kahlenberg, dann 15 Min. zu Fuß bergabwärts). Autozufahrt: Kahlenberger Straße von Nußdorf her
April–Okt. Mo–Sa 15–23 Uhr
Heuriger mit Aussicht über die Donau und ganz Wien. Besonders abends lohnenswert.

**Wieninger-Steinbatz**
XXI., Stammersdorfer Str. 78
Tel. 2924106
Straßenbahn 31 (Endstation Stammersdorf)
Di–So 19–2 Uhr
Der junge Stammersdorfer Winzer Fritz Wieninger probierte Unerhörtes: den Anbau französischer Weinsorten (Chardonnay, Cabernet, Sauvignon blanc) im klassischen Land des Grünen Veltliners, und siehe, es klappte vorzüglich. Die Weine werden mittlerweile in vielen Spitzenrestaurants und natürlich in dem

Im Heurigen-Restaurant wird im Gegensatz zum Heurigen nicht nur Wein der letzten Lese ausgeschenkt

betriebseigenen Heurigen in Stammersdorf kredenzt. Hervorragende Salate.

**Zimmermann**
XIX., Armbrustergasse 5
Tel. 37 22 11
Straßenbahn 37 (Geweygasse, dann 10 Min. Fußweg); Bus 38 A (Armbrustergasse)
Mo–Sa 17–24 Uhr
Nobel- und Prominentenheuriger. Fast mitten in Grinzing, aber abseits der Autobustouristen-Pfade. Gelackt, aber stimmungsvoll. Kaltes und warmes Buffet. Musik auf Bestellung. Reservieren!

**10er Marie**
XVI., Ottakringer Str. 222–224
Tel. 409 46 47
Straßenbahn J, 46 (Sandleitengasse); Straßenbahn 10 (Ottakringer Straße)
Tgl. 15–24 Uhr
Ländlich anmutendes Gewölbe mit kastanienbestandenem Garten, ein (fast) richtiger Heuriger zwischen Blocks des sozialen Wohnungsbaus. Hausmannskost, viel Ottakringer (so heißt der Bezirk), Lokalkolorit.

### Imbiß

**Gebrüder Wild** D4
I., Neuer Markt 10–11
U1, U3 (Stephansplatz); Bus 2 A, 3 A ( Habsburgergasse)
Mo–Fr 8.30–18.30, Sa 8 bis 12.30 Uhr
3. Kategorie
Das beste Delikatessengeschäft der Stadt. Hier kann man im Stehen unkompliziert, rasch und auf höchstem Niveau ei-

***Das Kaffeehaus als Institution*** *Der Wiener »Kaffeehausliterat« (wo, glauben Sie, hat der Mann seine Essays geschrieben?) und Kritiker Alfred Polgar brachte die Funktion des Kaffeehauses auf den Punkt: »Im Kaffeehaus sitzen die Leute, die allein sein wollen, aber dazu Gesellschaft brauchen.«*
*Doch woran erkennt man ein Kaffeehaus? In Wien gibt es zwar an die 400 Lokale, die von deren Betreibern als »Kaffeehaus« oder »Café« bezeichnet werden, doch höchstens ein Viertel davon verdient diese Bezeichnung wirklich. Dazu muß es folgende Kriterien erfüllen: Es muß bereits morgens geöffnet sein, damit man darin frühstücken kann. Es muß über zumindest einen großen, hallenartigen Raum verfügen, damit man eine genügend große Zahl anderer Gäste ungestört beobachten kann. Die Keller müssen zum größten Teil männlich und jedenfalls schwarz livriert sein, damit der Rahmen fest abgesteckt ist. Zum Kaffee muß ungefragt ein Glas Wasser serviert werden, es darf nicht allzu viele Speisen geben, damit der Essensgeruch nicht den des Kaffees und der Zigaretten überdeckt. Es müssen genügend Zeitungen ausliegen, so daß niemand seine eigene mitzu-*

nen kleinen Imbiß oder eine ganze Mahlzeit zu sich nehmen – zu sensationell günstigen Preisen. Täglich wechselnde Mittagsmenüs und Kleinigkeiten à la carte.

D4 **Trzesniewski**
I., Dorotheergasse 1 (Ecke Graben/Fußgängerzone)
U1, U3 (Stephansplatz); Bus 1A, 2A, 3A (Graben/Petersplatz)
Mo–Fr 9–19.30, Sa 9–13 Uhr, jeden 1. Sa im Monat bis 18 Uhr
Der Wirt mit dem unaussprechlichen Namen (etwa: Trscheschniefski) streicht die besten Brötchen der Stadt. Die sind gleichzeitig die saftigsten, die kleinsten und auch die teuersten: 50 cm² Sandwich kosten 8 öS, werden dafür aber von Serviermädchen mit Spitzenhäubchen zubereitet, der »Pfiff« Bier (0,125 Liter) kommt auf 9 öS. Man speist im Stehen an kleinen Tischchen, zusammen mit einkaufenden Damen und Geschäftsleuten. Drangvolle Enge, so ungemütlich, daß es schon wieder gemütlich ist.

**Kaffeehäuser**
Hier wird im Prinzip gar nichts gegessen. Weil nur Kaffee auszuschenken allerdings kein Geschäft ist, gibt es meist kleine Speisen, manchmal sogar komplette Speisekarten. Formeller Umgangston, livrierte Kellner, Essen zu jeder Zeit.

**Alt Wien** E4
I., Bäckerstr. 9
U1, U3, Bus 1A, 2A, 3A (Stephansplatz)
Tgl. 10–2 Uhr

*bringen braucht. Schließlich darf keine Musik gespielt werden (außer Live-Musik vom Piano), es sollten Spiele zur Verfügung stehen (wenigstens Schach und Karten, besser noch Billard), es darf keinen Fernseher geben, die Mehlspeisen sollten hausgemacht und das Publikum gemischt sein – mindestens zwischen 20 und 80 Jahre alt und keiner bestimmten Gesellschaftsschicht angehörend. Erst wenn all diese Faktoren zutreffen, kann von einem »Wiener Kaffeehaus« gesprochen werden.*

*Das schwarzbraune Pulver selbst hatten die Türken nach Wien gebracht – einer der positiven Nebeneffekte der beiden Türkenbelagerungen der Stadt.*

*Noch ein Wort zum Kaffeehaus: Bestellen Sie dort niemals »Kaffee« (das trägt Ihnen höchstens verächtliche Blicke des Personals ein), sondern nur eine der vielen unterschiedlichen Zubereitungsarten – einen »Großen« bzw. »Kleinen Braunen« (großer bzw. kleiner Espresso mit Sahne), eine »Melange«, einen »Einspänner« (Mokka im Glas mit Schlagsahne) oder einen »Verlängerten« (Kaffee mit Wasser verdünnt).*

Untertags ruhiges, klassisches Kaffeehaus mit jungem, intellektuellem Publikum. Abends brechend volles Szenelokal mehr oder minder gescheiterter Künstler und Möchtegernkünstler. Ziemlich alkoholselige Atmosphäre. Durchgehend kleine Speisen (angeblich das beste Gulasch der Stadt).

E4 **Bräunerhof** M
I., Stallburggasse 2
U 1, U 3 (Stephansplatz); Bus 1 A, 2 A, 3 A (Graben/Petersplatz)
Mo–Fr 7.30–19.30, Sa 7.30 bis 18, So 10–18 Uhr (warme Küche 12–14.30 Uhr), an Wochenenden Musik von 15 bis 18 Uhr

Äußerlich völlig unscheinbar, innen klassisches Wiener Kaffeehaus: ein großer Raum, nur durch Säulen und Bankreihen gegliedert. Stets gedämpfte Atmosphäre, jeder wird von jedem gesehen und kann jeden beobachten und dabei doch allein sein. Es ist ruhig, auch wenn viele gleichzeitig reden. Routinierte Kellner mit der notwendigen Mischung aus Servilität und Herrschsucht. Intellektuelles Publikum, Schriftsteller, Leute aus der Antiquitätenszene rundum.

Der gute Tip M:
**Bräunerhof**
Ein Kaffeehaus, wie es sein soll: voll und doch leise, verwohnt und doch gepflegt, hallenartig und doch gedämpft. Ein Platz zum Lesen und Nachdenken.

D5 **Burggarten-Meierei**
I., Burggarten (auf der Terrasse vor dem Palmenhaus)
U2 (Babenberger Straße); Straßenbahn 1, 2, D, J, Bus 2A, 57A (Burgring)
Tgl. 11–21 Uhr
Das schönste Kaffeehaus Wiens, aus botanischer Sicht betrachtet: im Sommer und bei Schönwetter auf der Terrasse oberhalb des Burggartens, fernab von jedem Verkehrslärm und doch mitten in der Stadt (hinter der Hofburg), im Winter und bei Schlechtwetter im Neuen Wintergarten der Wiener Hofburg, einem reichverzierten Palmenhaus im Burggarten – unter Palmen und anderem exotischen Gewächs. Kein klassisches Kaffeehaus also (und eigentlich auch keine Meierei), aber trotzdem sehenswert. Kleine Speisen, Mehlspeisen.

D3 **Central (im Palais Ferstel)**
I., Herrengasse 14
U3, Bus 2A, 3A (Herrengasse)
Mo–Sa 8–20 Uhr
Ehemals großes Wiener Kaffeehaus, dann jahrzehntelang außer Betrieb. Vor wenigen Jahren wieder renoviert – vor allem als Touristenlokal. Pianist. Wiener Küche.

**Dommayer**
XIII., Dommayergasse 1/Auhofstr. 2
Straßenbahn 58, 60, 62 (Dommayergasse), 5 Min. Fußweg vom Hietzinger Tor/Schönbrunner Schloßpark
Tgl. 7–24 Uhr
Das Kaffeehaus Hietzings: viel eingesessenes Stammpublikum des bürgerlichen Nobelbezirkes, viel Jeunesse dorée aus den umliegenden Bürgerhäusern, ein paar Touristen und Geschäftsleute aus der Umgebung. Die Stimmung ist dennoch alles andere als langweilig: Jeden ersten Sa im Monat 14–16 Uhr Damensalonorchester, im Sommer jeden 3. So im Monat Theater im Freien (schöner Garten), im Winter Literaturlesungen.

**Drechsler** C6
VI., Linke Wienzeile 22
U1, U2, U4, Straßenbahn 62, 65, Bus 4A (Karlsplatz); Bus 59A (Bärenmühlendurchgang)
Mo–Fr 3.30–20, Sa 3.30 bis 18 Uhr
Das erste Kaffeehaus Wiens, was die täglichen Öffnungszeiten betrifft: Zu nächtlicher Stunde treffen hier Übriggebliebene des Vortages mit Marktbudenbesitzern des gegenüberliegenden Naschmarktes und samstags auch mit Besuchern des danebenliegenden Flohmarkts zusammen – eine interessante Mischung! Die letzten Nachtschwärmer kommen bis 8 Uhr morgens, wenn die Marktleute längst arbeiten. Stark rauchgeschwängerte, ruhige Atmosphäre. Durchgehend warme Speisen, österreichische Tageszeitungen, Billardtische.

**Eiles** B3/B4
VIII., Josefstädter Str. 2
U2, Straßenbahn J (Rathaus)
Mo–Fr 7–22, Sa, So und Feiertag 8–22 Uhr
Viel zu aufwendig renoviert (Sitzbezüge, Teppichboden, Fur-

Es sind noch Plätze frei im ehemals berühmten Literatencafé Central im Palais Ferstel

nierholz), aber trotzdem einfach nicht umzubringen. Immer noch eines der ersten Kaffeehäuser Wiens. Stets gut besucht (bürgerliches Publikum, Intellektuelle, Studenten). Kaffeehausgerichte und Klassiker (Schnitzel, Palatschinken, Kaiserschmarren). Die Mehlspeisen sind hervorragend! Internationale Zeitungen.

F3 **Engländer**
I., Postgasse 2
Tel. 5 12 27 34
U 3, Straßenbahn 1, 2, Bus 1 A, 74 A (Stubentor)
Mo–Sa 8–2, So und Feiertag 10–2 Uhr

Früher hieß es Café Windhaag und war ein plüschiges, klassisches Kaffeehaus. Jetzt ist es immer noch plüschig, doch eher eine Mischung aus Restaurant und Kaffeehaus, stilvoll und gediegen. Verfeinerte österreichische Küche. Trotz aller kulinarischen Raffinessen sind aber auch die üblichen Kleinigkeiten zu haben – von der Buttersemmel über das Schinkenbrot und das Sardellenringerl mit Butterbrot bis zum Soda-Zitron oder Soda-Himbeer.

**Hawelka** D4
I., Dorotheergasse 6
U 1, U 3 (Stephansplatz); Bus 1 A, 2 A, 3 A (Graben/Petersplatz)
Mo–Sa außer Di 8–2, So 16 bis 2 Uhr

Das Künstlerkaffeehaus Wiens schlechthin (zumindest früher), heute Treffpunkt vor allem jugendlicher Intellektueller sowie bürgerlicher Schüler und Studenten. Sensationell verschlissene Einrichtung, die komplett verräuchterten Wände sind durchwegs mit Plakaten beklebt. Das hochbetagte Ehepaar Hawelka führt das Lokal immer noch selbst. Ganztags Kaffeehausgerichte, ab 22 Uhr die berühmten hausgemachten Buchteln mit Vanillesauce.

D5 **Imperial**
Im gleichnamigen Hotel, Straßeneingang von der Ringstr.
I., Kärntner Ring 16
Tel. 5 01 10/3 89
U1, U4 (Oper/Karlsplatz); Straßenbahn 1, 2, D, J, 71, Bus 59 A, 3 A (Schwarzenbergplatz)
Tgl. 7–24 Uhr

Wiener Hausmannskost auf allerhöchstem Niveau, in äußerst dezenter Atmosphäre mit aufmerksamster Bedienung, die trotz des exquisiten Rahmens sehr bemüht und keinesfalls arrogant ist. Probieren Sie die klassischen Gerichte wie Tafelspitz, Kalbsgulyas mit Nockerln oder Schinkenfleckerln sowie die hausgemachten Mehlspeisen. Berühmt ist die Imperial-Torte aus ganz, ganz dünnen Teigblättern, viel Schokolade, viel Marzipan und einer hauchdünnen Kaffeeglasur.

Im Sommer gibt es den Schanigarten, er ist jedoch nicht empfehlenswert – zu laut, zu heiß, zu touristisch. Außerdem bekommen Sie die einmalige Atmosphäre nur drinnen mit! Klaviermusik zur Jause (tgl. 15.30 bis 18 Uhr).

**Landtmann** C3
I., Dr.-Karl-Lueger-Ring 4
Tel. 5 33 91 28
Straßenbahn 1, 2, D (Rathausplatz/Burgtheater)
Tgl. 8–24 Uhr (warme Küche 11.30–15 und 17–23 Uhr)

Das am besten erhaltene der klassischen Ringstraßencafés: 1873 von dem Cafetier Franz Landtmann eröffnet, 1980 vorbildlich restauriert: viel Holz und Plüsch, viele geschützte Ekken und Nischen. Tradition wird hochgehalten – Mäntel müssen nach wie vor an der Garderobe abgegeben werden, Kaffee wird in nur allen erdenklichen herkömmlichen Kompositionen angeboten. Umfangreiches Speisenangebot, internationale Zeitungen, große Sommerterrasse mit Blick auf Burgtheater, Universität, Ringstraße und Rathauspark. In den Extrazimmern finden häufig Pressekonferenzen statt. Gemischtes Publikum.

**Museum** D6
I., Friedrichstr. 6
U1, U2, U4, Straßenbahn 62, 65, Bus 4 A (Karlsplatz); Bus 59 A (Bärenmühlendurchgang)
Tgl. 7–23 Uhr

Das älteste, architektonisch nicht dem Ringstraßenprunk verpflichtete Museum: 1899 von Adolf Loos, dem Wegbereiter moderner Architektur, gestaltet und seitdem nur behutsam renoviert. Literatencafé mit großer Tradition (Frank Wedekind, Karl Kraus, Robert Musil, Hermann Broch, Joseph Roth,

Georg Trakl), in dem die Vertreter der Wiener Literaturszene sich immer noch treffen. Sonst sitzen in den mit rotem Skai überzogenen Logen Studenten der nahen Kunstakademie, Maler und allerlei gemischtes Volk.

F3 **Prückel**
I., Stubenring 24
U3, Straßenbahn 1, 2, Bus 1A, 74A (Stubentor)
Tgl. 9–22 Uhr
Klassisches Ringstraßenkaffeehaus. 1903 im üppigen Stuckstil gegründet, in den 50er Jahren sehr geschmackvoll umgebaut. Hohe Hallen, klare Formen, plüschige Sitzgruppen. Sehr gemischtes Publikum: bürgerliche ältere Damen und Herren, die sich vor allem dem Bridgespiel widmen, Studenten von der gegenüberliegenden Hochschule für Angewandte Kunst, Intellektuelle, Geschäftsleute. Mo, Mi, Fr und So 19–22 Uhr Klaviermusik. Internationale Zeitungen und Zeitschriften.

D5 **Sacher**
Im gleichnamigen Hotel
I., Philharmonikerstr. 4
Tel. 5121487
U1, Straßenbahn 1, 2, D, J, 62, 65, Bus 59A, 3A (Oper)
Tgl. 6.30–23.30 Uhr
Das »Sacher« für jedermann – hier herrscht kein Krawattenzwang, das Publikum ist bunt gemischt: Stammgäste, plaudernde Damen der Wiener Innenstadt, Prominenz, viel touristische Laufkundschaft. Hervorragendes Frühstück. Zum Kaffee bestellen Sie natürlich die Original Sacher-Torte: mit einer hauchdünnen Schicht Marillenmarmelade unter der zarten Schokoglasur sowie zwischen den einzelnen Schokobiskuitplatten, das alles natürlich »mit Schlag«, also mit Sahne. Hier können Sie an heißen Tagen auch draußen im Schanigarten sitzen – doch drinnen ist es einfach besser.

**Salzgries** E3
I., Marc-Aurel-Str. 6
U1, U4, Straßenbahn 1, 2, 21, N, Bus 2A (Salzgries); 1A, 3A (Schwertgasse)
Mo–Fr 8–1, Sa, So und Feiertag 12–1 Uhr
Das erklärte Stammlokal der Redakteure der benachbarten »profil«-Redaktion. Klein, aber fein – altes Interieur. Großes Speiseangebot (Wiener Hausmannskost, sehr gute Mehlspeisen – Millirahmstrudel extrem empfehlenswert). Schanigarten, internationales Zeitungsangebot.

**Sperl** C6
VI., Gumpendorfer Str. 11
U2 (Babenbergerstraße); Bus 57A (Köstlergasse)
Mo–Sa 7–23, So und Feiertag 15–23 Uhr; Juli–Sept. So geschl.
Eines der großen traditionellen Kaffeehäuser Wiens im Ringstraßenstil, auch wenn es gar nicht an der Ringstraße liegt. Von Schülern Theophil von Hansens erbaut. Der mit Schnitzwerk und Stuck reich geschmückte Innenraum steht unter Denkmalschutz.

C2 **Stein**
IX., Währinger Str. 6
Tel. 3197241
U2, Straßenbahn 1, 2, D, 43, 44, Bus 1A (Schottentor/Universität); Straßenbahn 37, 38, 40, 41, 42 (Schwarzspanierstraße)
Tgl. 7–1 Uhr (So ab 9 Uhr)
Vieles in einem: Szenetreff, Uni-Hangout (die Universität ist gleich vis-à-vis), Kaffeehaus, angenehmes Frühstückslokal (bis 17 Uhr), Restaurant (besonders das angeschlossene Stein's Diner: Mo–Sa 18.30–2 Uhr), Bar. Junges, schickes Publikum. Schanigarten. Gutsortierte Weinkarte.

C4 **Volksgarten-Meierei**
I., Volksgarten (beim Eingang vom Heldenplatz)
U2 (Babenberger Straße); U3 (Dr.-Karl-Renner-Ring); Straßenbahn 1, 2, 46, 49, D, J, Bus 2A, 57A (Burgring); 48 (Endstation Dr.-Karl-Renner-Ring)
Tgl. 8–21 Uhr (Anfang April bis Ende Aug., Sept. ab 9 Uhr)
Die einzige klassische Meierei Wiens: Zwischen Hecken, in denen die Vögel zwitschern, gibt es Fru-Fru (saure Sahne mit Marmelade), Joghurt und saure Milch. Außerdem kleines Speisenangebot, Mehlspeisen und nicht-milchhaltige Getränke. Touristentreffpunkt, aber nicht nur. Bei Schlechtwetter geschlossen (nur Gartenbetrieb).

D6 **Wortner**
IV., Wiedner Hauptstr. 55
Straßenbahn 62, 65 (Schleifmühlgasse)

Zuständig für die kalorienhaltigen Köstlichkeiten: Konditormeister bei Demel

Mo–Sa 9–23 Uhr (im Winter Mo–Fr 7–23, Sa 9–23 Uhr)
Das bürgerliche Café fernab aller Touristenströme. 1346 als »Gasthaus Goldener Schlüssel« erstmals urkundlich erwähnt, seit 1880 Kaffeehaus. Plüschig, populär und doch ruhig-beschaulich. Mit viel Kolorit: Hier tagen Taucher-, Segel- und Autorenclubs, hier treffen die Wiedner und Wiednerinnen (Bewohner des IV. Bezirks – »Wieden«) einander zum Kartenspiel und Gedankenaustausch. Speisenangebot, Mehlspeisen. Billard. Schach. Galerie (monatlich eine Ausstellung), manchmal Diskussionen. Großer Schanigarten auf dem Vorplatz neben dem Engelbrunnen.

**Konditoreien**

Hier ißt man Mehlspeisen, zur Jause oder zwischendurch. An Getränken gibt es Kaffee, Tee, Schokolade, Cognac und Liköre.

**Aida**

Überall in Wien (Dutzende Filialen), erkenntlich an dem zuckerlrosa Schriftzug und den zuckerlrosa gewandeten Servierkräften. Für einen Fließbandbetrieb erstaunlich hohes Mehlspeisen-Niveau. Ambiente meist zwischen italienischer Bar und 50er-Jahre-Kaffeehaus, eigentlicher in Wien dafür geltender Gattungsbegriff: »Espresso«. Publikum: gemischt, viele ältere Damen.

D4 **Demel**

I., Kohlmarkt 14
U3 (Herrengasse); Bus 2A, 3A (Michaelerplatz)
Tgl. 10–20 Uhr

Die ehemalige k. u. k.-Hofzukkerbäckerei (gegründet 1776) mußte in den letzten Jahren zwar einige Skandale und Affären ihres ehemaligen Besitzers (Udo Proksch) durchstehen, doch das Niveau ist nach wie vor extrem hoch: die Vollendung der Süßspeise in barockem Ambiente. Viel Außer-Haus-Verkauf, viele Touristen, viele alte Damen, viel Zucker.

C3 **Sluka**

I., Rathausplatz 8
U2 (Josefstädter Straße/Rathaus); Straßenbahn 1, 2, D (Rathausplatz/Burgtheater)
Mo–Fr 8–19, Sa 8–17.30 Uhr

Paradies für Mehlspeisenliebhaber, es gibt unzählige Sorten (Torten, Strudel, Rouladen, Biskuits, Petits fours). Diabetikermehlspeisen. Auch »salzige« warme und kalte Imbisse. Vom Vorspeisenbuffet sollten Sie unbedingt die glasierten Schinkenrollen probieren!

**Restaurants**

Lokale mit gehobener Küche. Hier gibt es alles, man ißt mehrgängig, mit Gedeck, Tischwäsche und livrierten Kellnern.

**Altwienerhof**

XV., Herklotzgasse 6
Tel. 8926000
U6, Straßenbahn 6, 18 (Gumpendorfer Straße); Bus 12A, 57A (Stiegergasse)
Mo–Fr 12–14 und 18.30–23, Sa 18.30–23 Uhr
1. Kategorie

Die Überraschung in der Vorstadt: Küchenchef Rudi Kellner präsentiert französische Küche auf allerhöchstem Niveau. Große Menüauswahl (2–8 Gänge) – nehmen Sie sich Zeit! Wintergarten, herrlich verwachsener, schattiger Gastgarten. Gemütlich! Reservierung sehr empfehlenswert.

**Arche Noah** E3

I., Judengasse 1b
Tel. 5331374
U1, U4, Straßenbahn 1, 2, 21, N, Bus 2A (Schwedenplatz)
Tgl. 11.30–15.30 und 18.30 bis 23 Uhr (Sa nur im Winter abends geöffnet)
1. Kategorie

Gehobenes koscheres Restaurant mit vielfältigem Angebot, gleich neben der innerstädtischen Synagoge und dem Hotel der jüdischen Kultusgemeinde – gleichzeitig deren offizielles Repräsentationslokal. Das bestbewachte Restaurant der Stadt. Mi abends meist großes Buffet. Reservieren!

E3/E4 **Do & Co**
I., Stephansplatz 12 (im Haas-Haus/7. Stock)
Tel. 5353969/18
U1, U3, Bus 1A, 2A, 3A (Stephansplatz)
Tgl. 12–15 und 18–24 Uhr
1. Kategorie
Edle, internationale Speisen und Wiener Küche in postmodernem Ambiente mit bestem Blick auf den Stephansturm und -platz. Di und Sa japanischer Tepanyaki-Grill. Modisch, sehr in. Reservieren unbedingt notwendig!

E4 **Drei Husaren**
I., Weihburggasse 4
Tel. 5121092
U1, U3, Bus 1A, 2A, 3A (Stephansplatz)
Tgl. 12–15 und 18–2 Uhr
Luxuskategorie
Das altehrwürdigste Luxusrestaurant Wiens. Österreichische und internationale Spezialitäten. Edles Ambiente, viel Kunst an den Wänden, gutbürgerliches Publikum. Gedämpfte Live-Musik. Reservieren!

**Fischrestaurant Winter**
XI., Alberner Hafenzufahrtsstr. 262
Tel. 762317
Bus 6A (Warneckestraße)
Di–Sa 11.45–15 und 18 bis 23.30 Uhr, So, Mo 12 bis 16 Uhr; Jan. geschl.
1. Kategorie
Das beste Fischlokal in einer Stadt, die dem Fisch nicht sonderlich zugetan ist. Frische Meeresfische, Donaufische, Zuchtfische, aber auch Fleischspeisen. Reichhaltiger Weinkeller. Sehr gepflegte, ein wenig überladene Atmosphäre. Schöner Garten in den Donauauen. Relativ weit ab vom Schuß (mit dem Auto 30 Min. Fahrtzeit vom Zentrum, mit öffentlichen Verkehrsmitteln mehr als 1 Std.). Gutbürgerliches Publikum. Reservieren!

**Freihaus**
IV., Margaretenstr. 11 (Eingang auch Schleifmühlgasse 7)
Tel. 5871665
Straßenbahn 62, 65, Bus 59A (Schleifmühlgasse)
Tgl. 10–1, Sa und Feiertag 17.30–1 Uhr
2. Kategorie
Ein Szene-Eß- und Trinklokal. Nüchternes, doch angenehmes Ambiente. Hohe Räume, viel Platz. Österreichische Küche mit italienischem Einschlag. Große Weinkarte. Preisgünstige Mittagsmenüs (3. Kategorie). Gemischtes Szenepublikum. Kein Eßzwang.

**Fu Ji** C1/D
IX., Schlickgasse 2
Tel. 3100170
U2, Straßenbahn 37, 38, 40, 41, 42, 43, 44, Bus 1A (Schottentor/Universität); Bus 40A (Börse)
Mo–Fr 11–20, Sa 10.30 bis 14 Uhr
2. Kategorie

Kleines und erstaunlich preiswertes Sushi-Lokal. Großzügige Portionen. Viel studentisches Publikum.

D6 **Gräfin Vom Naschmarkt**
VI., Linke Wienzeile 14
Tel. 5 86 33 89
U1, U2, U4, Straßenbahn 62, 65, Bus 4 A (Karlsplatz); 59 A (Barenmühlendurchgang)
Tgl. 17–9 Uhr
2. Kategorie
Nacht-Eßlokal, dessen Publikum zu vorgerückter Stunde immer illustrer wird: Strichschönheiten und deren Begleiter, Discoprinzessinnen und deren Bewunderer. Die Mahlzeiten sind deftig-wienerisch bis italienisch, die Bar ist gut bestückt. Bunt schillerndes 70er-Jahre-Ambiente, durchgehend warme Küche. Schanigarten (sehr laut).

C6 **Green Cottage**
V., Kettenbrückengasse 3
Tel. 5 86 65 81
U4 (Kettenbrückengasse); Bus 59 A (Heumühlgasse)
Mo–Sa 12–14.30 und 18 bis 23.30 Uhr
2. Kategorie
Chinesische Küche für europäische Gaumen, verfeinert und mit vielen frischen Marktprodukten zubereitet. Ohne den sonst üblichen Folklorekitsch. Gastgarten.

**Hauswirth**
VI., Otto-Bauer-Gasse 20
Tel. 5 87 12 61
U3 (Zieglergasse)
Mo–Sa 11.30–15 und 18 bis 24 Uhr (warme Küche bis 23 Uhr), Sa mittags geschl.
1. Kategorie
Gutbürgerliches, gediegenes Restaurant mit hervorragender Küche (internationale und verfeinerte Wiener Speisen). Biedermeier-Möblierung, Garten, großer Weinkeller, Vinothek.

Der gute Tip M:
**Hietzinger Bräu**
Rindfleisch in Dutzenden Variationen – Hüferschwanzl, Hüferscherzl oder Kavalierspitz, alles im Suppentopf mit den traditionellen Beilagen. Der ideale Abschluß jedes Schönbrunn-Besuches!

**Hietzinger Bräu** M
XIII., Auhofstr. 1
Tel. 8 77 70 87/0
Straßenbahn 58, 60 (Dommayergasse), 5 Min. Fußweg vom Hietzinger Tor/Schloßpark Schönbrunn
Tgl. 11.30–15 und 18 bis 23.30 Uhr
1. Kategorie
Hier gibt es die größte Rindfleischauswahl Wiens, und man versucht mit großem Erfolg, die Tradition der Wiener Rindfleischküche hochzuhalten. Serviert wird entsprechend traditionell – das Fleisch kommt gekocht im Suppentopf auf den Tisch, mit Markscheiben, gebähtem Schwarzbrot, Apfelkren, Schnittlauchsauce und gerösteten Erdäpfeln.
Der Service ist sehr aufmerksam, man gibt unerfahrenen Rindfleischessern gerne weiterführende Erläuterungen. Auch die Tageskarte kann sich sehen

lassen, nur Vegetarier werden nicht auf ihre Kosten kommen (es sei denn, sie widmen sich der umfangreichen Dessertkarte). Gepflegtes Ambiente, viel Stammpublikum aus ganz Wien. Wenig Touristen. Ab 18 Uhr eigener Parkplatz (Zufahrt Hietzinger Hauptstraße). Reservierung sehr empfehlenswert!

D5 **Kervansaray**
I., Mahlerstr. 9
Tel. 5 12 88 43
U 1, U 2, U 4, Bus 4 A (Karlsplatz/Oper); Straßenbahn 1, 2, D, J, 62, 65, Bus 59 A, 3 A, Lokalbahn (Oper)
Mo–Sa 12–24 Uhr
Luxuskategorie
Der absolute Luxus-Türke. Schön-orientalisches Ambiente. Spezialität: Hummer- und Fischgerichte. Internationales Publikum.

E4 **König von Ungarn**
I., Schulerstr. 10
Tel. 5 12 53 19
U 1, U 3, Bus 1 A, 2 A, 3 A (Stephansplatz)
So–Fr 12–15 und 18–24 Uhr (Küche 12–14.30 und 18 bis 22.30 Uhr)
1. Kategorie
Verfeinerte Wiener Küche. Spezialitäten: Kalte Vorspeisen, Rindfleisch vom Rindfleischwagen.

D5 **Korso**
Im Hotel Bristol
I., Mahlerstr. 2
Tel. 5 15 16/0
U 1, U 2, U 4, Bus 4 A (Karlsplatz/Oper); Straßenbahn 1, 2, D, J, 62, 65, Bus 59 A, 3A, Lokalbahn (Oper)
So–Fr 12–14 und 19–1 (Küche bis 23 Uhr), Sa 19–23 Uhr; Juli und Aug. mittags geschl.
Luxuskategorie
Wahrscheinlich das edelste Restaurant Wiens. Prachtatmosphäre. Chefkoch Reinhard Gerer verfeinert die Wiener Küche bis zum äußersten. Hier treffen Sie garantiert Wiener Prominenz aus Politik, Kunst und Wirtschaft. Rechtzeitige Reservierung unumgänglich.

**MAK** F3
I., Stubenring 3–5 (im Haus des Museums für Angewandte Kunst)
Tel. 7 14 01 21
U 3, Straßenbahn 1, 2, Bus 1 A, 74 A (Stubentor)
Di–So 10–2 Uhr
1. Kategorie
In ehemaligen Räumen der Akademie für Angewandte Kunst speisen Wiens »beautiful people«, Journalisten, Werbeleute, Models und solche, die es gerne werden wollen. Viel Sonnenbräune, Designerklamotten und taxierende Blicke. Die Bedienung ist perfekt, das Essen vorzüglich – ambitionierte Wiener Küche mit böhmisch-balkanischen Anklängen. Der hohe, hallenartige Raum und dessen Möblierung stammen von dem für die Innengestaltung berühmten Architekten Hermann Czech.

**New Ost Wind**
VI., Hofmühlgasse 7
Tel. 5 97 12 57
U 4 (Pilgramgasse); Bus 13 A,

Das Restaurant im Museum für Angewandte Kunst, kurz MAK genannt, bietet erlesene Köstlichkeiten

14 A (Linke Wienzeile)
Tgl. 11.30–14.30 und 17.30 bis 23.30 Uhr
3. Kategorie

Sehr preisgünstiges China-Lokal mit wirklich frischem Wind: kein Chinakitsch, sondern weiße Wände und klare Formen. Fast ein wenig schick.

D4 **La Ninfea**
I., Schauflergasse 6 (direkt hinter der Hofburg – zwischen Michaeler- und Heldenplatz)
Tel. 5 32 91 26
U3 (Herrengasse); Bus 2 A, 3 A (Michaelerplatz)
Mo–Sa 12–14.30 und 18 bis 24 Uhr
1. Kategorie

Die »Seerose« des jungen Neapolitaners Gino Barbero hat sich mittlerweile zum Geheimtip unter den besten Italienern der Stadt gemausert: selbstgemachte Pasta, frischer Fisch, ideenreiche Speisekarte, gutsortierter Weinkeller, lange Grappa-Karte.

E6 **Palais Schwarzenberg**
III., Schwarzenbergplatz 9
Tel. 7 98 45 15-600
Straßenbahn D, Bus 4 A (Gußhausstraße); Straßenbahn 71 (Lothringerstraße)
Tgl. 12–15 und 18–23, Bar 11 bis 2 Uhr
Luxuskategorie

Restaurant der Superlative: im herrlichsten Stadtpalais Wiens, mit dem schönsten Restaurantgarten der Innenstadt (Blick auf den Schloßpark), mit dezentestem und perfektem Service, mit gehobenster Wiener wie internationaler Küche – und trotz alledem nicht den allerhöchsten Preisen (günstigere Mittagsmenüs)! Reservierung unbedingt notwendig!

**Polonez**
II., Wolfgang-Schmälzl-Gasse 8
Tel. 2 18 63 77
Straßenbahn 21 (Präuscherplatz)
Di–Fr 11–22, Sa, So 11 bis 24 Uhr
3. Kategorie
Bodenständiges und einfaches Lokal im Zentrum der Ost-Einwanderergegend. Polnische und georgische Spezialitäten. Polnisches Publikum.

A3 **Prinz Ferdinand**
VIII., Bennoplatz 2
Tel. 4 02 94 17
Straßenbahn 5, J (Albertgasse)
Di–So 11.30–15 und 17.30 bis 24 Uhr, bei Schönwetter durchgehend geöffnet (schöner Gastgarten auf einem Platz unter alten Bäumen)
1. Kategorie (preiswerte Mittagsmenüs Di–Fr, 2. Kategorie)
In einem Biedermeierhaus mit engen und gemütlichen Gaststuben und fast rustikaler Atmosphäre. Bürgerliches Publikum, Genießer und lokale Prominenz. Wiener und internationale Küche. Große Weinkarte. Der Garten ist besonders abends schön: Dann ebbt der Verkehrslärm ab, Windlichter erhellen die Tische unter den Kastanienbäumen.

D5 **Sacher**
I., Philharmonikerstr. 4
Tel. 5 14 56
U1, Straßenbahn 1, 2, D, J, 62, 65, Bus 59 A, 3 A (Oper)
Tgl. 12–15 und 18–23.30 Uhr
Luxuskategorie
Das Sacher beherbergt eigentlich drei Restaurants: das Anna Sacher, benannt nach der illustren ehemaligen Direktorin des Hauses, deren Meisterstück, ein von 400 prominenten Adeligen, Künstlern und Politikern signiertes Damasttischtuch mit den von ihr nachgestickten Namenszügen, immer noch zu bewundern ist. Sodann gibt es die mondäne Rote Bar, im eigentlichen Sinne auch Restaurant (Pianomusik tgl. 12 bis 1 Uhr), sowie das etwas preisgünstigere und »rustikalere« (das aber auf allerhöchstem Niveau) Sacher Stökkel (tgl. Zithermusik). Weiter wird im Sommer noch im Schanigarten serviert – doch an der Philharmonikerstraße ist es wegen des Autoverkehrs zu laut, an der Kärntner Straße wegen der Fußgängermassen zu unruhig. Die Sacher-Atmosphäre bekommen Sie ohnehin nur drinnen mit. Die Küche bereitet Wiener und österreichische Spezialitäten auf höchstem Niveau zu. Reservierung unumgänglich!

**Salzamt**
I., Ruprechtsplatz (Bermuda-Dreieck)
Tel. 5 33 53 32
U1, U4, Straßenbahn 1, 2, 21, N, Bus 2 A (Schwedenplatz)
Tgl. 17–4, So bis 2 Uhr (warme Küche bis 1 Uhr)
1. Kategorie
Früher furchtbar hip, jetzt nur

mehr ziemlich gut. Unauffällig schönes Interieur (Architekt Hermann Czech), Wiener Küche mit mediterranem Einschlag. Vielfältige Weinkarte. Prototypisches Szene-Beisl. Künstler, Medienleute, Möchtegerns der zweiten Riege. Barbetrieb, besonders ab 23 Uhr. Schanigarten vis-à-vis der Ruprechtskirche, Blick auf den Donaukanal.

C2 **La Scala**
Im Hotel Vienna Plaza
I., Schottenring 11
Tel. 31390/0
U2 (Schottentor); Straßenbahn 1, 2, D, Bus 40A, 1A, 3A (Börse)
Tgl. 12–14.30 und 19 bis 23.30 Uhr, Sa mittags geschlossen
Luxuskategorie
Küchenchef Werner Matt gehört zu den meistdekorierten Köchen Österreichs. Er kocht verfeinerte österreichische Küche mit italienischem Einschlag und hält seine Nudelgerichte für die besten des Landes. Das Restaurant gleicht einer postmodernen Inszenierung – besonders der »Freudiana-Tisch« mit Licht-, Ton- und sonstigen Effekten. Ein Restaurantkritiker: »Essen wie in der Geisterbahn« – aber vorzüglich. Reservierung empfehlenswert.

D5 **Scampi**
I., Mahlerstr. 11
Tel. 5132297
U1, U2, U4, Bus 4A (Karlsplatz/Oper); Straßenbahn 1, 2, D, J, 62, 65, Bus 59A, 3A, Lokalbahn (Oper)
Tgl. 12–15 und 18.30 bis 23.30 Uhr, Sa mittags geschl.
1. Kategorie
Edel-Italiener. Durchgestyltes Ambiente, viele Fisch- und Krustentier-Spezialitäten. Teilweise prominentes Publikum. Reservieren!

**Schloß Wilhelminenberg**
XVI., Savoyenstr. 2
Tel. 458503/0
Bus 146B, 46B (Schloß Wilhelminenberg)
Tgl. 11.30–22.30 Uhr
1. Kategorie
Essen am Rand des Wienerwaldes mit Blick auf die westlichen Vororte und die Innenstadt – schöne Aussichten vor allem von der Terrasse. Verfeinerte Wiener Küche. Bemühter, wenn auch manchmal ein wenig langsamer Service. Große Süßspeisenauswahl, hausgemachte Mehlspeisen.

**Schnattl** B3
VIII., Lange Gasse 40
Tel. 4053400
Straßenbahn J (Lederergasse); Bus 13A (Theater in der Josefstadt)
Mo–Fr 11.30–14.30 und 18–24, Sa 18–24 Uhr
1. Kategorie
Leichte, österreichische Küche auf auszeichnungsverdächtig hohem Niveau. Phantasievolle Speisekarte, interessante Weinkarte, schlichtes und ansprechendes Ambiente. Bemühte und in allen Fragen der Auswahl hilfsbereite Bedienung. Da alles frisch zubereitet wird, kann es manchmal zu Wartezei-

ten kommen – entsprechend viel Zeit mitbringen!

**Steirereck**
III., Rasumofskygasse 2
Tel. 7133168
Straßenbahn N, Bus 4A (Löwengasse)
Mo–Fr 12–15 und 19–24 Uhr
Luxuskategorie
Eines der absoluten Spitzenlokale Wiens. »Neue Wiener Küche«: stark verfeinerte österreichische Spezialitäten. Ein wenig überladene Atmosphäre, viel Prominenz und gehobenes bürgerliches Publikum. Wintergarten. »Wiener Gabelfrühstück« (die deftigere Variation der »Neuen Wiener Küche« zu gemäßigten Preisen) und günstige Mittagsmenüs.

Der gute Tip **M**:
**Wrenkh**
Vegetarische und Wiener Küche sind gar keine Gegensätze, wenn man ein paar Rezepte kennt und kreative Köche einsetzt – wie »der Wrenkh« in seinem vegetarischen Imperium.

C6 **Stern**
VI., Gumpendorferstr. 34
Tel. 5869220
Bus 57A (Köstlergasse)
Tgl. 19–2 Uhr
2. Kategorie
Hervorragende serbische Bedienung. Polternde Intellektuelle an ungedeckten Holztischen, wunderbare Wohnzimmer-Schwenklampen an den wandverschraubten Tischen. Familiär im besten Sinne! Inspirierte österreichische Küche, bodenständig bis leicht. Internationales Speisenangebot.

**Vier Jahreszeiten** E5
Im Hotel Inter-Continental, Eingang durch die Hotelhalle
III., Johannesgasse 28
Tel. 71122/02,
Reservierungen 71122/143
U4 (Stadtpark)
Mo–Fr 12–15 und 19–23 Uhr
Luxuskategorie
Küchenchef Manfred Buchinger bereitet gemäß dem Restaurantnamen zu jeder Jahreszeit ein ausgezeichnetes, frisches und bekömmliches Mahl zu. Mittags wird ein imposantes Buffet aufgebaut, an dem das aufmerksame Personal den Gästen beim »Business Lunch« mit Rat und Tat zur Seite steht. Abends (ab 19 Uhr) spielt der Barpianist alles zwischen Mozart und Duke Ellington. Angenehm internationale Atmosphäre. Gratisparken in der Hotelgarage.

**Wrenkh M** M3
I., Bauernmarkt 10 (Restaurant und Bar)
Tel. 5331526
U1, U3 (Stephansplatz); Bus 1A, 2A, 3A (Hoher Markt)
Mo–Sa 11.30–14.30 und 18–24 Uhr (Küche bis 23 Uhr); Bar (kleine Gerichte) Mo–Sa 11–1 Uhr (Küche bis 24 Uhr)
2. Kategorie
Das beste vegetarische Restaurant der Stadt (mit vegetarischer Bar). Fleischlose regionale Küche gekonnt zubereitet – Wrenkh zeigt, daß Vegetarismus und Wiener Küche einan-

der nicht unbedingt ausschließen. Die Karte ist beachtlich, der Weinkeller sehr gut sortiert. Die Bedienung ist aufmerksam, die Designer-Innenausstattung mit hellem Holz und Glas verleiht dem Wrenkh ein modernes und edles Ambiente. Das Publikum ist ziemlich jung, viele Yuppies und Geschäftsleute, aber auch Künstler und Medienleute. Öffentliches Fax-Gerät im Lokal, Mobiltelefone unterbrechen fast jedes Mittagsmahl. In der Bar herrscht italienische Stimmung. Gute Mehlspeisen und italienischer Espresso. Kleiner Schanigarten.

**Zu den 3 Buchteln**
V., Wehrgasse 9
Tel. 5878365
U4 (Kettenbrückengasse); Bus 59A (Heumühlgasse); Bus 13A (Schönbrunnerstraße)
Mo–Sa 18–24 Uhr (Küche bis 23 Uhr)
2. Kategorie
Essen wie in Böhmen, auch wenn der Koch Vratislav Krivak aus Mähren kommt: mit Kraut, Paprika, Bohnen und all den Mehlspeisen aus Powidl, Zukker und Germteig. Nach einer ausgiebigen Mahlzeit hier sollten Sie sich nicht mehr allzuviel vornehmen! Große Auswahl österreichischer Weine.

**Zum Hirschen**
VI., Hirschengasse 6
Tel. 5960923
U3 (Zieglergasse); Bus 57A (Hirschengasse)
Di–Sa ab 18.30 Uhr
1. Kategorie
Unprätentiöses Feinschmeckerlokal der Spitzenklasse. Internationale Küche mit starkem österreichischen Einschlag, verschiedene Menüangebote. Umfassender Weinkeller. Geheimtip für Gourmets! Abends unbedingt reservieren!

**Weinhäuser**

Einfache Speiselokale, die meist billige, offene Weine ausschenken. Informell, Besuch auch ohne Verzehr von Mahlzeiten möglich.

**Kraft's Weinhaus Wild**
III., Radetzkyplatz 1
Tel. 7125750
Straßenbahn N, O (Radetzkyplatz)
Tgl. 8–23 Uhr, Garten tgl. bis 22, im Hochsommer bis 23 Uhr; Okt. geschl.
3. Kategorie
Mischung aus Beisl und Weinhaus. Kompetente und rasche Bedienung. Sehr großer Schanigarten mit Aussicht (Schnellbahn, Straßenbahn – lokales Zentrum) und doch nicht zu laut.

**Weinhaus Nowacek**
XX., Marchfeldstr. 15
Straßenbahn N, 31, 32, Bus 5A, 11A (Friedrich-Engels-Platz)
Mo–Fr 9–21 Uhr
3. Kategorie
Ein idealer Ort zum Entspannen nach einem heißen Aufenthalt auf der Donauinsel (eine Station mit der Straßenbahn): kühler, schattiger Garten, unvergleichliches Vorstadt-Ambiente.

### Zum Goldenen Pelikan (Sittl's Weinhaus)

XVI., Lerchenfelder Gürtel 51
Tel. 4050205
U6 (Josefstädter Straße); Straßenbahn J (Lerchenfelder Gürtel)
Tgl. außer Mi 9–22 Uhr, durchgehend warme Küche
3. Kategorie

Eines der schönsten Weinhäuser Wiens. Schön heißt: rauchverdunkelte Wände, ölgetränktes Parkett, gewölbte Decke, abgeschabte Stehtische, rußiger Kanonenofen mitten in der Gaststube, weinumrankter Garten im Hof. Lange Speisekarte, viele sonst selten zu findende Wiener Spezialitäten (Innereien), kompetente Kellner, trinkfeste Gäste. Winzige Preise, neun verschiedene offene Weine.

Heurigenszene im bekannten Weinort Grinzing

**Speisen- und Getränkelexikon**

*Achterl:* Glas zu 0,125 Liter, meist Wein

*Apfelkren:* Meerrettich mit Äpfeln

*Ausg'steckt:* Zeichen für einen geöffneten Heurigen (ein Föhrenzweig hängt an einem Stock über der Eingangstür auf die Straße)

*Ausgezogener Apfelstrudel:* Apfelstrudel aus Blätterteig, Füllmasse mit Butterbröseln bestreut

*Backerbsen:* Suppeneinlage aus Pfannkuchenteig (hohle Kugeln)

*Backhendl:* paniertes, gebackenes Huhn

*Bauchfleisch:* Speck vom Schweinebauch

*Beinfleisch:* Rindfleisch von der Brust (Brustbein)

*Beiried:* gedünstetes Lendenstück (Rind)

*Beugel:* Mürbeteiggebäck mit Mohn- oder Nußfüllung

*Beuschel:* geschnetzelte Lunge in Mehlsauce, meist mit Knödeln serviert

*Biskuitrolade:* gerollte Biskuitmasse, mit Marmelade gefüllt

*Blunzen:* Blutwurst

*Brathendl:* gebratenes Huhn

*Brettljause:* kalte Platte (Speck, Wurst, Käse, Schnaps)

*Bries:* Kalbsmilch (Innereien)

*Brimsen:* (tschechischer) Schafkäse

*Brösel:* Paniermehl

*Buchteln:* Hefegebäck, manchmal mit Powidl gefüllt. Vor-

zugsweise heiß serviert (mit Vanillesauce)
*Burenwurst:* s. Heiße
*Buschenschank:* Heuriger
*Dalken:* schmalzgebackene Mehlspeise
*Dekagramm (dag):* 10 g
*Eierschwammerl:* Pfifferling
*Einspänner:* Mokka im Glas mit Schlagsahne
*Erdäpfel:* Kartoffeln
*Erdäpfelschmarrn:* Röstkartoffeln
*Falscher Hase:* Hackbraten (Rind und Schwein gemischt)
*Faschierte Laberln:* Frikadellen, Buletten
*Faschiertes:* Hack (meist Rind und Schwein gemischt)
*Fiaker:* Mokka mit Rum
*Fiakergulasch:* Gulasch, mit Würstchen, Gurke und Ei
*Fisolen:* grüne Bohnen
*Fleischlaberl:* Frikadellen
*Fogosch:* Zander
*Frankfurter:* Wiener (Würstchen)
*Frittaten:* Suppeneinlage aus Pfannkuchenstreifen
*G'spritzter:* 0,125 l Wein gemischt mit 0,125 l Sodawasser
*Gebäck:* Brot und/oder Brötchen als Teil des Gedecks (wird extra berechnet)
*Gebackene Mäuse:* Hefeteigstrauben
*gedünstet:* geschmort
*Germ:* Hefe
*Germknödel:* Hefekloß mit Powidlfüllung, der mit Mohn, Zucker und zerlassener Butter übergossen wird
*Gerstel:* Graupen
*Geselchtes:* Geräuchertes
*Golatschen:* gefüllte Mürbeteigtaschen
*Gold:* kleiner Mokka mit mehr Milch als der Kleine Braune
*Grammeln:* Grieben
*Grenadiermarsch:* Auflauf aus Kartoffeln, Nudeln, Eiern und Schinken
*Griecherl:* Kreuzung aus Ringlotte und Pflaume
*Großer Brauner:* großer Espresso mit Sahne
*Großer Schwarzer (kurz):* großer Espresso (extra stark)
*Gugelhupf:* Napfkuchen
*Gustostückerl:* bestes Stück vom gekochten Rindfleisch
*Handsemmel:* handgeformtes Brötchen
*Häuptelsalat:* grüner Salat
*Haxe:* Keule
*Heiße (auch Haaße, Burenhaut, Burenwurst):* an Würstelständen verkaufte Brühwurst, schwer, fett, stark gewürzt
*Herrenpilz:* Steinpilz
*Hieferscherzl:* Stück von der oberen Rindskeule
*Indian:* Truthahn
*Indianerkrapfen:* Mohrenkopf
*Jause:* Zwischenmahlzeit vormittags oder nachmittags. Vormittags zur Nahrungsaufnahme (kleines Gulasch, belegte Brote, Würstel etc.), nachmittags als Zeit persönlicher Sammlung und Besinnung (Kaffee, evtl. Mehlspeisen)
*Kaffeehausgericht:* Speisenkategorie, die es zwar nicht nur im Kaffeehaus, dort allerdings klassischerweise ausschließlich gibt (Würstchen,

Eier und Speck, Ei im Glas, Toast, Gulaschsuppe)
*Kaiserfleisch:* geräucherter Schweinebauch
*Kaiserschmarr(e)n:* Süßspeise aus zerhackten Pfannkuchen mit Kompott
*Kaisersemmel:* rundes Brötchen
*Kalbsvögerl:* Kalbshaxenstücke in Sauce
*Kapuziner:* kleiner Mokka, mit wenig Obers und etwas geriebener Schokolade bestreut
*Karfiol:* Blumenkohl
*Karree:* Rippenstück
*Kastanienreis:* pürierte Maronen
*Kipferl:* Hörnchen
*Kleiner Brauner:* kleiner Espresso mit Sahne
*Kleiner Schwarzer (kurz):* kleiner Espresso (extra stark)
*Klobasse:* mit Paprika gewürztes Würstchen
*Kohlsprossen:* Rosenkohl
*Kracherl:* Limonade mit Fruchtgeschmack (rot: Himbeer, weiß: Zitrone, gelb: Orange)
*Krapfen:* Berliner
*Krautfleckerl:* gedünsteter Weißkohl mit Teigwaren
*Kren:* Meerrettich
*Krenfleisch:* Jungschweinefleisch und Schwarte mit Meerrettich und Wurzelgemüse
*Krügerl:* Glas zu 0,5 l (Bier)
*Kruspelspitz:* mageres Fleisch von der Rinderflanke
*Kukuruz:* Mais
*Letscho:* Sauce aus Paprika, Tomaten und Zwiebeln
*Liptauer:* Streichkäse (Quark, Paprika, Zwiebel, Kümmel, Butter, Kapern)
*Lungenbraten:* Lendenbratenfilet
*Malakofftorte:* Creme-Biskuittorte
*Marille:* Aprikose
*Mazagran:* kalter Kaffee mit Eiswürfeln und Rum
*Mehlspeisen:* warme und kalte Süßspeisen, sowohl als Dessert als auch für zwischendurch (Jause)
*Melange:* kleiner Espresso mit geschäumter Milch
*Millirahmstrudel:* Strudel aus Milch, Rahm und Quark, mit Vanillesauce übergossen
*Mohnnudeln:* Germ- oder Kartoffelteigrollen, mit Mohn, Zukker und Butter übergossen
*Mohr im Hemd:* Schokoladenbiskuit mit Schokosauce und Sahne
*Most:* unvergorener Traubensaft (aus anderen Obstsorten meist so bezeichnet: Apfelmost, Birnenmost …)
*Nockerl:* Teigklößchen
*Obers:* Sahne
*Oberskren:* Meerrettich mit Sahne
*Obstler:* gemischter Obstbrand
*Palatschinken:* gefüllter Pfannkuchen
*Panadlsuppe:* Brühe mit verkochtem Weißbrot und Ei
*Panier:* Kruste beim überbackenen Fleisch (Schnitzel)
*Paradeiser:* Tomate
*Pariser Schnitzel:* Kalbs- oder Schweinefleisch, in einer Panade aus Mehl und Ei
*Plunder:* Mürbeteiggebäck
*Pofesen:* böhmische Nachspeise aus Germteig und Pflaumenmus
*Powidl:* gewürztes, zähflüssig-

Über die Grenzen Wiens hinaus berühmt: das Kaffeehaus und sein Wirt Leopold Hawelka

dickes Pflaumenmus, als Füllung in Mehlspeisen

*Powidltascherln:* mit Powidl gefüllte Hefeteigtäschchen, meist mit gerösteten Bröseln und Butter übergossen

*Powidltatschkerl:* Kartoffelteigtaschen mit Powidl gefüllt

*Rehrücken:* Torte aus Schokobiskuit mit Schokoladenüberzug, gespickt mit geschälten Mandeln

*Ribiseln:* Johannisbeeren

*Ringlotte:* Reneklode

*Rohr:* Backofen

*Roulade:* gerolltes Rinds- oder Schweinefilet; gerollte Biskuitmasse, mit Marmelade gefüllt

*Sachertorte:* Schokoladenbiskuittorte mit Schokoladenglasur und Aprikosenmarmeladenfüllung

*Saumaisen:* geräuchertes Hackfleisch, im Netz luftgetrocknet

*Sautanz:* Schlachtplatte (Schweinefleisch, Blut- und Leberwurst)

*Schanigarten:* Terrasse auf dem Gehsteig vor dem Lokal, die im Winter weggeräumt wird (ursprüngl. vom »Schani«, dem Gehilfen des Wirtes, der für die Aufstellung des Gartens verantwortlich ist)

*Schank:* Tresen

*Schinkenfleckerln:* Auflauf aus Teigwaren und Schinkenwürfeln

*Schlagobers:* Schlagsahne

*Schlickkrapfen:* Teigtäschchen mit Fleisch- oder Quarkfüllung

*Schlögel:* Kalbs- oder Hammelkeule

*Schlosserbuben:* Dörrpflaumen,

mit Mandeln gespickt, gebakken und mit Schokoladensauce übergossen
*Schöberl:* Suppeneinlage aus Schinkenbiskuitteigwürfeln
*Schopfbraten:* Schweinenackenfleisch
*Schöpsernes:* Hammelfleisch
*Schwammerl:* Pilz
*Seiderl:* Glas zu 0,3 l (Bier)
*Selchfleisch:* geräuchertes Fleisch
*Semmel:* Brötchen
*Serviettenknödel:* großer Semmelkloß, der scheibenweise gegessen wird
*Stamperl:* Schnapsglas
*Staubiger:* junger, noch trüber (ungefilterter) Wein
*Stelze:* Haxe (Eisbein)
*Sterz:* Polenta
*Striezel:* Hefeteigzopf
*Strudel:* Blätterteig mit Füllung
*Sturm:* noch gärender Wein (Federweißer)
*Sulz:* Sülze
*Surbraten:* gebeiztes, nicht geräuchertes Schweinefleisch
*Tafelspitz:* gekochtes Rindfleisch, klassisch mit Röstkartoffeln und Apfelmeerrettich serviert
*Topfen:* Quark
*Topfenstrudel:* Blätterteig mit Quarkfüllung, warm oder kalt
*Türkischer:* sehr heißer schwarzer Kaffee im Kupferkännchen, auf türkische Art zubereitet (mit Satz)
*Vanillerostbraten:* gebratenes Rindfleisch in Sauce, mit Knoblauch gewürzt
*Verlängerter:* Kaffee mit Wasser verdünnt
*Vierterl:* Glas zu 0,25 l (Wein)
*Vogerlsalat:* Rapunzel-, Feldsalat
*Weckerl:* längliches Brötchen
*Weichsel:* Sauerkirsche
*Weißer:* Kaffee mit sehr viel Milch
*Wiener Schnitzel:* ursprünglich Kalbfleisch, in einer Panade aus Mehl, Ei und Bröseln
*Windbäckerei:* Meringue-Gebäck, Schaumgebäck aus Eischnee und Zucker
*Wurzelwerk:* Suppengrün
*Zuckerln:* Bonbons
*Züngerl:* Kalbszunge
*Zwetschke:* Pflaume
*Zwetschkenknödel:* Pflaumen in Kartoffelteig, gekocht, mit Butterbröseln und Zucker
*Zwetschkenröster:* Kompott aus gedünsteten, kleingeschnittenen Pflaumen

## Einkaufen

Wien bietet alles – so einfach ist das. Interessant sind freilich vor allem die Läden, die traditionelle Wiener oder österreichische Handwerksprodukte anbieten: Design-Fundgruben wie die »Österreichischen Werkstätten«, die »Porzellanmanufaktur Augarten« oder die traditionsreichen Wiener Schuhmacher.
Als Mitbringsel eignen sich kulinarische Wiener Spezialitäten: Torten, Süßspeisen, Konfekt, aber auch Obstbrände oder Wein (den kaufen Sie nirgends so günstig wie beim Heurigen – fragen Sie nach Flaschenverkauf »über die Straße«!).

Die Haupteinkaufszone ist die Wiener Innenstadt, der I. Bezirk innerhalb der Ringstraße. Preiswertere Einkäufe können Sie auch in den Haupteinkaufsstraßen der Vorstädte tätigen – so wie beispielsweise in der Mariahilfer Straße. Die 4 km lange Straße ist die wichtigste Geschäftsstraße Wiens, vor allem in ihrem Verlauf zwischen Gürtel (Westbahnhof) und Getreidemarkt (U2). Viele Geschäfte und Kaufhäuser sprechen die preisbewußte Kundschaft und den Massengeschmack an.

Die Ladenschlußzeiten Österreichs gehören zu den restriktivsten des Kontinents: Geschäfte haben in der Regel zwischen 8.30 und 18 Uhr geöffnet, samstags bis 12 oder 13 Uhr. Einen Sa im Monat dürfen sie ein wenig länger geöffnet halten (meist der erste im Monat, bis 17 oder 18 Uhr), am Do haben manche Läden in der Innenstadt bis 20.30 Uhr offen.

### Antiquitäten

…4 **Brüder Soffer**
I., Singerstr. 4
U1, U3, Bus 1A, 2A, 3A (Stephansplatz)
Repräsentative Antiquitätenhandlung mit breitem Sortiment und fachkundiger Beratung.

…4 **Dorotheum** M
I., Dorotheergasse 17
Tel. 5 15 60/0
Mo–Fr 10–18, Sa 8.30–12 Uhr
Kunstpalais (Sonderauktionen von Kunstgegenständen)
I., Dorotheergasse 11

Österreichs staatliche Pfandleihanstalt (auf wienerisch: »Pfandl«) ist längst ein Großunternehmen auf dem internationalen Kunstmarkt. Von Kaiser Joseph I. 1707 als Wohltätigkeitseinrichtung gegen private Wucherer gegründet, ist das in einem ehemaligen Kloster untergebrachte Staatsunternehmen heute das größte Auktionshaus des europäischen Kontinents. Im Angebot: Gemälde, Plastiken, Möbel, Schmuck, Juwelen, Briefmarken, Münzen, Bücher, Pelze, Uhren, Kunstgegenstände. Täglich werden bis zu vier Auktionen abgehalten, meist nachmittags. Eintritt frei, Zusehen erwünscht und meist sehr erbaulich, Kaufen Nervensache (Vorsicht beim Handheben – das gilt als nicht wieder zurücknehmbare Kaufzusage). Ausländer erhalten die für ersteigerte Gegenstände gezahlte Mehrwertsteuer an der Grenze zurück (→ Allgemeine Informationen, Mehrwertsteuer). Erkundigen Sie sich telefonisch nach dem jeweiligen Wochen- bzw. Monatsprogramm!

> Der gute Tip M:
> **Dorotheum**
> Ob Sie gerade auf der Suche nach einem Original von Egon Schiele, einem Set silberner Löffel oder einem gebrauchten Walkman sind, hier sind Sie richtig – selbst wenn Sie gar nichts suchen.

Mitsteigern oder einfach nur schauen? Im Dorotheum findet man kleine (und große) Kostbarkeiten

D5 **Galery Nebehay**
I., Annagasse 18 (bei der Kärntner Straße)
U1, U3, Bus 1A, 2A, 3A (Stephansplatz)
Alte Grafik, alte Bücher, alte Gläser in sensationeller Auswahl und gepflegtem Ambiente.

E4 **Galerie Zacke**
I., Schulerstr. 15
U1, U3, Bus 1A, 2A, 3A (Stephansplatz)
Fernöstliche Antiquitäten in allen Preislagen, vor allem in den gehobenen.

D4 **Michael Kovacek**
I., Stallburggasse 2
U1, U3 (Stephansplatz); Bus 1A, 2A, 3A (Graben/Petersplatz)
Alte Gläser (Kothgasser, Gallé...) – *das* Fachgeschäft Wiens für Glas, Porzellan und Fayencen der letzten drei Jahrhunderte.

**Bücher**

**Bourcy & Laulusch** D
I., Wipplingerstr. 5
U1, U4, Straßenbahn 1, 2, 21, N, Bus 2A (Salzgries); Bus 1A, 3A (Schwertgasse)
Antiquariat. Reichhaltiges Sortiment (Kunstbücher, Belletristik, Wissenschaft).

**Das Internationale Buch** D
I., Trattnerhof 1 (an der Fußgängerzone Graben)
U1, U3 (Stephansplatz); Bus 1A, 2A, 3A (Graben/Petersplatz)
Einstmals verstaubte Marxismus- und Internationalismus-Buchhandlung im Besitz der

KPÖ (Kommunistische Partei Österreichs), die heute zwar noch immer der Partei gehört, aber zur undogmatischen, reichhaltigen Sortimentsbuchhandlung umgemodelt wurde.

D4 **Freytag-Berndt u. Artaria KG**
I., Kohlmarkt 9
U1, U3 (Stephansplatz); Bus 1A, 2A, 3A (Graben/Petersplatz)
Der beste Laden für Landkarten, Pläne, Atlanten und Reiseführer. Das Haus wurde vom Otto-Wagner-Schüler Max Fabiani entworfen.

D3 **Frick**
I., Graben 27
U1, U3 (Stephansplatz); Bus 1A, 2A, 3A (Graben/Petersplatz)
Alteingesessene Sortimentsbuchhandlung. Große Auswahl an Literatur, Fach- und Sachbüchern, fremdsprachlichen Werken, aber auch an CD-ROMs und Videos auf drei Etagen.

D4 **Kunstverlag Wolfrum**
I., Augustinerstr. 10
U1, U2, U4 (Karlsplatz/Oper); Straßenbahn 1, 2, D, J, 62, 65, Bus 59A (Oper); Bus 3A (Albertinaplatz)
Graphik, Kunstpostkarten, Kunstkalender und Bücher. Reiche Auswahl an Kunstbüchern und den neuesten Ausstellungskatalogen.

D5 **Löcker**
I., Annagasse 5
U1, U3, Bus 1A, 2A, 3A (Stephansplatz)
Eines der bestgeführten, alteingesessenen wie renommiertesten Antiquariate Wiens. Eine wahre Schatzkammer für Bibliophile!

**Schaden** E3
I., Sonnenfelsgasse 4 (beim Stephansplatz)
I., Lugeck 7 (2. Stock) – Lager
U1, U3, Bus 1A, 2A, 3A (Stephansplatz)
Antiquariat. Riesiges Sortiment aller Wissensbereiche. Großes Angebot an Kochbüchern! Sehenswert ist das »Lager« im Lugeck (kein Gassenlokal, sondern durch das Stiegenhaus hinaufgewandert!).

**Shakespeare & Company** E3
I., Sterngasse 2
U1, U4, Straßenbahn 1, 2, 21, N, Bus 2A (Schwedenplatz)
Englischsprachige Literatur, Bildbände, Kunstbücher und wissenschaftliche Werke. Auch hierzulande seltene Zeitschriften und Zeitungen aus Großbritannien und den USA.

## Delikatessen

**Da Conte Alimentari** D3
I., Kurrentgasse 12 (am Judenplatz)
U1, U4, Straßenbahn 1, 2, 21, N, Bus 2A (Salzgries); Bus 1A, 3A (Schwertgasse)
Italienische Delikatessen. Partyservice, Restaurantbetrieb.

**Do & Co** D5
I., Akademiestr. 3
U1, Straßenbahn 1, 2, D, J, 62, 65, Bus 59A, 3A (Oper)
Der Highbrow-Feinkostladen zur Edelrestaurantkette (→ Essen und Trinken, Restaurants), etwa im Haas-Haus und im

Schönbrunner Schloßpark: internationales Angebot hochwertigster Delikatessen (Lachs, Kaviar, Austern etc.) sowie gutsortierte Wein- und Spirituosenabteilung.

Der gute Tip M:
**Österreichische Werkstätten**
Eine riesige wie stilvolle Auswahl klassischer Designerware von österreichischen Künstlern und Kunsthandwerkern. Schauen und kaufen oder nur schauen.

D3 **Meinl am Graben**
I., Graben 19 (Ecke Tuchlauben)
U1, U3 (Stephansplatz); Bus 1A, 2A, 3A (Graben/Petersplatz)
Meinl ist eine in Wien weitverbreitete Supermarktkette, die Filiale am Graben ist deren Hauptfiliale: Hier gibt es das übliche Angebot plus Delikatessen aller Art. Stehimbiß, Lieferservice, kompetente Beratung.

**Geschenke**

D3 **Altmann & Kühne**
I., Graben 30
U1, U3 (Stephansplatz); Bus 1A, 2A, 3A (Graben/Petersplatz)
Form- und geschmacksvollendete Bonbonnieren in mindestens ebenso aufwendiger, schnuckeliger Verpackung. Minikonfekt für FdH-Naschkatzen.

D4 **Österreichische Werkstätten** M
I., Kärntner Str. 6
U1, U3, Bus 1A, 2A, 3A (Stephansplatz)
Vom Architekten Josef Hoffmann (1870–1956) im Jahr 1903 als »Wiener Werkstätte« gegründet – mit dem Ziel, »das gesamte Leben mit schönen Dingen zu umgeben«. Die Produkte dieses Strebens sind längst weltweit als Designklassiker zu bewundern, die Erzeugnisse der seit 1949 als »Österreichische Werkstätten« firmierenden kunsthandwerklichen Betriebe sind in dem sorgfältig arrangierten Laden in der Kärntner Straße käuflich zu erwerben. Viele Besucher wandern auch nur als Schaulustige zwischen den Regalen mit den Werken Dutzender österreichischer Künstler und Kunsthandwerker in der großen Tradition von Josef Hoffmann, Gustav Klimt oder Koloman Moser: Zu sehen sind Schmuck, Keramik, Glas-, Korb- und Edelsteinwaren sowie Gegenstände aus Horn und Schildpatt. Außerdem im Angebot: Möbel, Einrichtungsgegenstände, Dekorwaren.

**Kaufhäuser**

**Gerngroß** B6
VII., Mariahilfer Str. 48
U3 (Neubaugasse); Bus 13A, 14A (Mariahilfer Straße)
Umfassend, das größte Kaufhaus Wiens – ein bißchen ramschig, ein bißchen nachlässig. Teile des Personals sind so dreisprachig wie die Kundschaft: Man spricht deutsch, tschechisch, ungarisch.

C5 **Hermansky**
VII., Mariahilfer Str. 26–30 (beim Westbahnhof)
U2 (Babenberger Straße)
Das (nach Gerngroß) zweite große Haus auf der Mariahilfer Straße – ein wenig gepflegter, angeblich ein wenig nobler, vielleicht auch nur ein wenig teurer.

### Lebensmittel

E4 **Heißenberger**
I., Stephansplatz 12
Tgl. 11–24 Uhr
U1, U3, Bus 1A, 2A, 3A (Stephansplatz)
Tee und Kaffee in unzähligen Sorten, Verpackungen und Geschmacksrichtungen. Schöne Tee- und Kaffee-Accessoires. Extrem profund!

**Koscherer Supermarkt**
II., Hollandstr. 10
Bus 5A (Tandelmarktgasse)
Koschere Lebensmittel: von Wein über Gurken und roten Meerrettich bis Gefilten Fisch – Riesenauswahl.

D6 **Riccardo Picini**
VI., Linke Wienzeile 4
U1, U2, U4, Straßenbahn 62, 65, Bus 4A (Karlsplatz); Bus 59A (Bärenmühlendurchgang)
Alteingesessene italienische Feinkosthandlung. Prosciutto, Parmesan, Pasta, Weine. Sehenswertes Interieur.

E4 **Schönbichler**
I., Wollzeile 5
U1, U3, Bus 1A, 2A, 3A (Stephansplatz)
Sehr große Auswahl an Spirituosen und vor allem: über 130 Teesorten!

### Lederwaren

**Kofferzentrale** C5
VII., Mariahilfer Str. 3
U2, Bus 2A, 57A (Babenbergerstraße)
Falls die Einkäufe nicht mehr ins Gepäck passen – hier gibt es Koffer und Taschen in allen Größen und Macharten und bestem Leder.

### Märkte

Wien hat 2 Großmärkte, 2 Markthallen, 2 Straßenmärkte und 20 fixe Märkte.

**Brunnenmarkt**
XVI., Brunnengasse
U6 (Josefstädter Straße)
Einer der letzten Wiener Straßenmärkte mit transportablen Ständen. Multikulturell. Obst, Gemüse, Lebensmittel.

**Flohmarkt** C6
VI., Wienzeile (neben dem Naschmarkt)
U4 (Kettenbrückengasse)
Sa 6.30–18 Uhr, im Winter witterungs- und dunkelheitsbedingt kürzer
Je früher man kommt, desto besser ist das Angebot, je später man auftaucht, desto mehr Treffpunktcharakter hat der Markt. Professionelle Altwarenhändler und Amateurstände (von Studenten, Sammlern sowie von türkischen, serbischen und kroatischen Familien).

**Kunst- und Handwerksmarkt im Heiligenkreuzerhof** E3
I., Schönlaterngasse (Heiligenkreuzerhof)
U1 (Stephansplatz)
April–Nov. jedes 1. Wochen-

ende im Monat Sa 10–19 und So 10–18 Uhr; im Dez. jedes Wochenende
Ein ruhiger, beschaulicher Markt ohne Gedränge, Marktschreier oder Massenauflauf im idyllischen, autofreien Innenhof des Zisterzienserstiftes aus dem 13. Jh., eine Oase der Ruhe inmitten der Innenstadt. Ein wenig teurer als der Flohmarkt, dafür ausgesuchteres Angebot.

D6 **Naschmarkt**
VI., Linke und rechte Wienzeile (beginnend ab Karlsplatz)
U4 (Kettenbrückengasse)
Größter (ständiger) Lebensmittelmarkt Wiens. Das meiste Lokalkolorit, das größte Angebot. Neben den festen Marktbuden wird manchmal ein Bauernmarkt mit Bioprodukten (Mi bis Do 6–12, Fr 6–13, Sa 6 bis 17 Uhr) abgehalten. Direkt neben dem Flohmarkt.

### Mode

D5 **Adlmüller**
I., Kärntner Str. 41
U1, U2, U4 (Karlsplatz/ Oper); Straßenbahn 1, 2, D, J, 62, 65, Bus 59A (Oper); Bus 3A (Kärntner Straße)
Der Name Fred Adlmüller stand für klassische Haute Couture aus Wien – der »Herr Professor«, über Jahrzehnte der erste Prominentenschneider am Platz, starb im Jahr 1990 kurz vor seinem 80. Geburtstag und bekam sein Ehrengrab auf dem Wiener Zentralfriedhof. In seinem prunkvollen Geschäft im Palais Esterházy wird seitdem nur fremdgenähte Mode verkauft: Dior, Hermès, Givenchy und andere…

**Braun & Co** D
I., Graben 8
U1, U3 (Stephansplatz); Bus 1A, 2A, 3A (Graben/Petersplatz)
Allergehobenste Herren- und Damenbekleidung in edlem Rahmen – im Verkaufsraum hängen Kronleuchter, die Vitrinen sind wahre Schnitzkunstwerke, der Stuck festlich. Das Firmenschild stammt noch aus der Monarchie: »Braun & Co – Berlin, Karlsbad, Prag«.

**Kali** D
I., Bauernmarkt 12
U1, U3 (Stephansplatz); Bus 1A, 2A, 3A (Graben/Petersplatz)
Hier sieht der staunende Besucher, daß in Österreich nicht nur Trachtenjoppen hergestellt werden: moderne Designermode aus dem Alpenland.

**Knize** D
I., Graben 13
U1, U3 (Stephansplatz); Bus 1A, 2A, 3A (Graben/Petersplatz)
Wiens elegantester Herrenschneider und -ausstatter. Portal und teilweise auch die Inneneinrichtung im Originaldesign von Adolf Loos (1910–13): schwarzes Granitportal, kirschholzleistenumrandete Glasvitrinen, dreigeschossiger Salon.

**Loden-Plankl** D
I., Michaelerplatz 6
U3 (Herrengasse); Bus 2A, 3A (Michaelerplatz)

Auf einem der Flohmärkte Wiens findet sich vielleicht auch ein nettes Mitbringsel

Tracht und Loden für Fortgeschrittene: sehr klassisches und auch zeitgenössisches Design, erste Qualität. Verkauf im barocken Gewölbe.

D5 **Resi Hammerer**
I., Kärntner Str. 29–31
U1, U2, U4 (Karlsplatz/Oper); Straßenbahn 1, 2, D, J, 62, 65, Bus 59A (Oper); Bus 3A (Kärntner Straße)
Wenn es denn Trachten sein sollen: Der Laden der ehemaligen Skirennläuferin ist sehr rustikal, sehr elegant, sehr qualitätsbewußt und auch sehr teuer: Dirndl, Lodenmäntel, Trachtenjacken, Steireranzüge, Tirolerhüte, Haferlschuhe – alles, was nach alpiner Kleidung aussieht.

E3 **Skaf**
I., Jasomirgottstr. 2 (beim Stephansplatz)
U1, U3 (Stephansplatz); Bus 1A, 2A, 3A (Graben/Petersplatz)
Fast nur schwarze oder weiße Kleidung, dazu noch ein bißchen Hellgrau und Dunkelgrau. Mode von Katherine Hamnett, Jean-Paul Gaultier, Ann Demeulemeester und anderen. Sehr trendbewußt.

**Musikalien, Schallplatten, CDs**

**Black Market** D2
I., Gonzagagasse 9
U1, U4, Straßenbahn 1, 2, 21, N, Bus 2A (Schwedenplatz); Bus 1A, 3A (Rotenturmstraße)
Mo–Fr 10–19.30, Do bis 21, Sa 10–13 Uhr
LPs. Independent, Underground, Dancefloor, Soul, schwarze Mu-

sik. Dazu die passende Mode und Zeitschriften. Café- und Barbetrieb, Szene-Treffpunkt.

D4 **Doblinger**
I., Dorotheergasse 10 (gegenüber dem Dorotheum)
U1, U3 (Stephansplatz); Bus 1A, 2A, 3A (Graben/Petersplatz)
Die größte Musikalienhandlung Wiens (Musikliteratur, Partituren, Noten, Musiklehrbücher, aber auch CDs und andere Tonträger).

E3 **Katzenmusik**
I., Hafnersteig 10 (beim Schwedenplatz)
U1, U4, Straßenbahn 1, 2, 21, N, Bus 2A (Schwedenplatz); Bus 1A, 3A (Rotenturmstraße)
Mo–Fr 14–18.30, Sa 10 bis 13 Uhr
LPs und CDs. Jazz, Avantgarde, neue E-Musik, World-Musik. Sehr spezielles und in seinem Segment einzigartig breitgefächertes Angebot.

**Red Octopus**
VIII., Josefstädter Str. 99
U6 (Josefstädter Straße); Straßenbahn 5 (Blindengasse)
LPs und CDs. Vor allem Jazz (hier sehr großes Angebot), aber auch Klassik, Rock, Blues, Soul.

B6 **Teuchtler**
VI., Windmühlgasse 10
U2 (Babenbergerstraße)
Mo–Fr 13–18, Sa 10–12 Uhr
LPs, Schellacks, Antiquariat, Raritäten – eine Fundgrube für Sammler und Liebhaber der Musik der 30er bis 70er Jahre.

**Nach Ladenschluß**

**Bahnhof Wien Mitte/Landstraße** F4
U3, Straßenbahn O, Bus 1A, 74A (Wien Mitte)
Tgl. 5.30–22 Uhr
Lebensmittel, Toilettenartikel, Papierwaren

**Westbahnhof**
S3, S15, S50, U6, Straßenbahn 5, 6, 18, 52, 58 (Westbahnhof)
Tgl. 6–23 Uhr
Lebensmittel, Toilettenartikel

**Porzellan, Glas und Keramik**

**Augarten-Porzellan**
*Manufaktur und Fabrikverkauf:*
II., Obere Augartenstr. 1/Schloß
Tel. 21124/0
Straßenbahn 31, 32, Bus 5A (Obere Augartenstraße)
Verkauf Mo–Fr 8–16 Uhr
Führungen durch die Manufaktur Mo–Fr 9.30 Uhr, pro Person 25 öS
*Stadtgeschäfte:*
I., Stock-im-Eisen-Platz 3–4 D4
(Stephansplatz)
U1, U3, Bus 1A, 2A, 3A (Stephansplatz)
VI., Mariahilfer Str. 99 B6
U3 (Neubaugasse); Bus 13A, 14A (Mariahilfer Straße)
Eine der ältesten und traditionsreichsten Porzellanmanufakturen Europas (gegründet 1718 – nur die Meißener Manufaktur ist acht Jahre älter). Geschirr, aber auch Lampen, Aschenbecher, Figuren – die meisten seit vielen Jahrzehnten im selben Design. Der Vorteil: Fehlende Stücke eines Services lassen sich

auch noch nach Jahrzehnten problemlos nachbestellen. Verkaufsstelle im Haus. Hier werden auch leicht fehlerhafte Stücke zu stark ermäßigten Preisen angeboten.

D4 **E. Bakalowits Söhne**
I., Spiegelgasse 3
U1, U3, Bus 1A, 2A, 3A (Stephansplatz)
Kristall-Lüster, Gläser, Spiegel, Trink-Service. Qualitativ hochwertiges Angebot.

D4 **Gmundner Keramik**
I., Kärntner Durchgang (zwischen Kärntner Straße und Seilergasse)
U1, U3, Bus 1A, 2A, 3A (Stephansplatz)
Das klassische weiße Steingutservice mit den grünen Streifen, Kringeln und Kreisen aus dem Salzkammergut.

## Schmuck

D3 **Heldwein**
I., Graben 13
U1, U3 (Stephansplatz); Bus 1A, 2A, 3A (Graben/Petersplatz)
Klassischer Juwelier. Uhren, Schmuck. Alle internationalen Designer und Fabrikate. Qualitativ wie preislich hochwertiges Angebot.

D4 **Schullin**
I., Kohlmarkt 7
U1, U3 (Stephansplatz); Bus 1A, 2A, 3A (Graben/Petersplatz)
Klassischer Juwelier. Im Angebot etwas gewagter als Heldwein. Kompetente Beratung. Gepflegte wie diskrete Atmosphäre im Geschäft.

## Schuhe

**Materna** D5
I., Mahlerstr. 5
U1, U2, U4, Bus 4A (Karlsplatz/Oper); Straßenbahn 1, 2, D, J, 62, 65, Bus 59A, 3A, Lokalbahn (Oper)
Die große Tradition des Wiener Maßschuhs. Edel, teuer & gut.

**Schuhmanufaktur Reiter** C6
IV., Wiedner Hauptstr. 41
Straßenbahn 62, 65 (Schleifmühlgasse)
Vor allem für die Fertigung von »Budapestern« bekannt, den halbhohen Herrenschuhen mit den eingestanzten Löchern. Wunderschön und sündhaft teuer.

**Karl Weiner** B3
VIII., Florianigasse 1
U2, Straßenbahn 1, 2, D, 43, 44, Bus 1A (Schottentor/Universität); Straßenbahn 37, 38, 40, 41, 42 (Schwarzspanierstraße)
Mo–Do 7–17, Fr bis 16 Uhr
Schuhreparaturen, preiswerte Maßschuhe (ab 3000 öS/430 DM – ein Geheimtip!). Allerdings einige Wochen Wartefrist!

## Weine

**Vinothek bei der Piaristenkirche** B3
VIII., Piaristengasse 54
Straßenbahn J (Lederergasse); Bus 13A (Theater in der Josefstadt)
Mo–Fr 14–18, Sa 9–12 Uhr
Beachtliche Auswahl an österreichischen Spitzenweinen. Nicht billig.

**Vinothek St. Stephan** E4
I., Stephansplatz 6

U1, U3, Bus 1A, 2A, 3A (Stephansplatz)
Mo–Fr 10–18, Sa 10 bis 12.30 Uhr
Österreichische, spanische, italienische Weine. Accessoires, Fachliteratur. Sehr gehobenes Angebot.

D4 **Wein & Co**
I., Habsburgergasse 3
U1, U3 (Stephansplatz); Bus 1A, 2A, 3A (Graben/Petersplatz)
Mo–Fr 10–19, Sa 9–13 Uhr
Internationale und österreichische Weine in allen Preislagen. Gläser, Korkenzieher, Literatur.

**Zeitungen und Zeitschriften**

E4 **Morawa**
I., Wollzeile 11
U3, Straßenbahn 1, 2, Bus 1A, 74A (Stubentor)
Spezialbuchhandlung für ausländische Zeitschriften. Riesenangebot in allen Sprachen.

## Am Abend

Wiens Nachtleben hat in den letzten Jahren stark aufgeholt: Restaurants und Bars haben lange geöffnet, Essen ist mittlerweile an vielen Plätzen rund um die Uhr möglich, Diskotheken öffnen um Mitternacht ihre Pforten, Varietés und Kabaretts bieten Spät- und Mitternachtsvorstellungen an.

Die traditionellen Wiener Abendvergnügen beginnen dagegen früh und enden zeitig: Zum Heurigen geht man am Nachmittag, gegen 22 Uhr ist es dort schon sehr spät, gegen 23–24 Uhr schließen die allerletzten. Der Wurstelprater ist ab 22 Uhr kaum mehr zu genießen, urige Beisln servieren um 22–23 Uhr die letzten warmen Speisen, traditionelle Kaffeehäuser schließen oft um 20, 22 oder 23 Uhr – doch das ist alles kein Problem: Dann wechselt man eben ins nächste Lokal oder in einen der zahlreichen Szene-Treffs, Bars und Kneipen: Dort ist die Sperrstunde oft erst gegen 2, 4 oder 6 Uhr.

Kulturelle Abendveranstaltungen wie Opern-, Theater- oder Konzertaufführungen beginnen meist um 19, 19.30 oder 20 Uhr, das Publikum ist – zumindest in den größeren, traditionsreichen Häusern – festlich gekleidet. Nach der Vorstellung geht man essen – sollten Sie dann auf ein angenehmes Dinner in gepflegtem Rahmen, eventuell in der Nähe des Theaters oder Opernhauses, Wert legen, ist es sinnvoll, vorher zu reservieren. Für den Besuch von Theatern, Konzert- und Opernhäusern gilt: Der Andrang ist groß, ohne Kartenvorbestellung geht oft gar nichts – fragen Sie am besten in den einschlägigen Theater- und Konzertkartenbüros nach.

Und jetzt: gute Unterhaltung!

**Bars**

**Die Bar** E4
I., Sonnenfelsgasse 9
U1, U3, Bus 1A, 2A, 3A (Stephansplatz)
Tgl. 21–4 Uhr

Eindrucksvoll bei Nacht: die Kuppel der Karlskirche, eingerahmt von den beiden Glockentürmen setzt leuchtende Akzente

Klein, schick, mondän, aber dennoch formell. Cooles Ambiente. Ab Mitternacht interessant.

E4 **Eden**
I., Liliengasse 2
Tel. 5 12 74 50
U 1, U 3, Bus 1 A, 2 A, 3 A (Stephansplatz)
Tgl. 21–4 Uhr

Konservative Bar für den gepflegten Herrn (vorzugsweise). Krawattenzwang. Tischreservierung empfehlenswert. Barmusik. Kreditkarten nicht vergessen!

E3 **First Floor**
I., Seitenstettengasse 5 (Bermuda-Dreieck)
U 1, U 4, Straßenbahn 1, 2, 21, N, Bus 2 A (Schwedenplatz); Bus 1 A, 3 A (Rotenturmstraße)
Tgl. 17–3, Sa, So ab 19 Uhr)

Der letzte Versuch, Qualität in das zur Massentränke verkommene innerstädtische Vergnügungsviertel zu bringen. Gediegenes Interieur: Die dunkle Holztäfelung und die plüschigen Sitzmöbel wurden aus einer anderen Bar vor der Renovierung gerettet. Aquarium hinter der Bar. Junges, trendbewußtes bis bürgerliches Publikum.

**Rasputin**
I., Seitenstettengasse 3 (Bermuda-Dreieck)
U1, U4, Straßenbahn 1, 2, 21, N, Bus 2A (Schwedenplatz); Bus 1A, 3A (Rotenturmstraße)
Tgl. 19–4 Uhr

Stehbar, Lachs und Kaviar. Pseudorussisches Ambiente. Ziemlich in (ab Mitternacht).

***Die Wiener Szene*** *In welches Lokal »man« in Wien geht, in welches »man« schon längst nicht mehr gehen kann – das ändert sich in dieser Stadt oft binnen weniger Monate. Das Nachtleben ist dabei nicht so wie in anderen Städten auf einen bestimmten Bezirk oder einen Stadtteil konzentriert, sondern es findet überall statt – freilich mehr oder weniger.*
*Die Innenstadt ist dabei noch immer – oder immer mehr – auch Zentrum des Abendvergnügens: Hier konzentrieren sich Lokale, Beisln, Bars und Clubs im »Bermuda-Dreieck«, das seinen Namen offensichtlich aufgrund der zahlreichen, dort in den frühen Morgenstunden spurlos versackten Besucher erhalten hat: Das Viertel liegt zwischen Rotenturm- und Marc-Aurel-Straße sowie zwischen Fleischmarkt und Franz-Josefs-Kai, sein Zentrum ist die Seitenstettengasse rund um den Stadttempel, die alte Synagoge Wiens. Das dortige Publikum ist durchaus jung, dennoch größtenteils bürgerlich, mit zahlreichen Besuchern der Stadt sowohl aus dem In- als auch dem Ausland vermischt.*
*Ein paar Straßen weiter liegt das Viertel um die Bäckereistraße (hinter dem Stephansdom mit den Straßenzügen Schönlaterngasse, Sonnenfelsgasse und Bäckerstraße): Hier reiht sich Bar an Beisl, Restaurant an Bar. Das Publikum ist ein wenig älter als im Ber-*

D4 **Loos-Bar**
I., Kärntner Str. 8–10 (im Durchgang)
U1, U3, Bus 1A, 2A, 3A (Stephansplatz)
Tgl. 17–5 Uhr
Die schönste Bar Wiens. Von Adolf Loos auf kleinster Fläche (4,45 x 6,15 m) optimal und vollendet schön eingerichtet (1908). Onyxplattengefiltertes Außenlicht, Marmor, Spiegel und Mahagoni im Inneren.

E4 **Thelonius Monk**
I., Sonnenfelsgasse 13
U1, U3, Bus 1A, 2A, 3A (Stephansplatz)
Tgl. 15–4 Uhr
Jazzbar. Sehr cool & in, junges Publikum. Musik vom Plattenteller. Ab Mitternacht interessant!

**Casino**

**Cercle** D4
I., Kärntner Str. 41
Tel. 5124836
U1, U2, U4 (Karlsplatz/Oper); Straßenbahn 1, 2, D, J, 62, 65, Bus 59A (Oper); Bus 3A (Kärntner Straße)
Tgl. 15–3 Uhr
Wiens noble, staatliche Spielhölle in der Fußgängerzone, halbwegs zwischen Stephansplatz und Oper. Roulette, Black Jack, Baccara, Poker, Red Dog, Sic Bo, Glücksrad und einarmige Banditen. Bar. Eintritt gegen Kauf von Begrüßungsjetons

*muda-Dreieck, gleichzeitig intellektueller, je nach Lokal entweder arrivierter oder ausgeflippter, jedenfalls bodenständiger, wienerischer.*
*Zwei Zentren für das abendliche Vergnügen in der Wiener Innenstadt sind jüngeren Datums: Rund um den Rudolfsplatz (zwischen Franz-Josefs-Kai und Börse) und am Stubenring (vom Museum für Angewandte Kunst bis zur Dominikanerbastei) – das Publikum ist am Rudolfsplatz jünger, am Stubenring schicker. Beide Szeneviertel sind ziemlich hip.*
*Ansonsten ist die gesamte Innenstadt traditioneller Ausgehbereich – hier sind die meisten Kinos, Theater, viele Restaurants und Nachtbars –, doch das nicht im Sinne einer bestimmten Szene, sondern für alle, die sich unterhalten möchten.*
*Wohin »man« außerhalb der Innenstadt geht, wenn man sich für trendbewußt hält: In den »unteren« IV. Bezirk (die Gegend um die Schleifmühl-, Schikaneder- und Heumühlgasse), zum Naschmarkt (zwischen Linker und Rechter Wienzeile sowie zwischen den U-Bahn-Stationen Karlsplatz und Kettenbrückengasse) und in die davon abgehenden Seitengäßchen. Hier ist das Publikum vor allem studentisch-alternativ, und es gibt einige Lokale, in denen Live-Musik gespielt wird.*

(210 öS). Mindestalter 21 Jahre. Kein Spielzwang.

## Diskotheken

E6 **Atrium**
IV., Schwarzenbergplatz 10
Tel. 5 05 35 94
Straßenbahn D, Bus 4 A (Gußhausstraße); Straßenbahn 71 (Lothringerstraße)
So, Do 20.30–1.30, Fr, Sa 20.30–3.30 Uhr
Uralt-Diskothek mit jungen Gästen: vorwiegend Teenager aus besserem Haus auf Partnersuche. Buntgemischtes, teilweise nostalgisches Musikprogramm, Studentenkelleratmosphäre.
2 Nebenräume: Wurlitzer (Jukebox-Musik aus den 50er Jahren mit ebensolchem Publikum), Papas Tapas (tgl. 20–2, Fr, Sa bis 4 Uhr. Spanisch inspirierte Bar mit Live-Auftritten von Musikern, Kabarettisten etc.). Keine Speisen.

**4U**
IV., Heumühlgasse 20
U4 (Kettenbrückengasse); Bus 59 A (Heumühlgasse)
Tgl. 23–3 Uhr
Replik auf das berühmte U4, aber kleiner, intimer und lauter. Oben Bar, im Keller Hardcore-Techno (DJs).

**Nachtwerk**
XXIII., Dr.-Gonda-Gasse 9
Tel. 6 16 88 80
Bus 19A, 67A (Oberlaaer Straße)
Do–Sa 20–5 Uhr

Riesige Mainstream-Disko im Industriegebiet vor den Toren der Stadt. Vorstadtszene mit Vorstadtschick. Pizzeria, Kaffeehaus.

**U4**
XII., Schönbrunner Str. 222
Tel. 8158318
U4 (Meidling/Hauptstraße)
Tgl. 23–5 Uhr
Die absolute In-Disko in den Kellerräumen eines Einkaufszentrums-Parkgaragen-U-Bahn-Stations-Komplexes. Musik: Techno, House. Verschiedene Clubbings (So 16–22 Uhr auch für Teenies ohne Türsteher, manchmal Mo »Seniorenclub« für Leute ab 25 – mit Lichtbildervorträgen, Gesundheitsstation...). Strenge Türsteher! Ab 1 Uhr hingehen.

C4 **Volksgarten**
I., Burgring 1 (Eingang vom Heldenplatz)
Tel. 5330518
U2 (Babenberger Straße); U3 (Dr.-Karl-Renner-Ring); Straßenbahn 1, 2, D, J, Bus 2 A, 57 A (Burgring); Straßenbahn 46, 49, Bus 48 A (Endstation Dr.-Karl-Renner-Ring)
Tgl. 21–6 Uhr
Szenemenschen zufolge der coolste Club Europas. Original 70er-Jahre-Ambiente, Raumschiff-Enterprise-Lampen und -Bestuhlung, zwei Tanzflächen (eine bei Bedarf per Schiebedach unter freiem Himmel). Großer Kaffeehausbereich im Wintergarten. Garten-Bar im Freien (Sommer). Parkplätze mitten in der Stadt! Interessant ab 24 Uhr.

**Kabarett, Varieté und Kleinkunst**

**Graumann Theater & Café** D2
I., Wipplingerstr. 24
Straßenbahn 1, 2, D (Börse); Bus 1 A, 3 A (Renngasse)
Tel. 5351245
Witziges, junges Kabarett. Sprüht vor Ideen. Nachtvorstellungen, musikalische Late Night Events.

**Kabarett Niedermair** B3
VIII., Lenaugasse 1a
Tel. 4084492
U2, Straßenbahn J (Rathaus)
Kabarett pur: witzig, frech, nicht arriviert. Junges Publikum.

**Kulisse**
XVII., Rosensteingasse 39
Tel. 453870
Straßenbahn 44, 9 (Mayssengasse)
Tgl. 18–1 Uhr
Vorstadt-Szene-Beisl mit Veranstaltungsprogramm.

**Ronacher** F4
I., Seilerstätte 9
Tel. 51402
Straßenbahn 1, 2 (Weihburggasse)
Karten: 150–800 öS
Varieté, Kabarett, Ballett internationalen Zuschnittes. Gepflegter, altehrwürdiger Rahmen, schön plüschiges Ambiente.

**Spitzbuben-Pawlatschen**
XIX., Hackhofergasse 13
Tel. 371285
S40 (Nußdorf); Straßenbahn D (Nußdorfer Platz)
Do–Sa 19.30–2 Uhr
Blödel-Kabarett auf so tiefem Niveau, daß es schon wieder lustig ist. So kleinbürgerliches Publikum, daß es schon wieder

Spaß macht. Kalte und warme Küche. Reservieren!

**Kinos**

B4 **Bellaria**
VII., Museumsstr. 3
Tel. 5237591
U2, Bus 48A (Volkstheater); Straßenbahn 49 (Stiftgasse)
Kleines Kino, das ausschließlich österreichische und deutsche Filme der 40er und 50er Jahre zeigt. Das Durchschnittsalter beim Publikum liegt über 60. Stimmung!

D5 **Burgkino**
I., Opernring 19
Tel. 5878406
U2 (Babenberger Straße); U3 (Dr.-Karl-Renner-Ring); Straßenbahn 1, 2, D, J, Bus 2A, 57A (Burgring); Straßenbahn 46, 49, Bus 48A (Endstation Dr.-Karl-Renner-Ring)
Vor allem englische und amerikanische Filme in Originalfassung. Gehobene Unterhaltung.

**Filmcasino**
V., Margaretenstr. 78
Tel. 5879062
Bus 13A, 14A, 59A (Margaretenplatz)
Das schönste Kino Wiens: 50er Jahre pur. Anspruchsvolles Programm, originalsprachige ausländische Filme.

C2 **De France**
I., Schottenring 5
Tel. 3175236
U2, Straßenbahn 37, 38, 40, 41, 42, 43, 44, Bus 1A (Schottentor/Universität); 40A (Börse)
Französische Filme in der Originalfassung. Modernes Kino.

**Gartenbau** F4
I., Parkring 12
Tel. 5122354
Straßenbahn 1, 2 (Weihburggasse)
Das größte Kino Wiens – ein weitläufiger Kinosaal im alten Sinne. Schöne Projektion, doch Vorsicht vor den ersten zehn Reihen (Genickstarre).

**Künstlerhaus-Kino** D6
I., Akademiestr. 13
Tel. 5054328
U1, U2, U4, Bus 4A (Karlsplatz/Oper); Straßenbahn 1, 2, D, J, 62, 65, Bus 59A, 3A, Lokalbahn (Oper)
Internationale Premieren anspruchsvoller Filme. Manchmal in der Originalfassung.

**Österreichisches Filmmuseum** D4/D5
I., Augustinerstr. (in der Albertina)
Tel. 5337054
U1, U2, U4 (Karlsplatz/Oper); Straßenbahn 1, 2, D, J, 62, 65, Bus 59A (Oper); Bus 3A (Albertinaplatz)
Filmvorführungen Okt.–Mai Mo–Sa 18 und 20 Uhr (Programm telefonisch erfragen oder den Kinoseiten von Tageszeitungen und Stadtzeitschriften entnehmen)
Retrospektiven, Avantgarde, Filmgeschichte. Weltklasse!

**Stadtkino** M E6
III., Schwarzenbergplatz 7
Tel. 7126276
Straßenbahn D, Bus 4A (Gußhausstraße), Straßenbahn 71 (Lothringerstraße)
Retrospektiven, internationale Neuheiten, Klassiker, Avant-

Der gute Tip M:
**Stadtkino, S. 161**
In dem kommunalen Kino kommen Cineasten auf ihre Rechnung – das anspruchsvolle Filmangebot ist international.

garde, fremdsprachige Filme. Videothek (während der Kinoöffnungszeiten frei zugänglich). Barbetrieb. Schönes 50er Jahre-Kinoambiente. Hier haben selbst Fachleute Gelegenheit, Filme zu sehen, die sie noch nicht kennen.

C2 **Votiv**
IX., Währinger Str. 12
Tel. 3173571
Straßenbahn 37, 38, 40, 41, 42 (Schwarzspanierstraße)
Seit 1912 Kinosaal. Filmkunst.

**Konzertsäle**

E3 **DDS-Johann-Strauß**
I., Schwedenplatz/auf dem Donaukanal
Tel. 5339367
U1, U4, Straßenbahn 1, 2, N, 21, Bus 1A, 2A, 3A (Schwedenplatz)
Walzermusik im Walzerkonzertcafé auf einem Donauschiff. Jause (Mehlspeisen, Kaffee).

E5/ **Konzerthaus**
E6 III., Lothringerstr. 20
Tel. 7124686, Fax 7131709
U4 (Stadtpark); Straßenbahn D, Bus 4A (Gußhausstraße); Straßenbahn 71 (Lothringerstraße)
Im Jahr 1913 eröffnet. Drei Säle verschiedener Größe. Im selben Gebäude: die Hochschule für Musik und Darstellende Kunst sowie das Akademietheater. Klassik, Jazz, manchmal Pop.

**Musikverein** E6
I., Karlsplatz 6
Tel. 5058190, Fax 5059409
U1, U2, U4, Bus 4A (Karlsplatz/Oper); Straßenbahn 1, 2, D, J, 62, 65, Bus 59A, 3A, Lokalbahn (Oper)
Der Goldene Saal gilt als der akustisch beste Konzertsaal der Welt – vielleicht ist er auch noch der schönste. Von Theophil von Hansen erbaut, 1870 mit Beethovens »Egmont«-Ouvertüre eröffnet. 2000 Plätze für Zuhörer, 400 für Musiker. Die beiden kleineren Säle (Brahmssaal, Kammersaal) werden für Kammerkonzerte und Solistenabende genutzt. Klassik.

**Stadthalle**
XV., Vogelweidplatz
Tel. 981000
U6, Straßenbahn 6, 9, 18, 49 (Burggasse/Stadthalle)
Pop-, Rock-, Jazz- und Unterhaltungsmusik. Großveranstaltungen (Zirkus, sportliche Wettkämpfe, Eisrevue).

**Lokale**

**Amerlingbeisl** B6
VII., Stiftgasse 8 (im Amerlinghaus)
U2, Bus 48A (Volkstheater); Straßenbahn 49 (Stiftgasse)
Tgl. 9–2 Uhr (Küche 9–1 Uhr)
Szenelokal in einem Biedermeierhaus mit schönem Innenhof (überdachbar), das als Jugend- und Kommunikationszentrum

dient. Mitten am Spittelberg (guterhaltenes Biedermeierviertel). Manchmal Live-Musik, im Sommer im Hof. Warme und kalte Speisen.

**Enrico Panigl**
I., Schönlaterngasse 11
U1, U3, Bus 1A, 2A, 3A (Stephansplatz)
Tgl. 16–4 Uhr, Sa, So ab 20 Uhr
Mit k. & k.-Ambitionen (Motto: Triest-Wien-Marienbad). Ein bißchen gelackt, aber trotzdem lustig. Es gibt kleine Speisen und eine exzellente Weinauswahl für Weinliebhaber.

C6 **1. Wiener Billard Center**
IV., Rechte Wienzeile 35
Tel. 5 87 12 51
U1, U2, U4, Straßenbahn 62, 65, Bus 4 A (Karlsplatz); Bus 59 A (Bärenmühlendurchgang)
Tgl. 11–2, Fr, Sa bis 4 Uhr, So und Feiertag ab 12 Uhr
70 Billardtische (Turnier, Pool, Match, Snooker, Carambol). Kleine, warme Imbisse, Kaffeehausbetrieb, Dachterrasse. Lokkere Atmosphäre.

B6 **Europa**
VII., Zollergasse 8
U3 (Neubaugasse); Bus 13A, 14A (Marienhilfer Straße)
Tgl. 9–5 Uhr (Küche 9–4 Uhr)
Fast immer offen, aber nur abends interessant. Warme und kalte Speisen, Frühstücksbuffet tgl. 9–12 Uhr. Ein bißchen schick, ein bißchen cool, ein bißchen szenebewußt.

**Gasthaus Vorstadt**
XVI., Herbststr. 37
Tel. 4 93 17 88
Straßenbahn 9, Bus 48A (Camillo-Sitte-Gasse)
Tgl. 17–1, So 10–1 Uhr
Hippe Adaption eines vorstädtischen Beisls. Preiswerte Hausmannskost. DJs (Hip Hop), Live-Musik.

**Kleines Café** E4
I., Franziskanerplatz 3
U 1, U 3, Bus 1 A, 2 A, 3 A (Stephansplatz)
Mo–Sa 10–2, So 13–2 Uhr
Wahrscheinlich das erste Szene-Lokal Wiens, jedenfalls das erste in der Gestaltung des Architekten Hermann Czech. Inhaber: Hanno Pöschl, Schauspieler. Eng wie ein Wohnzimmer, abends brechend voll. Szene-Publikum zwischen 30 und 45.

**Pavillon** C4
I., Heldenplatz (im Volksgarten, Eingang vom Burgring bei der Bellaria-Passage)
Tel. 5 35 30 97
U2 (Babenberger Straße); U3 (Dr.-Karl-Renner-Ring); Straßenbahn 1, 2, D, J, Bus 2 A, 57 A (Burgring)
Tgl. 11–3 Uhr (warme Küche 12–15 und 18–24 Uhr), nur im Sommer geöffnet
Das Szene-Lokal im Volksgarten, vor allem abends. Gutsortierte Bar. Musik manchmal von DJs (Soul, Funk, House), 50er-Jahre-Ambiente. Großer Kaffeehausgarten mit grün angestrahlten Bäumen, Lämpchen an den Metalltischchen. Kleine Speisen bis Mitternacht. Sehr empfehlenswert in lauen Sommernächten.

Herrlich für laue Sommerabende:
Besuch beim Heurigen

E3 **Roter Engel**
I., Rabensteig 5 (Bermuda-Dreieck)
U1, U4, Straßenbahn 1, 2, 21, N, Bus 2A (Schwedenplatz)
Mo–Mi 15–2, Do–Sa 15 bis 4, So ab 17 Uhr
»Wein- und Liederbar«, das heißt: große Weinauswahl, kleine Käsehappen dazu. Täglich Live-Auftritte von Pianisten, Sängern und Sängerinnen, Gesangs- oder Gitarrenduos. Moderat in, arrivierte Szene der 25–45jährigen. Sehr laut. Design von der Architektengruppe »COOP-Himmelblau«.

C6 **Roxy**
IV., Heumühlgasse/Ecke Operngasse
U4 (Kettenbrückengasse); Bus 59A (Heumühlgasse)
Tgl. ab 22 Uhr
Szene-Lokal im originalen 70er-Jahre-Design. DJs (House), Parties, Clubbing. Barbetrieb, kleine Speisen.

**Santo Spirito** E4
I., Kumpfgasse 7
U1, U3, Bus 1A, 2A, 3A (Stephansplatz)
Tgl. 18–2 Uhr (warme Küche 19 bis 22 Uhr)
Eigentlich kein Eß-, sondern ein Trinklokal. Klein, eng, verwinkelt, laut, gemütlich. Klassische Musik überlaut vom Band. 30–45jähriges Szene-Volk.

**Wunderbar** E4
I., Schönlaterngasse 8
U1, U3, Bus 1A, 2A, 3A (Stephansplatz)
Tgl. 16–2 Uhr
Pendant zum Kleinen Café. Brote. Junges Publikum. Eng und stimmungsvoll.

### Musiklokale und Live-Musik

**Aera** D3
I., Gonzagagasse 11
Tel. 5 33 53 14
U2, U4 (Schottenring); Straßenbahn 1, 2, 31, 32 (Ringturm)
Tgl. 10–2 Uhr
Verschiedene Live-Konzerte im Keller (Wave, Independent, Rock). Restaurantbetrieb (italienische, Wiener und vegetarische Küche). Studentisches Publikum.

**Alladin**
XVI., Thaliastr. 131
Tel. 4 93 13 02
S45 (Ottakring); Straßenbahn 46 (Ottakring/Vorortelinie)
Tgl. 17–2, Fr, Sa bis 4 Uhr

Arabisches Essen mit irakischer Bauchtanzbegleitung. Sänger aus Jordanien und Ägypten, verschiedene Bands. Tanz. Eintritt frei.

**Arena**
III., Baumgasse 80
Tel. 798 33 39
Straßenbahn 18, 72 (Baumgasse); Bus 80 A (Sportzentrum Erdberg)
Ehemaliges Schlachthausareal, schöne Backsteinhallen (Industriearchitektur des vorigen Jahrhunderts). Schmaler Rest eines einst großen, selbstverwalteten Jugendzentrums. Konzerte (Rock, Punk), Clubbings, Parties. Arena-Beisl (alternativ, tgl. 14–2 Uhr).

**B.A.C.H.**
XVI., Bachgasse 21
Tel. 450 19 70
Straßenbahn 46 (Feßtgasse); Straßenbahn 9 (Thaliastraße)
Tgl. 18–2, Fr, Sa bis 4 Uhr (Küche 18–24 Uhr)
Live-Konzerte in der Vorstadt (Wiener und österreichische Independent-Szene, manchmal auch ausländische Acts). Sa meistens Party (House, Hip Hop). Kleine Speisen.

**Blue Box**
VII., Richtergasse 8
U3 (Neubaugasse); Bus 13 A (Mariahilfer Straße)
Tgl. 10–2, Fr, Sa bis 4 Uhr, Mo erst ab 18 Uhr
Lokal der Szene-Musik-Freaks (Wave, Techno, House). Tanz. Täglich DJs (ab 22 Uhr). Frühstück (bis 17 Uhr), warme Küche, Schanigarten.

**Jazzland** E3
I., Franz-Josefs-Kai 23
Tel. 533 25 75
U1, U4, Straßenbahn 1, 2, 21, N, Bus 2 A (Schwedenplatz)
Di–Sa 19–2 Uhr, Mo, So nur sporadisch, im Sommer ab 20 Uhr
Der klassische Wiener Jazzkeller. Unscheinbar unter einem Neubau am Kai, Eingang über eine kleine Grünfläche. Tiefe, stimmungsvolle Kellergewölbe. Täglich Live-Jazz 21–1 Uhr. Wer nach 20 Uhr erscheint, bekommt meist nur sichtbehinderte Plätze.

**Metropol**
XVII., Hernalser Hauptstr. 55
Tel. 407 74 07
Straßenbahn 43 (Palffygasse)
Konzerte (Rock, Pop, Szene, neue Volksmusik), Lesungen, Kabarett, Theater. Gauklergarten (Trinken im Freien). In einem alten und halbwegs erhaltenen Vorstadt-Vergnügungs-Etablissement untergebracht.

**Porgy & Bess** D4
I., Spiegelgasse 2
Tel. 512 84 38
U1, U3, Bus 1 A, 2 A, 3 A (Stephansplatz)
Tgl. 19–2, Sa, So bis 4 Uhr (warme Küche bis 1 Uhr)
Der neueste und engagierteste Jazzclub Wiens: Konzerte internationaler Musiker, täglich Live-Auftritte auf der Guckkasten-Bühne (Jazz, Funk, Soul, Jam Sessions). Fr und Sa Midnight-Specials. Plüschige Bar. Manchmal Lesungen, andere Veranstaltungen. Junges Publikum.

**Rockhaus**
XX., Adalbert-Stifter-Str. 73
Tel. 3 32 40 36
Straßenbahn N, 31, 32, Bus 35 A (Friedrich-Engels-Platz); Bus 5 A, 11 A (Adalbert-Stifter-Straße)
Tgl. 18–2 Uhr
Fast täglich Konzerte (Rock, Pop, Independent), manchmal Frühschoppen.

**Szene Wien**
XI., Hauffgasse 26
Tel. 749 33 41
Straßenbahn 6, Bus 69 A (Hauffgasse)
Pop- und Rockkonzerte sowie andere Veranstaltungen am Stadtrand, zwischen Industriearealen und Bahngleisen. Stimmungsvoller Ort, stets gut besucht. Garten. Café Szene (Fr–So 18–2 Uhr).

C1 **WUK (Werkstätten- und Kulturhaus)**
IX., Währingerstr. 59
Tel. 5 22 80 96
Straßenbahn 37, 38, 40, 41, 42 (Spitalgasse); Straßenbahn 5 (Währinger Straße)
Tgl. 11–2 Uhr
Kulturzentrum in einer ehemaligen Lokomotivenfabrik. Vielfältiges Angebot: Konzerte, Parties, Feste, Ausstellungen, Lesungen, Diskussionen. Restaurant (vegetarische Speisen, Vollwertmenüs), Garten.

### Theater und Oper

E6 **Akademietheater**
III., Lisztstr. 1
Tel. 5 14 44/29 59
U4 (Stadtpark); Straßenbahn D, 71 (Lothringerstraße); Bus 4 A (Gußhausstraße)
Kartenbestellungen und Vorverkauf: Österreichischer Bundestheaterverband, Karten: 50 bis 450 öS
Die mittelgroße Bühne des Burgtheaters: ein klarer, sachlicher Theaterraum, für Wiener Verhältnisse ganz demokratisch ohne Logen. Repertoiretheater (Klassik, klassische Moderne, manchmal Boulevard, manchmal Avantgarde). Rechtzeitig reservieren – das Theater ist fast immer ausverkauft!

**Burgtheater** C3
I., Dr.-Karl-Lueger-Ring 2
Tel. 5 14 44/29 59
Straßenbahn 1, 2, D (Rathausplatz/Burgtheater)
Kartenbestellungen und Vorverkauf: Österreichischer Bundestheaterverband, Karten: 50 bis 450 öS
Die beste Sprechbühne im deutschen Sprachraum – und die älteste bestehende noch dazu. Außerdem die teuerste, die am höchsten subventionierte und die von der Bevölkerung am meisten beachtete – nicht, daß alle Wiener ins Burgtheater gingen, aber via Boulevardzeitungen und Fernsehen sind sie über alle Skandale und Unstimmigkeiten im Ensemble bestens informiert. Kaiser Joseph II. erhob das »Theater nächst der Burg« 1776 zum Hof- und Nationaltheater, damals noch im alten Gebäude am Michaelerplatz (nicht mehr existent). In das bombastische Haus am Ring

(nach Plänen von Gottfried Semper) zog das Theater 1888. Großes Repertoiretheater: Klassik, Moderne. Österreichisches Nationaltheater (von Grillparzer bis Elfriede Jelinek).

D3 **Ensembletheater**
I., Petersplatz 1
Tel. 5 35 32 00
U 1, U 3 (Stephansplatz); Bus 1 A, 2 A, 3 A (Graben/Petersplatz)
Internationale zeitgenössische Dramatik in kleinem Rahmen.

E3 **Kammeroper**
I., Fleischmarkt 24
Tel. 5 13 60 72, 5 12 01 00
U 1, U 4, Straßenbahn 1, 2, N, 21, Bus 1 A, 2 A, 3 A (Schwedenplatz)
Das kleinste Opernhaus Wiens. Kammeropern, Barockopern in intimem Rahmen.

**Letztes Wiener Stegreiftheater**
(ehemals Tschauner)
XVI., Maroltingergasse 43
Tel. 9 14 54 14
Straßenbahn 10, Bus 48 A (Gutraterplatz)
Mo–Sa 19.30 Uhr, So Matineen und manchmal »Galavorstellungen« (Anfang Juni bis Mitte Sept.)
Das Theaterportal ist ein hölzernes Tor, der Zuschauerraum ein Hof unter freiem Himmel, die Bühne ein gestreifter Guckkasten. Das Stück besteht aus ein paar Zetteln mit Stichwörtern, die Bühnendekoration aus ein paar banalen Alltagsgegenständen. Die Schauspieler übertreiben maßlos, das Publikum rast vor Begeisterung, die Pianisten haben einen harten Anschlag. Die Tschaunerschen (das Theater hieß früher Tschauner) Abende in der Vorstadt sind extrem lustig! Karten: 90–160 öS.

Der gute Tip M:
**Odeon**
Die ehemalige Wiener »Fruchtbörse« entwickelte sich in den letzten Jahren zu einem angesehenen wie stimmungsvollen Treffpunkt des internationalen Theater-, Musik- und Ballettgeschehens.

**Odeon** M F2
II., Taborstr. 10
Tel. 2 14 55 62
Straßenbahn 21, N, Bus 5 A (Karmeliterplatz)
Die sehenswerten Räume der ehemaligen »Fruchtbörse« sind die Heimat des Serapionstheaters, eines Ensembles um den Avantgarde-Theatermacher Erwin Piplits.
Das Ensemble spielt nonverbales Theater, eine Mischung aus Pantomime, Performance, Ballett und Ausdruckstanz. Eine gelungene Verbindung, die auf vielen Theaterfestivals große Beachtung fand.
In den Spielpausen wird das Haus Gastspielen zur Verfügung gestellt (internationales Theater, Neue Musik, Opern-, Tanz- und Pantomimedarbietungen).

**Raimundtheater**
VI., Wallgasse 18
Tel. 5 99 77/227, Bestellung mit Kreditkarten: 5 88 85

Straßenbahn 6, 18 (Mariahilfer Gürtel)
Ziemlich kommerziell betriebenes Musiktheater: Operette, Musical, Revue. »Kultur«-Anlaufstelle internationaler Busreisegruppen. Karten: 110–990 öS.

**Schauspielhaus**
IX., Porzellangasse 19
Tel. 3 17 06 16
Straßenbahn D (Fürstengasse); Bus 40 A (Bauernfeldplatz)
Das beste der »kleinen« Theater Wiens: engagierte Avantgarde, modernes Sprechtheater. Manchmal Gastspiele.

D5 **Staatsoper**
I., Opernring 2
Tel. 5 14 44/0
U1, U2, U4, Bus 4 A (Karlsplatz/Oper); Straßenbahn 1, 2, D, J, 62, 65, Bus 59 A, 3 A, Lokalbahn (Oper)
Kartenbestellungen und Vorverkauf: Österreichischer Bundestheaterverband (quer über der Operngasse). Stehplatzkarten-Verkauf: Im Haus (für die billigen Stehplatzkarten stellen sich Fans oft stunden-, ja sogar tagelang an!). Karten: 90–2000 öS.
Neben der Scala in Mailand und der Met in New York zählt die Staatsoper in Wien zu den führenden Opernhäusern der Welt. Als »k. u. k.-Hofoper« gegründet, residiert das Musiktheater in dem zwar reichgeschmückten, aber doch feingliedrigen Bau Eduard van der Nülls und August von Siccardsburgs, dem Hauptwerk des romantischen Historismus (1861–69). Die beiden Architekten erlebten die glanzvolle Eröffnung leider nicht: Van der Nüll nahm sich offenbar wegen der stürmischen Kritik an seinem Bau zuvor das Leben, von Siccardsburg starb an Herzversagen. Bald darauf war das Gebäude – nicht zuletzt wegen seiner hervorragenden Akustik – weltberühmt.

**Theater an der Wien** C6
VI., Linke Wienzeile 6
Tel. 5 88 30/2 37
U1, U2, U4, Straßenbahn 62, 65, Bus 4 A (Karlsplatz); Bus 59 A (Bärenmühlendurchgang)
Die älteste Bühne Wiens wurde 1800–01 errichtet. Das erkennt man allerdings nur mehr an der klassizistischen Seitenfront (Millöckergasse) und an der Rückseite (Lehárgasse). Die Hauptfront wurde 1902 von dem Theaterarchitekten-Paar Ferdinand Fellner und Hermann Helmer (→ Volkstheater) erbaut. Der erste Direktor hieß Emanuel Schikaneder, seines Zeichens Textdichter von Mozarts Oper »Die Zauberflöte«. 1805 wurde hier Beethovens »Fidelio« uraufgeführt. Heute wird das Haus mit Musicals bespielt. Während der Wiener Festwochen finden hier internationale Musik- und Sprechtheateraufführungen statt.

**Theater in der Josefstadt** A3/B3
VIII., Josefstädter Str. 26
Tel. 4 02 51 37
Straßenbahn J (Lederergasse); Bus 13 A (Theater in der Josefstadt)
Bürgerlich-plüschiges Biedermeiertheater (1822) von Josef

Die Wiener Staatsoper, als k.u.k.-Hofoper gegründet, zählt zu den führenden Opernhäusern der Welt

Kornhäusel mit fast intimer Atmosphäre. Das Haus hat eine große Tradition: Für die »Josefstadt« schrieben Ferdinand Raimund und Johann Nestroy (beide standen hier auch regelmäßig auf der Bühne), in den 20er und 30er Jahren war der Intendant einer der berühmtesten Theatermacher des deutschen Sprachraumes – Max Reinhardt. Diese Zeiten sind freilich längst vorbei. Karten 50 bis 500 öS.

**Volksoper**
IX., Währinger Str. 78
Tel. 5 14 44/33 18
U6, Straßenbahn 40, 41, 42, Bus 40 A (Währinger Straße/ Volksoper)
Kartenbestellungen und Vorverkauf: Österreichischer Bundestheaterverband.
Karten: 50–800 öS.

Das populäre Haus der Bundestheater: Operette, Musical, Ballett. Alle Vorstellungen in deutscher Sprache.

**Volkstheater** B5
VII., Neustiftgasse 1
Tel. 5 23 27 76
U2, Bus 48 A (Volkstheater); Straßenbahn 49 (Stiftgasse)

Das Theater mit den meisten Sitzplätzen, von den beiden erfolgreichsten Theaterarchitekten ihrer Zeit errichtet (Ferdinand Fellner und Hermann Helmer, 1887–89). Heute ist es im Besitz des Österreichischen Gewerkschaftsbundes und fühlt sich vor allem den österreichischen Klassikern (Nestroy, Raimund, Grillparzer) sowie sozial engagierter, zeitgenössischer Dramatik verpflichtet. Karten: 50–400 öS.

### Feste und Festspiele

Blickt man auf den Festkalender der Stadt, könnte man denken, die Wiener seien ständig am Feiern, Tanzen, Singen und Musizieren. Fasching und Ballsaison sind zweifellos die gesellschaftlichen Höhepunkte des Jahres, gefolgt von den Wiener Festwochen im Frühling. Im Herbst sind Allerheiligen und Allerseelen hohe Feiertage: Die Wiener fahren auf den Zentralfriedhof, um ihrer Angehörigen zu gedenken.
Zu den meisten Festival-Veranstaltungen und Konzerten gelangen Sie gratis: Die Eintrittskarten gelten meist auch als Fahrausweis für die Wiener öffentlichen Verkehrsmittel – ab zwei Stunden vor bis sechs Stunden nach Veranstaltungsbeginn.

Der gute Tip M:
**Ballsaison**
Bei den Wiener Bällen wird ausgelassen bis in die frühen Morgenstunden gefeiert. Wenn Sie hier nicht mit der einheimischen Bevölkerung in Kontakt kommen …

**Ganzjährig**
**Die Wiener Sängerknaben**
Mai, Juni, Sept. und Okt. jeweils Fr 15.30 Uhr im Konzerthaus (gemischtes Programm mit Motetten, Madrigalen alter Meister, Walzermusik und Volksliedern)
Karten: in den Kartenbüros, in Hotels und beim Reisebüro Mondial (Faulmanngasse 4, A-1040 Wien, Tel. 58804141, Fax 5871268). Die Karten kosten 350 bzw. 400 öS. Rechtzeitig reservieren!
Der 500 Jahre alte berühmte Knabenchor singt meist sonntags in der Burgkapelle der Wiener Hofburg. Für die dort stattfindenden Messen sind allerdings nur schwer Karten zu bekommen, die Zuschauerzahl ist begrenzt, und die Uhrzeit (So morgen 9.15 Uhr, pünktlich) ist nicht jedermanns Sache. Leichter kommt man bei den öffentlichen Konzerten in den Genuß der hohen Knabenstimmen.

**Januar**
**Silvester**
Die »Altstadt-Party« findet rund um den Stephansdom statt: Auf dem 2 km langen Silvesterpfad gibt es bei rund 100 Buden Sekt und Snacks, vier Festzelte bieten Programm bis 2 Uhr früh, die Operette »Die Fledermaus« wird live aus der Wiener Staatsoper auf eine Riesenleinwand vor dem Stephansdom übertragen (ab 19 Uhr).
**Ballsaison M**
Die Saison dauert eigentlich nur von Silvester bis Aschermittwoch, wegen der Fülle der Veranstaltungen (insgesamt rund 300 größere Bälle) aber meist bis Mitte März. Beachten Sie die Kleiderordnung: Bei Bällen tra-

gen die Damen Abendkleid, die Herren mindestens einen dunklen Anzug sowie Schlips und Kragen, besser noch Smoking, beim Opern- und Kaiserball sind Smoking oder Frack allerdings obligatorisch! Festlich eröffnet wird die Ballsaison alljährlich mit dem Kaiserball am Silvesterabend in der Hofburg (Karten: Tel. 5873666/23 – wie bei allen Bällen rechtzeitig reservieren!).

**Höhepunkte der Saison:**

***Blumenball***
Karten: Tel. 7122171/54

***Philharmonikerball***
Karten: Tel. 5056525

***Techniker Cercle***
Karten: Tel. 5339061

***Ärzteball***
Karten: Tel. 51501/0

***Kaffeesiederball***
Karten: Tel. 51450/241

***Opernball***
Karten: Tel. 51444/2606 oder 2613

***Bonbonball***
Karten: Tel. 3303121, 3307884

***Juristenball***
Karten: Tel. 52152/882

***Rudolfina-Redoute***
Karten: Tel. 4054811

***Ball der Magier***
Karten: Tel. 7125452

***Fasching***
Lockerer, aber auch wilder geht es bei den zahlreichen *Gschnasfesten* (Faschingsfesten) zu – zum Beispiel am »Fast-nackt-Fest«, dem »Reiz-und-Wäsche-Fest« und dem »70er-Jahre-Fest« (Metropol, Karten: Tel. 433543) – hier ist von Frackzwang keine Rede, manchmal reicht es, ganz wenig anzuhaben.

### Februar

**Festivals »Tanz« und »Welttöne«**
Information und Karten: Wiener Festwochen, Lehárgasse 11, A-1060 Wien, Tel. 5861676, Fax 586167649
Mitte Feb.–Ende März
In allen »geraden« Jahren treffen sich erstklassige Ensembles aus aller Welt zu einem Festival des modernen Tanzes, alle »ungeraden« Jahre findet ein Festival internationaler zeitgenössischer Musik statt.

**Haydn-Tage**
Karten: Musikverein (→ Am Abend, Konzertsäle)
Ende Feb.–Anfang März
Werke des Komponisten Joseph Haydn, des Schöpfers der österreichischen Kaiserhymne, im Wiener Musikverein.

### März

**Resonanzen**
Karten: Konzerthaus (→ Am Abend, Konzertsäle)
Wiens Festival für Alte Musik – Werke aus Renaissance und Mittelalter im Wiener Konzerthaus.

### April

**Frühlingsfest**
Karten: Konzerthaus (→ Am Abend, Konzertsäle)
Anfang April–Anfang Mai
Symphonie- und Kammerkonzerte klassischer Musik mit in-

ternationalen Interpreten im Wiener Konzerthaus.

**Mai**

**Internationales Musikfest**

Karten: Musikverein bzw. Konzerthaus (→ Am Abend, Konzertsäle)

Anfang Mai–Mitte Juni

Im Rahmen der Wiener Festwochen treffen sich internationale Spitzenorchester und -dirigenten abwechselnd im Konzerthaus oder im Goldenen Saal des Musikvereins, um Meisterwerke der Klassik zum besten zu geben – eines der wichtigsten Konzertereignisse weltweit!

**Wiener Festwochen M**

Info/Programm und Karten: Wiener Festwochen, Lehárgasse 11, A-1060 Wien, Tel. 5 86 16 76, Fax 5 86 16 76 49. Karten gibt es auch in allen Kartenbüros und an den Vorverkaufsstellen der einzelnen Spielstätten.

Anfang Mai–Mitte Juni

Das größte alljährliche Kulturspektakel: internationale Gastdarbietungen auf höchstem Niveau in den Bereichen klassische und zeitgenössische Musik, Ballett, Oper, Theater, Kabarett, Performance, Film, Kunst… an vielen verschiedenen Spielstätten überall in der Stadt.

**Juni**

**Klangbogen – Wiens Musik-Sommer**

Information und Karten: Klangbogen Wien, Laudongasse 29, A-1080 Wien, Tel. 4000/8400, Fax 4000/998410

Mitte Juni–Anfang Sept.

Über 150 Konzerte finden in den Sommermonaten statt: große Orchester in Musikverein und Konzerthaus, Kammermusik und typisch wienerische Schrammelmusik im Arkadenhof des Rathauses. Streichquartette im Schloß Schönbrunn, Orgel- und Chormusik in der Augustinerkirche. Mozart-Messen in der Michaelerkirche, Schuberts Werke in dessen Geburtshaus – und Walzernachmittage mit Wiener Jause im Schloß Wilhelminenberg.

**Kinderklang: 3. Wiener Kindermusikfestival**

(→ Kinder, Kindertheater und -konzerte)

**Juli**

**Musikfilmfestival**

Eintritt frei

Anfang Juli–Ende Aug., tgl. nach Einbruch der Dunkelheit (außer bei Regen)

Prominente Operninszenierungen, gefeierte Konzerte und Operetten- wie Musicalproduktionen auf einer Großleinwand vor dem Wiener Rathaus, unter freiem Himmel inmitten einer

> Der gute Tip M:
> **Wiener Festwochen**
> Dieses Kulturfestival bietet für jeden etwas – ob klassische Musik, modernen Tanz oder Avantgardetheater, ob Film, Ausstellungen oder Happenings.

Schön verrückt und schrill: Bei einigen Bällen sind der Fantasie in punkto Kostüm keinerlei Grenzen gesetzt

Budenstraße mit kulinarischen Spezialitäten – ein Volksfest der Musik an lauen Sommerabenden.

### Mozart in Schönbrunn

Karten: Wiener Kammeroper, I., Fleischmarkt, Mo–Sa 10 bis 17 Uhr, Tel. 5 13 60 72, 5 12 01 00; Abendkasse ab 19 Uhr (Funktelefon direkt an der Kasse 0663/9 19 74 51); 250–750 öS.
Juli–Aug., tgl. außer Mi und So bei Schönwetter

Das Ensemble der Wiener Kammeroper führt in der idyllischen Römischen Ruine im Schönbrunner Schloßpark unter freiem Himmel Opern von Wolfgang Amadeus Mozart auf, vorzugsweise »Le nozze di Figaro« und »Don Giovanni«.

### Soirée bei Prinz Orlofski

Karten: Wiener Kammeroper, I., Fleischmarkt, Mo–Sa 10 bis 17 Uhr, Tel. 5 13 60 72, 5 12 01 00; Abendkasse Tel. 8 77 45 66; 150–470 öS.
Mitte Juli–Mitte Aug. tgl. außer So

Ein Potpourri klassischer Operettenmelodien rund um Johann Strauß' berühmte »Fledermaus« und im Anschluß daran ein Alt-Wiener Diner – alles im Schönbrunner Schloßtheater, einem der schönsten Barocktheater der Welt.

### Tanz-Fest

Karten: Internationale Tanzwochen Wien, Postfach 155, A-1091 Wien, Tel. 93 55 58, 93 16 54, Fax 9 31 68 39 und in allen Kartenbüros
Ende Juli–Mitte Aug.

Internationale Avantgarde-Tanztruppen zeigen ihr Können. Für aktive Tänzer finden parallel dazu eine breite Palette von Seminaren der Internationalen Sommertanzwochen statt.

### Jazz-Fest

Info: Jazz-Fest Wien, Esteplatz 3/13, A-1030 Wien, Tel. 7 12 42 24, Fax 7 12 34 34
Karten: Ticket-Line, Tel. 5 45 45 40, Fax 5 45 45 40 16 und Kartenbüros
1. Julihälfte

Jazz (modern und traditionell), Blues, Cool, Avantgarde werden in ungewohntem Rahmen präsentiert – in der Staatsoper und im Volkstheater.

**September**

**Volks(stimme)fest**

Jesuitenwiese
Meist an einem der ersten beiden Sept.-Wochenenden (Plakate überall in der Stadt beachten)

Die Tageszeitung »Volksstimme« gibt es schon gar nicht mehr, deren Träger, die Kommunistische Partei Österreichs (KPÖ) fast nicht mehr, doch das dazugehörige Fest findet nach wie vor alljährlich unter großer Publikumsbeteiligung in den Prateraueen statt.

**Oktober**

**Wien modern**

Informationen und Karten: Klangbogen Wien, Laudongasse 29, A-1080 Wien, Tel. 4000/7400, Fax 4000/998410
Ende Okt.–Ende Nov.

Festival der Musik des 20. Jh. Internationale Interpreten, Avantgarde-Musik im Wiener Konzerthaus, Wiener Musikverein und Odeon.

**November**

**Wiener Mozart-Fest**

Karten: Konzerthaus (→ Am Abend, Konzertsäle)
Ende Nov.–Mitte Dez.

Internationale Orchester, Solisten und Kammermusikensembles spielen im Wiener Konzerthaus Mozart-Werke.

**Schubertiade**

Karten: Musikverein (→ Am Abend, Konzertsäle)
Mitte Nov.

Liederabende, Kammermusik, Symphonien – Schuberts Werke im Wiener Musikverein.

**November / Dezember**

**Adventzauber und Christkindlmarkt**

Mitte Nov.–24. Dez. tgl. 9 bis 20 Uhr

Weihnachtsmarkt auf dem Rathausplatz: Die Bäume des Rathausparks sind von Wiener Künstlern mit Scherenschnitten, Lampions und Sagenfiguren geschmückt, es gibt eine Weihnachtsmännerparade, Eislaufvorführungen und natürlich Marktbuden. Im Rathaus finden Volkslieder-Konzerte statt (Fr, Sa, So, Feiertag 15.30–19.30 Uhr).

## Kinder

Wien ist keine kinderfreundliche Stadt – das soll Sie jedoch nicht abschrecken, sondern ganz im Gegenteil ermuntern! Kinder werden in Wien traditionellerweise argwöhnisch betrachtet, immerhin stören sie in vielen Fällen Ruhe und Beschaulichkeit, bringen ungewohnte Bewegung vor allem im klassischen Kaffeehaus oder Beisl.
Deswegen sind in Wien viele Kinder immer schon erwachsen, schon von klein auf, besonders die guterzogenen. Und gerade deswegen gilt: Kinder überallhin mitnehmen. Auf diese Art und Weise hat sich in den vergangenen Jahren schon einiges geändert in Wien – selbst Institutionen wie Museen oder Frem-

denverkehrsverbände begannen, sich Gedanken über Kinder zu machen. Deren Früchte können Sie bereits ernten – das Lern- und Unterhaltungsangebot der Stadt für Kinder ist mittlerweile riesengroß und umfaßt alle Bereiche: Bildung, Sport, Kino, Theater, Kunst. Die aktuellen Angebote entnehmen Sie am besten der Tagespresse oder der in dieser Hinsicht engagierten, wöchentlich erscheinenden Stadtzeitung »Falter«.

**Babysitting**

**Österreichischer Akademischer Gästedienst**
Tel. 5873525
Mo–Do 9–17, Fr 9–15 Uhr

**Österreichische Hochschülerschaft**
Tel. 408704675 und 408704676
Mo–Fr 9–13 Uhr
Voranmeldung mindestens 2 Tage

Babysitting im Hotel im Haus bzw. Stadtrundgänge für Kinder mit Animateurin bieten folgende Häuser (dort gibt es auch Familienzimmer, Spielplätze, Kindermenüs und Leih-Spielzeug):

**Alba Hotel Accadia**
V., Margaretenstr. 53
Tel. 58850/0, Fax 58850/899
Bus 59A (Große Neugasse)
104 Zimmer
2. Kategorie

**Hotel City-Central** F2
II., Taborstr. 8
Tel. 21105/0, Fax 21105/140
U1, U4, Straßenbahn 1, 2, N, 21, Bus 1A, 2A, 3A (Schwedenplatz)
58 Zimmer
2. Kategorie

**Flohmarkt**

**Kinderflohmarkt** D1/E3
Donaukanal-Promenade zwischen Schwedenplatz und Augartenbrücke
U1, U4, Straßenbahn 1, 2, N, 21, Bus 1A, 2A, 3A (Schwedenplatz)
Jeden 2. Sa ab 14 Uhr

Hier verkaufen und kaufen Kinder an Kinder und für Kinder wie die Großen: Spielzeug, Bücher, Kassetten, Comics.

**Jahrmärkte**

**Böhmischer Prater** M
X., Urselbrunnengasse/Laaer Wald
S60, S80 (Simmering/Ostbahn); Bus 68A (Urselbrunnengasse); 15A (Männertreugasse), jeweils 10–20 Min. Fußweg auf den Laaer Berg/durch den Laaer Wald. Direkte Autozufahrt über Laaer Berg-Straße, Urselbrunnengasse

Der gute Tip M:
**Böhmischer Prater**
Der andere Prater Wiens – der kleinere, unauffälligere, wienerischere, poetischere, abgelegenere.

Touristen ist der Böhmische Prater in der Regel unbekannt. Er liegt auf dem Gipfel des Laaer Bergs (»Monte Laa«), einer Erhebung, so flach, daß sie kaum

Hier geht es drunter und drüber: Fabelskulptur im Wurstelprater

als Hügel zu identifizieren ist. Von hier hat man dennoch gute Aussichten nach Osten: Auf die Simmeringer Industrielandschaft mit ihren gründerzeitlichen Gasometern und Fabrikhallen, den Zentralfriedhof, den Alberner Hafen und am Horizont auf das Leithagebirge an der slowakischen und ungarischen Grenze.

An der schmalen Straße mitten im Laaer Wald gibt es wenige, aber romantische Attraktionen: eine elektrisch-hölzerne Fahrraupe aus dem Jahre 1929, ein Ringelspiel, ein Puppentheater (Vorstellungen: Sa, So, Feiertag 15 und 16 Uhr), an Stangen befestigte Fahrräder, mit denen man über einen Holzsteg im Kreis fahren kann.

All das ist nicht nur für Kinder schön. Erwachsene laben sich im Wirtshaus Zum Werkelmann (Mo–Fr 15–23, Sa ab 14, So ab 9 Uhr. Biergarten), Kinder essen Langos (in Knoblauch und Öl ausgebackene Teigfladen) oder gerösteten Kukuruz (Maiskolben).

Auch auf den Wiesen neben dem Laaer Wald ist viel Platz für Kinder: im Sommer auf dem Spielplatz, im Herbst beim Drachensteigen, im Winter auf der Naturrodelbahn.

### Prater

II., Praterstern/Ausstellungsstraße
S1, S2, S3, S7, S15, U1, Straßenbahn O, 5, 21, Bus 80A, 82A (Praterstern/Wien Nord)
Tgl. von mittags bis Mitternacht. Im Winter sind, je nach Witterung, viele Fahrgeschäfte geschlossen. Manche überdachte Attraktionen sind ganzjährig geöffnet.

Eigentlich heißt er »Volksprater« (offiziell) oder »Wurstelprater« (Volksmund) nach der Schaubuden-Figur »Hanswurst«. Der »Prater« oder »grüne Prater« meint die anschließende Auen- und Parklandschaft. Für Kinder das definitive Paradies und auch wieder nicht – für viele sind die Verlockungen und Reize der 200 Buden und Fahrgeschäfte so überwältigend, daß sie spätestens nach einer Stunde Aufenthalt den Überblick verlieren und in eine ungeahnte Konsumwut verfallen. Hier helfen nur äußerste

Zurückhaltung oder eine prallgefüllte Brieftasche.

### Kinderkleidung und Spielzeug

B5 **Continis**
VII., Kirchengasse 19
Straßenbahn 49 (Stiftgasse);
Bus 13A (Siebensterngasse)
Porzellankopfpuppen, alte Puppen, Puppenmöbel, Puppenkleider, Puppenreparaturen. Puppenwunderland.

E4 **Wiener Spielzeugschachtel**
I., Rauhensteingasse 5
U1, U3, Bus 1A, 2A, 3A (Stephansplatz)
Pädagogisch anspruchsvolles Spielzeug und ausgewählt schöne Kinderbücher. Eines der schönsten Spielzeuggeschäfte Wiens.

D5 **Zauberklingl**
I., Führichgasse 4 (hinter der Staatsoper)
U1, U2, U4 (Karlsplatz/Oper);
Straßenbahn 1, 2, D, J, 62, 65, Bus 59A (Oper); Bus 3A (Albertinaplatz)
Alles, was das altmodische Kinder- (und Eltern)herz begehrt: Spielzeug, Zaubererbedarf, allerlei magische Kleinigkeiten. Empfehlenswert!

### Kindertheater und -konzerte

D6 **Kinderklang: 3. Wiener Kindermusikfestival**
Künstlerhaus
I., Karlsplatz 5
U1, U2, U4, Straßenbahn 1, 2, D, J, 62, 65, Bus 4A (Karlsplatz/Oper); 59A, 3A, Lokalbahn (Oper)
Anfang Juni. Tgl. 3 Kinderkonzerte. Dauer pro Konzert: 1 Std., Eintritt: Vormittagskonzerte gratis, Nachmittagskonzerte 60 öS. Information: Tel. 51238329

**Renaissancetheater** A4
VII., Neubaugasse 36
Tel. 52110
Straßenbahn 49, Bus 13A (Neubaugasse/Westbahnstraße)
Theater mit ambitioniertem Kinder- und Jugendprogramm. Vorstellungsbeginn und Programm telefonisch erfragen oder der Tagespresse entnehmen.

**Theater im Zentrum** E4
I., Liliengasse 3
Tel. 52110
U1, U3, Bus 1A, 3A (Stephansplatz)
Theater mit ambitioniertem Kinder- und Jugendprogramm. Vorstellungsbeginn und Programm telefonisch erfragen oder der Tagespresse entnehmen.

**Urania-Puppenspiele** F3
I., Uraniastr. 1 (am Julius-Raab-Platz, beim Zusammenfluß von Wienfluß und Donaukanal)
Tel. 726191/0
Straßenbahn 1, 2, N (Julius-Raab-Platz)
Okt.–April
Die klassische, altehrwürdige Puppenspielbühne Wiens. Hier machten Generationen von Wiener Kindern ihre ersten Theatererfahrungen. Programm telefonisch erfragen oder der Tagespresse entnehmen.

### Museen und Ausstellungen

**Circus- und Clownmuseum** E2
II., Karmelitergasse 9
Straßenbahn 21, N, Bus 5A

(Karmeliterplatz)
Mi 17.30–19, Sa 14.30–17,
So 10–12 Uhr
50 Jahre sammelte der Schriftsteller Heino Seitler alles, was mit dem Zirkus im allgemeinen und Clowns im besonderen zusammenhängt. Der Mann hat inzwischen den Titel »Präsident der Internationalen Gesellschaft der Circus-Historiker«, seine Privatsammlung, jetzt im Bezirksmuseum Leopoldstadt zu bewundern, ist sehenswert.

B6 **Haus des Meeres (Vivarium Wien)**
VI., Esterházypark
U3 (Neubaugasse); Bus 13A, 14A, 57A (Kaunitzgasse)
Tgl. 9–18 Uhr
Ein Kuriosum: jede Menge Aquarien mit Fischen, Krebsen, Muscheln etc. und Terrarien (Skorpione, Echsen...) in einem ehemaligen Flakturm (Luftschutzbunker).

Der gute Tip M:
**Naturhistorisches Museum**
Eine riesige Sammlung von Tier- und Pflanzenpräparaten und echte Dinosaurier-skelette!

**KunstHaus Wien**
III., Untere Weißgerberstr. 13
Tel. 3191258
Straßenbahn O, N (Radetzkyplatz)
Tgl. 10–19 Uhr, Eintritt Kinder 50 öS, erwachsene Begleitperson frei. Termine auf telefonische Anfrage
Spiel und Animationsführung für Kinder von 6 bis 10 Jahren durch die Hundertwasser-Ausstellung. Dauer 90 Min.

**Kunsthistorisches Museum** C5
I., Maria-Theresien-Platz
Tel. 52177/0
U2 (Babenberger Straße); U3 (Dr.-Karl-Renner-Ring); Straßenbahn 1, 2, D, J, 46, 49, Bus 2A, 57A (Burgring); 48A (Endstation Dr.-Karl-Renner-Ring)
Di, Mi, Do, Fr 10.30 Uhr
Eintritt und Führung für Kinder bis 10 Jahre frei (auch ohne Eltern), ab 10 Jahre 30 öS, Erw. 45 öS
Einstündige Kinderführungen unterschiedlicher Thematik (Reise ins Land der Pharaonen, Zu Gast beim Kaiser, Griechische Helden, Schlangen und Drachen).

**Naturhistorisches Museum** M C4/C5
I., Maria-Theresien-Platz
Tel. 52177/335
U2 (Babenberger Straße); U3 (Dr.-Karl-Renner-Ring); Straßenbahn 1, 2, D, J, 46, 49, Bus 2A, 48A (Endstation Dr.-Karl-Renner-Ring); 57A (Burgring)
Kinderführungen, Kinderprogramm (Themen: Vögel; Zungen, Zangen, Zähne; Regenwald; Wasser; Dinosaurier).
Sa 14, So 10 und 14 Uhr. Während der Ferienzeiten tgl. (außer Di) 10 und 14 Uhr. Eigener Kindersaal (ausgestopfte Tiere, die berührt werden dürfen).
Eintritt Kinder 15 öS, Erw. 30 öS, Führungen gratis
Die riesige Sammlung an Präparaten, ausgestopften Tieren, Skeletten (Dinosaurier!), Schmetter-

lingen, Steinen, Eiern etc. ist nicht nur für Regentage gut. Herrliche Räume, viel Platz zum Hin- und Herwandern, nicht nur für Kinder ein Faszinosum. Buffet.

**Planetarium**
Oswald-Thomas-Platz/Hauptallee (beim Eingang zum Wurstelprater, vor dem Riesenrad)
S1, S2, S3, S7, S15, U1, Straßenbahn O, 5, 21, Bus 80 A, 82 A (Praterstern/Wien Nord)
So 15 und 17 Uhr; Anfang Aug.–Mitte Sept. geschl.
Eintritt Kinder 20 öS, Erw. 40 öS
»Interplanetarische Führungen« im Kuppelkino.

**Pratermuseum**
II., Prater/Hauptallee (beim Riesenrad)
S1, S2, S3, S7, S15, U1, Straßenbahn O, 5, 21, Bus 80 A, 82 A (Praterstern/Wien Nord)
Di–Fr 9–12.15 und 13 bis 16.30, Sa, So, Feiertag 14 bis 18.30 Uhr
Kuriositäten, Bilder, Fotos und Dokumente aus der Geschichte des Wurstelpraters. Vor dem Praterbesuch hingehen, sonst wollen die Kinder die ganze Zeit nichts anderes als zurück in den Prater von heute!

D3 **Puppen- und Spielzeugmuseum**
I., Schulhof 4/1. Stock (hinter der Kirche Am Hof)
U1, U3 (Stephansplatz); Bus 1 A, 2 A, 3 A (Bognergasse)
Tgl. (außer Mo) 10–18 Uhr
Historische Puppen und Spielzeuge, alles in Vitrinen. Für die ganz Kleinen.

**Urania Sternwarte** F3
I., Uraniastr. 1 (am Julius-Raab-Platz, beim Zusammenfluß von Wienfluß und Donaukanal)
Straßenbahn 1, 2, N (Julius-Raab-Platz)
Mi, Fr und Sa 20, So 11 Uhr; Aug. geschl.
Eintritt Kinder 15 öS, Erw. 20 öS.
Kinderführungen (bei klarem Himmel) mit Blick ins Weltall.

## Rundfahrten und Spaziergänge

**Rundfahrten mit der Oldtimer-Tramway**
Abfahrt für alle Touren: Karlsplatz, Otto-Wagner-Pavillon
U1, U2, U4, Straßenbahn 62, 65, Bus 4 A, 59 A (Karlsplatz); Straßenbahn 1, 2, D, J (Oper)
Mi und Sa 13.30, So und Feiertag 10 und 13.30 Uhr; Mi inklusive Führung durch das Wiener Straßenbahnmuseum
Dauer 2 Std., Fahrpreis Kinder 70 öS, Erw. 200 öS
Durch die Stadt mit einer »Bim« (Straßenbahngarnitur) aus dem Jahr 1929.

**Stadtspaziergänge für Kinder**
Anmeldung: Tel. 8 94 53 63.
Dauer 90 Min., Preis Kinder 55 öS, Erw. 110 öS
Für Kinder ab 8 Jahren: mit einer Fremdenführerin kindergerecht die Stadt erwandern – die Themen der Spaziergänge: »Vom Schabdenrüssel zum Küßdenpfennig«, »Vom Basilisken zum Schmeckenden Wurm«, »Vom Stock im Eisen zum Stoß im Himmel«. Begleitung durch einen Erwachsenen erforderlich.

Schönbrunn hat einiges zu bieten. Hier eine »Elefantenparade« im ältesten Zoo der Welt

**Zoo**

**Tiergarten Schönbrunn** M
XIII., Schönbrunner Schloßpark (Haupteingang über das Hietzinger Tor)
Tel. 8 77 92 94/28
U4, Straßenbahn 10, 60 (Hietzing)

Der gute Tip M:
**Tiergarten Schönbrunn**
Der älteste Zoo der Welt bemüht sich sehr um seine jungen Besucher.

Nov.–Jan. tgl. 9–16.30 Uhr; Feb. und Okt. tgl. 9–17 Uhr; März tgl. 9–17.30 Uhr; April tgl. 9–18 Uhr; Mai–Sept. tgl. 9–18.30 Uhr

Eintritt Kinder (3–6 Jahre) 20 öS, (6–15 Jahre) 35 öS, Erw. 80 öS. So Gratis-Führungen (10 Uhr, Treffpunkt Hietzinger Kasse); Mo–Fr 9 bis 16 Uhr
Gratis-Spezialführung zum persönlichen Wunschthema (telefonische Voranmeldung erforderlich)

Der älteste Zoo der Welt (1752 von Franz Stephan von Lothringen, dem Gemahl der Kaiserin Maria Theresia, gegründet) ist ein architektonisches Juwel: barocke, denkmalgeschützte Tierkäfige, der ebenso barocke wie natürlich »schönbrunnergelb« gestrichene Kaiserpavillon in der Mitte der sternförmigen Anlage, der als Café-Restaurant dient – alles eingebunden in die Parklandschaft des Schönbrunner Schloßparkes.

## Orte in der Umgebung

Die Umgebung Wiens lockt mit einer Vielzahl von landschaftlichen, architektonischen wie kulturhistorischen Sehenswürdigkeiten.
Gegen Westen und Süden erstrecken sich der Wienerwald sowie das obere Donautal mit Wachau und Studengau. Hier finden sich zwischen waldigen Bergrücken und sanften Tälern viele Juwele barocker sakraler wie profaner Baukunst – Klöster, Kirchen, Schlösser und teilweise sehr gut erhaltene Dorf- wie Kleinstadtensembles (→ Spaziergänge und Touren).
Gegen Norden, Richtung Wald- und Weinviertel, liegen weite, bäuerlich geprägte Gebiete, sanft gewelltes und erst weiter im Westen (Richtung Waldviertel) bewaldetes Land. Im Weinviertel dominiert – wie der Name bereits verheißt – der Weinbau, doch auch hier locken einige Schlösser und Burgen den kunstinteressierten Besucher.
Richtung Osten beziehungsweise Südosten erstrecken sich das Wiener Becken und – hinter dem nicht weiter imposanten Leithagebirge – die Pannonische Tiefebene, die nahtlos zur Slowakei beziehungsweise zu Ungarn übergeht: Ein völlig anderer Kulturkreis wird hier sichtbar, slawische wie ungarische Komponenten verdrängen jeden älplerischen Einfluß und machen sich auch architektonisch deutlich bemerkbar. Hier sind auch die für den deutschen Sprachraum bedeutendsten Ausgrabungen aus römischer Zeit – so in *Carnuntum* – zu finden, Mauern und Bögen, die nicht wie in Wien durch die starke Verbauung der letzten beiden Jahrtausende unter den späteren Fundamenten verschwunden sind.

### Bad Vöslau

Vöslau ist so etwas wie die kleine Schwester Badens, nur 5 km südlich der großen Kurmetropole. Auch hier badeten schon die Römer, auch hier bauten schon sie Wein an. Das Stadtbild ist wie in Baden biedermeierisch, allerdings wesentlich überschaubarer. Der Wienerwald liegt mitten vor der Haustür – sanft gewellte, teils dicht bewaldete, teils als Weingärten genutzte Hügel.
Höhepunkt von Bad Vöslau ist das Strandbad (Badesaison 1. Mai–Anfang Okt.): ein schönbrunnergelbes, klassizistisches Ensemble in einem 45 000 qm großen Waldpark mit Schwarzföhren und Edelkastanienbäumen. Die Quelle von Bad Vöslau sprudelt direkt in das größte der Schwimmbecken – mit konstant 24° C Wassertemperatur erfrischt es auch im heißesten Hochsommer. Das mineralhaltige Wasser ist außerordentlich stimulierend – eine der besten Erfrischungsmöglichkeiten in der näheren Umgebung von Wien!

**Allgemeine Informationen**
*Auskunft:*
**Kurverwaltung**
Stadtamt
A-2540 Bad Vöslau
Tel. 02252/70743, Fax 77190
*Auto:*
Südautobahn (A2), Abfahrt Baden, dann Bundesstraße, Fahrtzeit 35 Min.
*Bahn:*
S1, S2 ab Wien/Nord, Wien/Mitte, Wien/Südbahnhof (alle 20–30 Min., Fahrtzeit 1 Std.)

Auf dem Marktplatz der kleinen Kurstadt Baden steht die Dreifaltigkeitssäule

## Baden bei Wien

Die kleine Kurstadt (25000 Einwohner) liegt 30 km südlich von Wien. Aufgrund dieser Nähe und der guten Erreichbarkeit bietet sich Baden auch als Standort für Wien-Besucher an – für alle diejenigen, die die Vorteile des ländlicheren Lebens mit den Verlockungen der Großstadt kombinieren wollen. Für Waldläufer, Baderatten oder Spaziergänger, die sich nicht nur zwischen historischen Häuserfassaden der Großstadt ergehen wollen.

Baden liegt an der sogenannten »Thermenlinie«, einer Bruchstelle in der Erdkruste, an der zuweilen heiße, schwefelhaltige Mineralquellen auftreten. Schon der römische Kaiser Marc Aurel erwähnte die Quellen, der Aufschwung kam jedoch mit Kaiser Franz I. nach Baden – der verbrachte hier seine Sommerfrische und ernannte das Städtchen zu seiner offiziellen Sommerresidenz. Hofstaat, Adel und gehobenes Bürgertum folgten ihm auf dem Fuß – Baden war zur Jahrhundertwende der Nobelkurort der Donaumonarchie (ein bescheidener Auszug aus der Gästeliste: Ludwig van Beethoven, Franz Grillparzer, Ferdinand Raimund, Adalbert Stifter). Sämtliche Walzergrößen aus Wien spielten hier regelmäßig für die Kurgäste auf.

Die Badener Innenstadt wird auch heute noch von Biedermeierfassaden und den klassisch anmutenden Bauten der Bäder bestimmt (6,5 Mio. l Schwefel-Thermalwasser täglich, um 36 °C, gut gegen rheumatische Erkrankungen). Sehenswert sind das *Rathaus* am Hauptplatz (1814/15 von Joseph

Kornhäusel) und das Wohnhaus der kaiserlichen Familie, das »Kaiserhaus« am Hauptplatz 17 (1792).

**Hotel**

**Parkhotel**
Kaiser-Franz-Ring 5
Tel. 0 22 52/4 43 86/0,
Fax 8 05 78
90 Zimmer
2. Kategorie
Schwimmbad, Sauna, Solarium, Kurmöglichkeiten. Restaurant, Caféterrasse.

**Allgemeine Informationen**

***Auskunft:***
**Kurdirektion/Tourist-Information**
Hauptplatz
A-2500 Baden bei Wien
Tel. 0 22 52/8 68 00/310
Fax 8 07 33
Auch Zimmervermittlung und -reservierung.

***Auto:***
Südautobahn (A2), Abfahrt Baden; Fahrtzeit 30 Min.

***Badner Lokalbahn:***
Für Freunde gemütlicher Reisen mit dem Mittelding aus Bahn und Straßenbahn direkt ab der Wiener Staatsoper (ca. alle 30 Min., Fahrtzeit 1 Std.).

***Bahn:***
S1, S2 ab Wien/Nord, Wien/Mitte und Wien/Südbahnhof (alle 20–30 Min., Fahrtdauer mit Expresszügen 20 Min., sonst 1 Std.)

### Carnuntum

Der römische Ausgrabungsort Carnuntum liegt rund 40 km östlich von Wien entfernt. Schon die (Auto-)Fahrt dorthin folgt historischen Spuren – die teilweise von hohen Pappeln gesäumte B9 verläuft größtenteils auf der Trasse der ehemaligen römischen Heerstraße entlang des »Limes«, des römischen Befestigungswalles an der Donau.

Der Name »Carnuntum« wurde erstmals im Jahr 6 n. Chr. in der antiken Literatur erwähnt. Die von Illyrern und Kelten erbaute Siedlung lag an der Kreuzung zweier Handelswege, der Donau und der »Bernsteinstraße«, die Ostsee und Mittelmeer in jener Zeit miteinander verband.

Die römischen Legionen waren zwischen dem Jahr 15 und dem Anfang des 2. Jh. in Carnuntum stationiert, das Kastell befand sich zwischen den heutigen Ortschaften Petronell und Bad Deutsch-Altenburg. Nahe dem Heerlager wurde eine römische Zivilsiedlung errichtet, wo sich römische Kaufleute niederließen und sich bald mit der keltischen Bevölkerung durchmischten.

Spätestens als Carnuntum Hauptstadt der Provinz »Pannonia superior« (Oberpannonien) und damit zum Sitz des Statthalters wurde, wuchs die Bedeutung der Ansiedlung rasch. Nachdem Kaiser Hadrian Carnuntum den Status eines »Municipium« – also das römische Stadtrecht – verliehen hatte, wurde der Marktflecken zu einer wichtigen Handelsmetropole. Erst in den Wirren der Völkerwanderungszeit verlor die Stadt an Bedeutung und stand bald völlig im Schatten der nahen, aufstrebenden Residenz Wien.

Die wichtigsten heute sichtbaren Relikte sind das östliche Lagertor, das etwas abseits der Bundesstraße (Beschilderung!) stehende Heidentor, die Grundmauern des Kastells zwischen den Ortschaften Petronell und Bad Deutsch-Altenburg (direkt an der Straße) sowie das Amphitheater bei Bad Deutsch-Altenburg (Beschilderung), dessen Arena 8 000 Personen Platz bot. In der Nähe des Amphitheaters können auch die Reste der Großen Therme, die Palastruine sowie Teile eines römisch-keltischen Wohnviertels besichtigt werden (im »Spaziergarten« des Schlosses Traun in Petronell; tgl. 9–17 Uhr).

Bodenfunde und Pläne der Ausgrabungen sind im Museum Carnuntinum in Bad Deutsch-Altenburg (tgl. außer Mo 10 bis 17, Fr bis 19 Uhr) zu besichtigen.

Wenn nach der Besichtigung der umfänglichen römischen Ausgrabungen noch Zeit bleibt, ist die Weiterfahrt in das nur 8 km entfernte, donauabwärts gelegene Städtchen Hainburg an der Donau sehr zu empfehlen, den östlichen Vorposten Österreichs (→ Hainburg an der Donau).

**Allgemeine Informationen**

***Auto:***

Über die A4 (Ostautobahn) bis zur Abfahrt Fischamend, dann weiter über die B9 Richtung Hainburg/Bratislava bis Petronell-Carnuntum

***Bahn:***

S7 (ab Wien/Nord, Wien/Mitte und Rennweg) bis Petronell-Carnuntum (alle 60 Min., Fahrtzeit 1 Std.)

### Gumpoldskirchen

In dem Weinort 30 km südlich von Wien reiht sich ein Heuriger an den anderen. An warmen Sommerabenden kann es hier schon hoch hergehen. Die Gäste sind vor allem Wiener oder Bewohner der umliegenden Ortschaften. Touristen verirren sich nur selten hierher. Viele der Heurigen sind noch darauf eingerichtet, daß sich die Gäste ihr Essen selber mitbringen. Zur Versorgung mit Heurigenessen haben in Gumpoldskirchen einige Metzger und Lebensmittelgeschäfte auch während der Wochenenden und abends geöffnet: Sie können sich hier den nötigen Vorrat an (teilweise frisch gebratenen, also noch heißen) Schweinshaxen, Aufstrichen, Broten und Süßigkeiten zusammenstellen und im Heurigenlokal gleich vis-à-vis verzehren. Besteck und Servietten wird man Ihnen dort gerne zur Verfügung stellen – Hauptsache, Sie bestellen beim Wirt etwas, um den Durst zu löschen: Wein und Mineralwasser.

**Allgemeine Informationen**
*Auto:*
Über die Südautobahn (A2), Abfahrt Mödling, dann über die Landstraße nach Gumpoldskirchen (der Beschilderung folgen); Fahrtzeit 45 Min.
*Bahn:*
S1, S2 ab Wien/Südbahnhof, Wien/Mitte und Wien Nord/Praterstern; Fahrtzeit 30 Min.

**Hainburg an der Donau**
Das kleine und architektonisch recht geschlossen wirkende Städtchen liegt direkt an der Donau, die hier – merkwürdig genug, da rundherum nichts als Ebene zu sehen ist – wie durch ein Tor, nämlich durch die Hainburger Pforte, in die Slowakei fließt. Der südliche »Pfeiler« dieser Pforte, der 346 m hohe, grasbewachsene und unbewaldete Braunsberg, liegt direkt neben der Stadt. Von dessen Spitze (Fahr- und Fußweg) hat man einen guten Blick über die hier weitläufigen Donauauen bis nach Bratislava.
Falls das Wetter sommerlich heiß ist und Sie in Badelaune sind, lohnt der Abstecher in die Stopfenreuther Au, die Waldlandschaft am anderen Donauufer, die 1985 durch den Widerstand der Bevölkerung vor der Zerstörung durch einen Kraftwerksbau gerettet wurde. Überqueren Sie die Donau auf der Brücke bei Bad Deutsch-Altenburg, und wandern Sie in die Au – in den zahlreichen Altarmen läßt es sich in kristallklarem Wasser wunderbar baden – eine herrliche Erfrischung.
Seien Sie wirklich unbesorgt – der Schotteruntergrund filtert das unterhalb Wiens nicht mehr lupenrein saubere Donauwasser, so daß in der Au größtenteils Trinkwassergüte gemessen wird. Es besteht kein direkter Zusammenhang mit dem Oberflächenwasser der Donau – außer bei Hochwasser. Bis Sonnenuntergang sollten Sie Ihren Au-Ausflug jedoch trotz aller Idylle weitgehend abgeschlossen haben – dann kommen nämlich die Gelsen (Mücken) in schier unzählbaren Scharen, die selbst Hartgesottene unverzüglich in die Flucht schlagen. Von Hainburg lohnt der Abstecher in die slowakische Stadt Bratislava.

**Heiligenkreuz**
Das Kloster in der waldreichen Senke des Sattelbaches im südlichen Wienerwald (ca. 30 km südwestlich von Wien) geht auf ein Geschenk des Babenberger-Markgrafen Leopold III. an den Zisterzienserorden aus dem Jahr 1133 zurück. Die Mönche rodeten den damals undurchdringlichen, dichten Wald, legten rundherum die Sümpfe trokken und bauten die mittelalterliche Klosteranlage.
Sehenswert sind der Kreuzgang (1220–40), der Kapitelsaal mit dem Grabstein Friedrich II. des Streitbaren und die barocke Dreifaltigkeitssäule (1737–39) im inneren Stiftshof, in dessen

Das mittelalterliche Zisterzienserkloster Heiligenkreuz ist berühmt für seinen Kreuzgang aus dem 13. Jahrhundert

Mitte unter den hundertjährigen Platanen. Auch die Klosterkirche ist einen Besuch wert – sie ist eines der bedeutendsten hochmittelalterlichen Kirchenbaukunstwerke Österreichs. Von der mittelalterlichen Ausstattung der Kirche ist nichts mehr erhalten – erst wurden die Altäre barockisiert, dann wieder regotisiert. In der Aufbahrungskapelle steht ein »castrum doloris«, ein Trauergerüst: Kerzentragende Gerippe vollführen einen etwas beklemmenden Totentanz (1713 von Giovanni Giuliani). Besichtigung nur mit Führung (Mo–Sa 9–11.30 und 13.30–17.30 Uhr stündlich, So, Feiertag 11–11.30 und 15 bis 17 Uhr halbstündlich bzw. nach Bedarf).

**Allgemeine Informationen**
*Auto:*
Südautobahn (A2), ab Knoten Vösendorf Außenringautobahn (A21), Abfahrt Heiligenkreuz

**Klosterneuburg**
Heute ist die Kleinstadt (22 000 Einwohner, 14 km nördlich) fast mit dem nördlichen Wien zusammengewachsen – lediglich die allzu steilen Abhänge des Leopoldsberges zwischen Nußdorf, Kahlenbergerdorf und Klosterneuburg blieben gänzlich unverbaut.
Hoch oberhalb des Ortskerns mit den biedermeierlichen Fassaden erhebt sich das Augustiner-Chorherrenstift Klosterneu-

Malerisch liegt die Kleinstadt Klosterneuburg fast vor der Haustür Wiens

burg, eine Gründung von Markgraf Leopold III. aus dem Jahr 1114. Sein Leichnam ruht in einem Silberschrein in der Halle des Kapitelsaales. Leopold wurde 1485 von Papst Innozenz VIII. heiliggesprochen und gilt seitdem als der Schutzpatron Niederösterreichs, des Bundeslandes rund um Wien.

Im 19. Jh. bekam das romanische Stift – das bereits während des 17. und 18. Jh. barockisiert wurde – neugotische Türme. Von den ursprünglich neun geplanten Kuppeln konnten im Lauf der Jahrhunderte aus Geldmangel nur zwei vollendet werden: eine große mit der römisch-deutschen Kaiserkrone und die kleine mit dem österreichischen Erzherzogshut.

Schmuckstück des Stifts ist der Verduner Altar des Lothringer Goldschmieds Nikolaus von Verdun, der Grabaltar des hl. Leopold, mit seinen 45 kleinformatigen Emailarbeiten mit alttestamentarischen Motiven – die bedeutendsten mittelalterlichen Arbeiten dieser Art.

Weitere Sehenswürdigkeiten im Stift sind das Triptychon »Babenberger Stammbaum«, die ungefähr 160000 Bände umfassende Bibliothek und die Schatzkammer mit ihrer riesigen Sammlung sakraler Gebrauchsgegenstände.

Besichtigung: Mo–Sa 9–12 und 13–17, So 13.30–17 Uhr; Führung So 11 Uhr. Nach der Besichtigung lohnt eine Weiterfahrt nach Kritzendorf.

**Allgemeine Informationen**
*Auto:*
Donaukanalschnellstraße (S2), dann Bundesstraße 14, Fahrtzeit 20 Min.
*Bahn:*
S40 ab Wien/Franz-Josefs-Bahnhof (Station Klosterneuburg/Kierling) ca. alle 30 Min., Fahrtzeit 20 Min.

### Kritzendorf

Nur 3 km nördlich von Klosterneuburg liegt die Ortschaft Kritzendorf, eingebettet in die Auwälder der Donau. Hier können Sie inmitten einer alten, hölzernen Bäderlandschaft in der Donau baden, sich von dem kräftigen Strom ein paar hundert Meter treiben lassen. Danach geht es dann zur Stärkung – wie könnte es anders sein – zum Heurigen.

Das alte *Strombad* von Kritzendorf (im Ort der Beschilderung folgen) stammt aus einer Zeit, in der das Baden in der Donau Selbstverständlichkeit war. Das ist es erst jetzt wieder – der Erfolg von weitreichenden Umweltschutzmaßnahmen und Kläranlagenbau (unterhalb Wiens ist das Bad im Strom allerdings immer noch nicht zu empfehlen). Die hölzerne Bäderlandschaft von Kritzendorf mit ihren Geschäften, Imbißständen und kleinen Restaurants ist direkt an den Fluß gebaut, den man durch das flugzeughangargroße Tor vor der großen Wiese erreicht – hier öffnet sich ein herrlicher, unendlich langer Schotterstrand. Noch ist man auf den ungewohnten Andrang offenbar gar nicht vorbereitet: Der Eintritt ist frei, der Parkplatz gratis, die Badezeiten unbeschränkt.

### Laxenburg

Ein winziges Dorf 15 km südlich von Wien (1 500 Einwohner) und ein romantisches Ritterschloß inmitten einer idyllischen, weitläufigen Parkanlage: Herzog Albrecht II. der Lahme (1330–58) erwarb die damals sumpfigen, undurchdringlichen Jagdgründe, sein Sohn Albrecht III. kaufte einen nahe gelegenen Wirtschaftshof dazu und ließ ihn zu einer Wasserburg umgestalten.

Seine heutige Gestalt erhielt Laxenburg – wie so viele der kaiserlichen Bauten in Wien und Umgebung – durch Maria Theresia. Sie ließ den Bau zu ihrem Lustschloß umwandeln und zahlreiche Nebengebäude wie zum Beispiel das Grüne Lusthaus für sich und ihre Familie errichten: Die alten Räumlichkeiten waren für ihre Kinderschar einfach zu eng geworden.

Nach und nach wurde die Anlage immer mehr vom Jagdschloß zum Lustschloß, zum Ort höfischer Feste und Theateraufführungen. (Ostern–Ende Okt. tgl. 10–12 und 14 bis 17 Uhr; Führungen zur vollen Stunde und nach telefonischer Voranmeldung: Tel. 02236/712260). Das Schloß selbst kann nicht besichtigt werden.

**Orte in der Umgebung**
Klosterneuburg, Kritzendorf, Laxenburg, Mayerling, Neusiedler See

Mayerling: Das Schloß – hier das Wohnzimmer – erlangte traurige Berühmtheit

**Allgemeine Informationen**
*Auto:*
Südautobahn (A2), Abfahrt Wiener Neudorf, dann der Beschilderung folgen
*Bahn:*
R61 ab Wien/Südbahnhof (alle 3 Std., Fahrtzeit 20 Min.)

### Mayerling

Attraktion in dem kleinen Dorf auf dem weiten Talboden inmitten des Wienerwaldes, 30 km südwestlich Wiens, ist das ehemalige Jagdschloß Mayerling (Mo–Sa 9–12.30 und 13 bis 17, So, Feiertag 11–12.30 und 13.30–17 Uhr), das Kronprinz Rudolf 1886 vom Stift Heiligenkreuz erworben hatte. Der designierte Thronnachfolger sollte sich allerdings nur drei Jahre an dem Besitz erfreuen – 1889 erschoß er aus nie ganz geklärter Ursache zuerst seine Geliebte, Baronesse Mary Vetsera, im Schlafzimmer des Schlosses, sodann sich selbst vor dem Spiegel, um auch ganz sicher zu treffen. Rudolfs Vater, der greise Monarch Franz Joseph I., war daraufhin schwer getroffen – er bestimmte, daß das Bauwerk dem Orden der unbeschuhten Karmelitinnen zu übergeben sei, auf daß die frommen Frauen Tag und Nacht für die beiden armen Seelen beten könnten (das tun sie bis heute).
Kronprinz Rudolf durfte nach ausdrücklicher päpstlicher Zustimmung nach einem kirchlichen Begräbnis in der Wiener Kapuzinergruft beigesetzt werden, seine unglückliche Freundin ruht auf dem Ortsfriedhof von Heiligenkreuz. Ihre Grabinschrift: »Wie eine Blume sprošt der Mensch auf und wird gebrochen«.

**Allgemeine Informationen**
*Auto:*
Südautobahn (A2), ab Knoten Vösendorf Außenringautobahn (A21), Abfahrt Alland, dann der Beschilderung folgen

### Neusiedler See

70 km südöstlich von Wien ist von Alpenvorland und Wienerwald nichts mehr zu spüren: Hinter der südlich anmutenden Hügelkette des Leithagebirges

Blick über die Weingärten auf den Neusiedler See, das »Meer der Wiener«

erstreckt sich eine vollkommen flache Ebene, Teil der pannonischen Tiefebene. Hier liegt der größte Steppensee Europas, der Neusiedler See: Er ist stellenweise nur 1,5 m tief, 320 qkm groß und liegt zu einem kleinen Teil auf ungarischem Staatsgebiet (die Grenze verläuft mitten durch das Gewässer) – das »Meer der Wiener«.

Der dichte Schilfgürtel erlaubt keinen unkontrollierten Zugang zum Wasser – er ist als Vogelparadies naturgeschützt und darf in keiner Weise besiedelt werden. Lediglich vor den Ortschaften wurden Dämme durch das Schilf aufgeschüttet und direkt am Ufer Badeanstalten angelegt. Die Wassertemperatur ist im Sommer erstaunlich hoch, weil sich der flache See rasch erwärmt. Segeln und Surfen gehören zu den beliebtesten Sportarten, Motorboote sind (bis auf die großen Linienschiffe) aus Umweltschutzgründen verboten. Rund um den Neusiedler See erstreckt sich eine alte Kulturlandschaft. Die wichtigsten Sehenswürdigkeiten: die burgenländische Landeshauptstadt Eisenstadt mit dem Schloß Esterházy, in dem der Komponist Joseph Haydn lange Zeit lebte, sowie die Bergkirche mit dem Grab des Komponisten. Der Steinbruch St. Margarethen mit seinem Freilichtmuseum österreichischer Gegenwarts-Bildhauerkunst, das Seemuseum bei Neusiedl am See, das Vogelreservat Lange Lacke im Seewinkel am östlichen Seeufer, das in der abgeschiedensten Gegend des Landes liegt.

**Allgemeine Informationen**
*Auto:*
Ostautobahn (A4) bis Abfahrt Parndorf, dann Bundesstraße 50 (Westufer – Purbach, Rust, Mörbisch) oder Landesstraße 51 (Ostufer – Neusiedl, Podersdorf, Illmitz). Fahrtzeit 40 Min.
*Bus:*
Nach Mörbisch, Neusiedl und Rust vom Autobusbahnhof Wien-Mitte (S1, S2, S3, S7, S15, U3, U4/Landstraßen-Wien Mitte). Auskünfte: Tel. 71101 (6–21 Uhr). Fahrtzeit 50 Min.

In Weinorten wie Stammersdorf ist der Weg vom Rebstock bis zum Heurigen nicht weit

**Stammersdorf**
Wer mit der Straßenbahn zwischen Feldern, Wiesen und Weingärten auf ganz normalen Eisenbahnschienen von Station zu Station rollt, wird sich fragen, ob Stammersdorf überhaupt noch zu Wien gehört – nun ja, es ist der äußerste nordöstliche Ausläufer.
Dieser alte Weinbauernort konnte dennoch seinen dörflichen Charakter sehr gut bewahren – entlang der Stammersdorfer Straße reiht sich ein einstökkiges Weinbauernhaus an das nächste. Viele davon sind heute Heurige und schenken ihre Eigenbauweine vor allem gerne an Gäste aus Wien aus (→ Unterwegs in Wien, Essen und Trinken, Heurige und Heurigenlokale).

Ein gutes Ziel für einen Spaziergang ist der Stammersdorfer Friedhof (20 Min.), für engagiertere Wanderer empfiehlt sich das Steinerne Kreuz (der Beschilderung folgen, 1 Std.).

**Allgemeine Informationen**
*Auto:*
Brünner Straße (Fahrtzeit 30 Min.)
*Straßenbahn:*
31 (bis Endstation Stammersdorf, Fahrtzeit 40 Min.)

# Spaziergänge und Ausflüge

## Spaziergänge und Ausflüge

Wien erschließt sich dem Besucher auch auf allereinfachstem Weg – per pedes. Für die Besichtigung der wichtigsten historischen Sehenswürdigkeiten in der Innenstadt benötigen Sie wirklich keine Verkehrsmittel – es sei denn, Ihr Hotel liegt weiter außerhalb: Dann steigen Sie in U- oder Straßenbahn und sind im Handumdrehen da. Ihr Auto – wenn Sie eines mit dabeihaben – lassen Sie für solche Besichtigungstouren am besten stehen: Die ganze Innenstadt ist Kurzparkzone, Sie finden aber dennoch keinen Parkplatz und werden unter Umständen abgeschleppt.

Die Umgebung der Stadt teilt sich, grob gesagt, in drei Bereiche: Den *Wienerwald* im Süden und Westen, Ausflugs- und Wanderziel, das Sie am besten per Bahn, Bus oder Auto erreichen. Der Wald beginnt bereits im Stadtgebiet – der Lainzer Tiergarten ist binnen einer knappen halben Stunde von der Innenstadt aus zu erreichen.

Der zweite Bereich außerhalb Wiens ist die *Donau* mit ihren Auen, Wiesen und der Ebene beiderseits des Ufers. Den Strom selbst bereisen Sie per Schiff, dessen Ufer am besten per Fahrrad – siehe die Vorschläge in diesem Kapitel.

Der dritte Bereich der Wiener Umgebung ist der *Bisamberg* am (flußabwärts gesehen) linken, also östlichen Donauufer – geographisch gesehen der allerletzte Ausläufer der Alpen, auch wenn die Landschaft hier viel eher pannonisch als alpin wirkt. Dieser Höhenzug gehört nicht mehr zum Wienerwald. Er ist die größte Weinbaugegend der Stadt, dessen Heurigendörfer Stammersdorf und Strebersdorf bequem mit S-Bahn, Straßenbahn oder Auto zu erreichen sind. Für die Erkundung der äußeren Bezirke sowie der näheren Umgebung stehen eine Vielzahl von Verkehrsmitteln zur Verfügung.

Schön traditionell: Stadtrundfahrt mit dem Fiaker

'orherige Seite: Immer an der Wand
ıng: Streifzug durch den liebevoll
estaurierten Stadtteil Spittelberg
inks: Ob Sie zeichnerisch tätig werden
der lieber ein wenig schmökern wollen –
Vien bietet verschwiegene Ecken und
rchitektonische Pracht.

### Vom Mittelalter bis zur Ringstraßenzeit: Spaziergang zu den Höhepunkten der Innenstadt

Sie beginnen am *Schwedenplatz* (U1, U4, Straßenbahn 1, 2, 21, N). Falls Sie aus der U-Bahn-Station kommen, nehmen Sie den Aufgang »Rotenturmstraße«, und folgen Sie der Fußgängerzone des *Franz-Josefs-Kais*, dort, wo die Häuserzeile steht, die die Zerstörungen des Krieges überstand. Sie gehen Richtung Norden, den Donaukanal stromaufwärts, Richtung *Marienbrücke*.
Bereits nach 100 m biegen Sie zwischen Nachkriegsbauten in die Ruprechtsstiege ab, über die Sie zu einem schlichten, efeuumrankten romanischen Kirchenbau, zur *Ruprechtskirche*, gelangen, der ältesten noch bestehenden Kirche Wiens (um 740 gegründet).

#### Die ehemaligen jüdischen Viertel

Sie überqueren den Ruprechtsplatz dahinter und kommen zur Judengasse. Hier liegt das *Bermuda-Dreieck*, das innerstädtische Lokal- und Vergnügungsviertel, in einer der ältesten Gegenden der Wiener Innenstadt, dem ehemaligen jüdischen Viertel. Heute ist davon nicht mehr allzuviel zu merken: der *Stadttempel* in der am Ruprechtsplatz linker Hand abgehenden Seitenstettengasse, das koschere Restaurant Arche Noah (→Unterwegs in Wien, Essen und Trinken, Restaurants) und das Hotel der israelitischen Gemeinde am Fleischmarkt (die Treppen am Ruprechtsplatz linker Hand hinunter). Dies ist die »bergigste« Gegend der Innenstadt – die ehemaligen Abhänge zur früher im Bett des heutigen Donaukanals dahinströmenden Donau sind noch gut sichtbar.
Weiter geht es durch die *Judengasse*: Hier sind lauter kleine, mehr oder weniger originelle Boutiquen und Bekleidungsläden anzutreffen. Wer ein wenig vor den Schaufenstern verharrt, wird von den Ladenbesitzern oder deren Mitarbeitern angesprochen – hier ist es durchaus noch üblich, die Kunden verbal in die Geschäfte zu locken.
Die Judengasse mündet im *Hohen Markt*. In dessen Mitte dominiert der *Vermählungsbrunnen*, quer über den Fischhof in der von Ihnen aus gesehen linken Ecke spannt sich die *Ankeruhr* zwischen zwei Geschäftsbauten: Sollte es auf eine volle Stunde oder gar die Mittagszeit zugehen, lohnt es sich durchaus, ein wenig zu warten – dann wandern die Figuren hinter der Glasscheibe unterhalb der Uhr zu anmutigem Glockenspiel über die Brücke. Die Zeit bis dorthin können Sie sich gut mit der Besichtigung der *Römischen Ruinen* unter dem Hohen Markt vertreiben.
Unsere Route führt nach rechts den Hohen Markt entlang und weiter über die *Wipplingerstraße*. Rechts ist das *Alte Rat-*

*haus* zu sehen, Sitz der Wiener Stadtverwaltung vor deren Umzug zur Jahrhundertwende in den neugotischen Bau an der Ringstraße (Rathaus). Durch die erste kleine Straße nach links, die Jordangasse, geht es auf den *Judenplatz*, Zentrum des mittelalterlichen Wiener Judenviertels. Die Synagoge soll auf den Grundstücken der heutigen Häuser Judenplatz Nr. 7 und 8 gestanden haben – der Platz hieß damals noch Schulhof –, rundherum waren Badehäuser, Schulen, ein Spital, ein Fleischhaus und jüdische Wohnhäuser angesiedelt. Während des ersten Wiener Pogroms 1420/21 wurde die Synagoge zerstört, die Juden wurden ermordet und vertrieben. Die *Lessing-Statue* in der Mitte des Platzes soll für Toleranz und friedliches Miteinander der Religionen werben.

**Richtung Graben und Hofburg**

Durch die enge, gekrümmte *Kurrentgasse* mit ihren teilweise mittelalterlichen Häusern, in denen Galerien und kunsthandwerkliche Geschäfte untergebracht sind, geht es bis zur gotischen Hinterseite der *Kirche am Hof* an der rechten Straßenfront – an dem kleinen Platz, der heute Schulhof heißt. Hier finden Sie in schmalen, unscheinbaren mittelalterlichen Häusern das *Uhrenmuseum* sowie das *Puppen- und Spielzeugmuseum*.

Weiter geht es nach links durch die Steindlgasse und geradewegs über die Tuchlauben in die Milchgasse, von dort nach links auf den Petersplatz – leicht zu erkennen an der arg verkleinerten Fassung des vatikanischen Petersdoms in dessen Mitte, an der *Peterskirche*. Sie umrunden das Gotteshaus und gelangen zum *Graben*, Wiens schickster und urbanster Fußgängerzone. In der Mitte steht die *Pestsäule*, aufgrund eines Gelöbnisses Leopold I. nach dem Ende einer Pestepidemie 1687–89 errichtet. Der Graben erhielt seinen Namen von dem römischen Festungsgraben, der wohl ungefähr bis ins Jahr 1200 entlang dieser Straße verlief.

Sie überqueren den Graben und betreten die schmale Bräunerstraße. An der rechten Seite liegt das Café Hawelka (→ Unterwegs in Wien, Essen und Trinken, Kaffeehäuser), Wiens klassisches Literaten- und Bohème-Kaffeehaus.

Durch die Bräunerstraße geht es dann zum Josefsplatz: Hier beginnt die *Hofburg*, eine Welt für sich. Rechts, noch vor der Stallburggasse, liegen die Stallungen der Lipizzaner, der edlen Gäule der *Spanischen Hofreitschule*, geradeaus (hinter dem Reiterstandbild Joseph II.) blicken Sie auf die *Nationalbibliothek*, rechts vorne liegt der *Redouten-Trakt* der Hofburg. Biegen Sie links in die Augustinerstraße ein. An der linken Seite stehen die beiden *Palais Pallavicini* und *Palffy*, rechts die *Augustinerkirche* mit der sehenswerten

Einkaufsparadies Kärntner Straße: Hier findet sich für jeden Geldbeutel etwas

*Herzgruft der Habsburger* – deren spanisches Hofzeremoniell hatte es vorgesehen, die Herzen der Regenten gesondert von den anderen sterblichen Überresten in kleinen Silberurnen zur letzten Ruhe zu betten.

**Stärkung im Beisl oder Kaffeehaus**

Es klingt ein wenig makaber an dieser Stelle – andererseits haben Sie jetzt die Hälfte des Stadtspazierganges hinter sich: Sind Sie hungrig? Hier bieten sich einige Möglichkeiten für Speis und Trank an. Wenn Sie z.B. Lust auf deftige Wiener Beislküche haben, gehen Sie die Augustinerstraße noch ein Stück bis zur nächsten Querstraße weiter und biegen dann ganz links in die Spiegelgasse. Die nächste Querstraße rechts ist dann die kurze *Gluckgasse* – in der finden Sie auf der rechten Seite den Reinthaler, eines der wenigen noch urtümlichen Beisln in der Wiener Innenstadt. Im Sommer können Sie in einem kleinen Schanigarten auf dem Bürgersteig sitzen, im Winter wärmt die gemütliche Gaststube im Souterrain. Hier werden Sie auch einen Platz finden, wenn Sie nicht reserviert haben.

Von der Augustinerstraße biegen Sie in die erste Straße links ein, vorbei am *Dorotheum*, der großen Wiener Pfandleihanstalt (auch von innen sehenswert!), durch die *Dorotheergasse* und von dort nach rechts durch die Plankengasse auf den *Neuen Markt*.

**Zur Kapuzinerkirche**

Es gibt einiges zu sehen am Neuen Markt: In der Mitte sprudelt der *Donnerbrunnen*, rechts steht die *Kapuzinerkirche* mit der von den Kapuzinermönchen bewachten Gruft, bekannt unter dem Namen *Kaisergruft*. Die Kaisergruft ist ein absolutes Muß, wenn Sie Glanz und Glorie des Habsburgerreiches wirklich hautnah erleben wollen – und dessen tragischen Untergang, inklusive des unkomplizierten Umgangs der Wiener mit ihrem imperialen Erbe: Hier ruht in 138 Särgen ein Großteil der jahrhundertealten Dynastie der Habsburger.

Durch die kurze Donnergasse hinter dem Brunnen gelangen Sie auf die *Kärntner Straße*, die große Fußgängerzone der Innenstadt. Sie überqueren sie lediglich und kommen in die Himmelpfortgasse. In der steht auf der rechten Seite (Nr. 8) ein schönes, aber ungeliebtes Gebäude: das *Stadtpalais des Prinzen Eugen*, eines der schönsten Wiener Barockpalais, in dem allerdings seit 1848 das Österreichische Finanzministerium untergebracht ist.

Sie biegen gleich links in die Rauhensteingasse ab, dann rechts in die *Ballgasse*, die ihrem Namen alle Ehre macht: Rund wie ein Ball windet sie sich durch die nun wieder fast mittelalterlichen Häuserzeilen.

Durch den die Gasse abschließenden Torbogen gelangen Sie auf den *Franziskanerplatz*, einen der schönsten kleinen Plätze der Wiener Innenstadt. Rechts ist die *Franziskanerkirche*, links das gemütliche Kleine Café – entscheiden Sie, wonach Ihnen mehr zumute ist.

**Auf den Spuren von Mozart**

Danach biegen Sie links in die Singerstraße ab. Sie kommen zum *Haus des Deutschen Ordens* mit seiner kleinen Schatzkammer. Hier bezog Mozart 1781 nach seiner Übersiedlung von Salzburg nach Wien seine erste Wiener Wohnung, hier warf ihn auch ein Untergebener seines Arbeitgebers, Erzbischof Graf Colloredos, die Treppe hinunter, weil er sich weigerte, lediglich zum Amusement des Kirchenfürsten zu komponieren.

Nach rechts geht es dann in die *Blutgasse*, Ort eines Gemetzels im 14. Jh. Hier sollen Hunderte Mitglieder des Templerordens erschlagen worden sein – daher der Name des engen Gäßchens. Dieses Viertel ist eine der ersten »Revitalisierungs«-Gegenden der Wiener Innenstadt. Die Fassaden sind zwar alt, doch dahinter verbergen sich »moderne« Wohnungen und ein paar eher schlecht als recht gehende Läden: Die stillen und ein wenig künstlichen Höfe haben für vorbeiflanierende Einkäufer offensichtlich wenig Anziehungskraft. Die Blutgasse wird an ihrem Ende von der Domgasse gekreuzt – deren Nr. 5 ist das *Figarohaus*, in dem Mozart von 1784–87 lebte und die Oper

»Le nozze di Figaro« komponierte (Besichtigung der Wohnung ist möglich). Die Domgasse führt linker Hand natürlich zum Dom, dem Wiener *Stephansdom.* Nehmen Sie sich die Zeit, das Gebäude in aller Ruhe zu umrunden, wandern Sie durch sein gewaltiges Langschiff, besteigen Sie den Südturm, und verschaffen Sie sich von der Türmerstube aus einen Überblick über die gesamte Wiener Innenstadt (und weit darüber hinaus...).

**Barock- und Renaissancefassaden**

Danach geht es wieder zurück durch die *Schulerstraße*, links durch *Strobelgasse* und die schmale *Essiggasse* in die *Bäckerstraße.* Diese Gegend der Innenstadt weist eine sehr gut erhaltene wie geschlossene alte Baustubstanz auf – gepflegte Barock- und Renaissancefassaden wechseln einander ab. Beachten Sie beispielsweise das Haus Nr. 7: Es stammt aus dem 16. Jh., die Fassade ist aus dem 18. Jh., der Arkadenhof mit den toskanischen und ionischen Säulen stellt eine architektonische Besonderheit dar. Die Route führt geradewegs bis zum Dr.-Ignaz-Seipel-Platz mit der *Universitätskirche* und dem Rokokobau der *Alten Universität.* Die Kirche, auch als Jesuitenkirche bezeichnet, wurde 1626–31 erbaut und 1703–05 von Andrea Pozza gründlich barockisiert.

Zurück geht es durch die *Sonnenfelsgasse.* In den tiefen Kellergewölben unter dem Haus Nr. 3, dem *Hildebrandthaus*, finden Sie den Zwölf-Apostel-Keller, einen beliebten Wiener Stadtheurigen. Jetzt biegen Sie nach rechts in die *Schönlaterngasse* ein. Am Haus Nr. 6 finden Sie eine Kopie der »*Schönen Laterne*«, das Original befindet sich im Historischen Museum der Stadt Wien. Das älteste Haus dieser Gasse ist die Nr. 7, das *Basiliskenhaus* – darin soll vor ein paar hundert Jahren ein Fabelwesen, der »Basilisk«, mit dem »bösen Blick« den Brunnen vergiftet haben – siehe die anscheinend übelgelaunte Steinfigur zu diesem Thema. Dort, wo die Schönlaterngasse eine sanfte Rechtskurve macht, gehen Sie durch ein unscheinbares Tor in der äußeren Seite der Biegung. Sie gelangen so in den *Heiligenkreuzerhof*, eine Oase der Stille mitten in der Innenstadt, eines der ältesten noch erhaltenen Häuser Wiens. Die *Bernhardskapelle* lohnt jedenfalls eine kurze Besichtigung.

Sie verlassen den Hof auf dessen anderer Seite und gelangen durch die Grafhofgasse und die Köllnerhofgasse auf den *Fleischmarkt*, dem Sie nach rechts folgen – hier hatten die Metzger bereits im 13. Jh. ihre Stände. Auf der linken Seite fällt die efeubewachsene *Griechische nichtunierte Kirche* auf, ein byzantinisch anmutender Bau, der 1858–61 von dem dänischen

Ringstraßen-Architekten Theophil von Hansen umgestaltet wurde. Links von der »Griechenkirche« (Volksmund) biegen Sie in die mittelalterlich wirkende *Griechengasse* ein, wohl eine der engsten Gassen Wiens. Vorbei an dem populären Griechenbeisl gelangen Sie über den ebenfalls schmalen Hafnersteig zur Rechten wieder hinunter auf den Schwedenplatz und den Franz-Josefs-Kai, Ausgangspunkt des Spazierganges.
Dauer: Ohne Besichtigungen und Mittagspause eine gute Stunde. Mit allen (teilweise dringend) empfohlenen Besichtigungen und dadurch mindestens einer notwendigen Pause müssen Sie den ganzen Tag einplanen.

## Spaziergang oder Radtour von Au zu Au durch die Wiener Vorstadt

Ausgangspunkt dieser Tour ins grüne Wien an der Donau ist *Erdberg*, der kleinbürgerlich-proletarische Vorstadtbezirk im Südosten der Stadt. An der Endstelle der U3 (Erdberg) sind Sie mitten im *Erdberger Mais*, einem der Hinterhöfe der Stadt: Hinter Ihnen tobt der Verkehr der hier auf Stelzen geführten Stadtautobahn Südosttangente, am Horizont sind die Schlote der großen Erdölraffinerie Schwechat zu sehen, dahinter starten und landen die Flugzeuge auf Wiens internationalem Flughafen. Im Vordergrund sehen Sie vier runde, geklinkerte und zinnenbewehrte Ungetüme – die *Simmeringer Gasbehälter* im typischen »Windsor-Stil« von Industriebauten des 19. Jh. Heute sind sie außer Betrieb und stehen unter Denkmalschutz.
Lassen Sie sich von dem scheinbar tristen Ambiente jedoch keinesfalls entmutigen! Begeben Sie sich, immer den Schildern »Prater« folgend, auf den nahen Gaswerksteg, auf dem Fußgänger oberhalb von Rohrleitungen ganz bequem den Donaukanal überqueren können – hier, unterhalb der Stadt, kein sehr einladendes Gewässer mehr. Am anderen Ufer beginnt der *Prater*, der »grüne Prater«, wie die Wiener sagen, um die Aulandschaft von dem »Wurstelprater«, dem Vergnügungspark an dessen anderem, nördlichem Ende, zu unterscheiden.

### Erste Rast im josephinischen Jagdschlößchen

Sie halten sich nach dem Spielplatz schräg rechts und gehen über die *Belvedereallee* direkt auf das *Lusthaus* zu, ein josephinisches Jagdschlößchen inmitten eines (so gut wie gar nicht befahrenen) Kreisverkehrs an dem Kreuzungspunkt von sieben aufeinander zuführenden Alleen. Falls Sie jetzt (nach wohl einer Stunde Fußmarsch) Gefühle wie Hunger oder Durst verspüren, so lassen Sie sich getrost auf der rundumlaufenden Terrasse des Lusthauses nieder – oder in dessen imperial-rustikalem Inneren. Hier können Sie sehr gepflegt speisen, einen kleinen Imbiß oder eine anständige Jause zu sich nehmen: Es gibt hausgemachte Mehlspeisen und zahlreiche Kaffeespezialitäten.

**Entlang des Lusthauswassers zur Donau**

Direkt hinter dem Lusthaus beginnt das *Lusthauswasser*, ein stiller Altarm der Donau. Entlang dieses idyllischen Gewässers gehen Sie auf der *Groß-Enzersdorfer-Allee* bis zu deren Ende an der *Hafenzufahrtsstraße*, das ist die Verbindung zwischen dem Wiener Ortsteil Albern, dem Vorort Schwechat und der Innenstadt, gleichzeitig die Uferstraße an der Donau. Die können Sie allerdings von hier aus noch nicht sehen, weil sie an dieser Stelle in den letzten Jahren hinter großen Dämmen verschwunden ist, Vorbereitungen für den Bau einer weiteren Staustufe der Donau, dem Kraftwerk Wien. Das ist eine umstrittene Sache – Umweltschützer befürchten das Austrocknen der umliegenden Aulandschaften durch diese Dammbauten und Uferverdichtungsmaßnahmen.

Nach vorsichtiger Überquerung der vielbefahrenen Straße besteigen Sie auf einem der zahlreichen Übergänge den neuen Damm.

Links sehen Sie Ihr nächstes Ziel, eine goldene Kuppel, leuchten, sie gehört zur *Pagode*, dem Buddhistischen Zentrum, im Auftrag der exzentrischen Wirtin eines nahen Fischrestaurants, dem Lindmayer, erbaut.

Diesmal geht es weiter per Schiff: Fast direkt vor der Pagode sehen Sie einen kleinen Steg, von wo eine Motorboot-Fähre regelmäßig zum anderen Donauufer übersetzt. Die Fähre verkehrt allerdings nur im Sommer – sollten Sie sich während der kalten Jahreszeit auf diese Wanderung gemacht haben, müssen Sie jetzt umdisponieren: Sie nehmen den Bus 80B auf der Hafenzufahrtsstraße – entweder stadtauswärts, Richtung Kaiserebersdorf, um am Alberner Hafen noch einen Gang entlang der Donau zum Friedhof der Namenlosen zu unternehmen (dazu müssen Sie an der Station Zinnergasse aussteigen) –, oder Sie nehmen den Bus stadteinwärts, Richtung Schlachthausgasse, und sind in 20 Min. wieder an der U3 Erdberg (Station Schlachthausgasse).

**Mit der Fähre zum Freizeitparadies Donauinsel**

Die sommerliche Fährverbindung bringt Sie ans andere Donauufer, das allerdings immer noch kein Festland ist: Sie befinden sich auf der *Donauinsel*, einem künstlich aufgeschütteten Hochwasserschutz-Bauwerk, das sich in den letzten Jahren zum wichtigsten Freizeitparadies der Wiener entwickelt hatte – hier gibt es Badebuchten, Wasserskilifte, Surfbrettverleiher, Strandcafés, unzählige Imbißbuden, »tropische« Bars

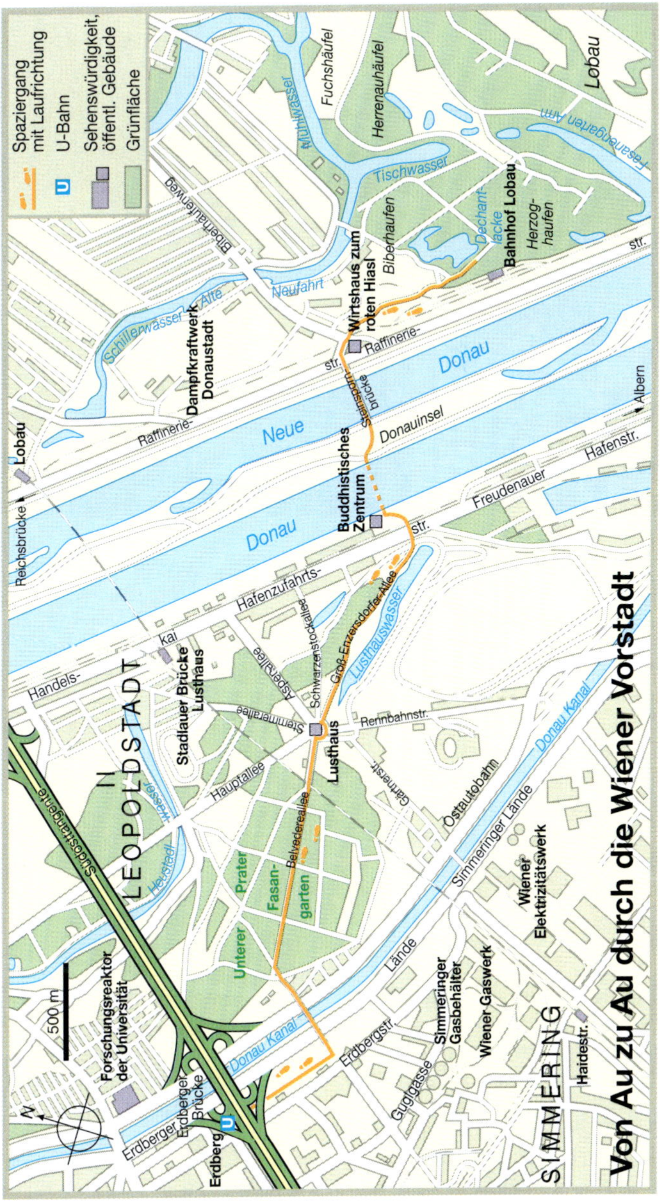
Von Au zu Au durch die Wiener Vorstadt
Spaziergang mit Laufrichtung
U-Bahn
Sehenswürdigkeit, öffentl. Gebäude
Grünfläche
500 m
N
Forschungsreaktor der Universität
Erdberg
Erdberger Brücke
Erdberger
Donau Kanal
Südosttangente
II LEOPOLDSTADT
Heustadl-wasser
Unterer Prater
Fasan-garten
Belvederealle
Hauptallee
Stadlauer Brücke
Lusthaus
Lusthaus
Sterneralle
Aspernallee
Schwarzenstockallee
Groß-Enzersdorfer-Allee
Lusthauswasser
Rennbahnstr.
Gärtnerstr.
Ostautobahn
Handels-
kai
Hafenzufahrts-
str.
Donau
Neue
Donau
Donauinsel
Buddhistisches Zentrum
Steinspornbrücke
Freudenauer
Hafenstr.
Albern
Reichsbrücke
Lobau
Raffinerie-
str.
Raffinerie-
Dampfkraftwerk Donaustadt
Schillerwasser
Alte
Neufahrt
Wirtshaus zum roten Hiasl
Biberhaufen
Biberhaufenweg
Mühlwasser
Tischwasser
Fuchshäufel
Herrenauhäufel
Dechant-lacke
Bahnhof Lobau
Herzog-haufen
str.
Fasanengarten Arm
Lobau
Donau Kanal
Simmeringer Lände
Lände
Erdbergstr.
Guglgasse
Simmeringer Gasbehälter
Wiener Gaswerk
Wiener Elektrizitätswerk
SIMMERING
Haidestr.

Auf der Donauinsel fühlt sich jeder wohl: die coolen Jungs in Urlaubslaune genauso ...

und Diskotheken, Sportplätze, Kanu-Regatta-Strecken, Ruderclubs, Tretbootvermietungen, Radverleiher und vieles mehr. Sie befinden sich momentan im FKK-Abschnitt der Insel – falls Sie nicht baden oder sonnenbaden wollen, heißt es Augen zu und durch – Sie werden schon bald an schöneren Gewässern stehen!

**Der Rote Hiasl – ein typisches Wiener Ausflugslokal**

Sie überqueren das an sonnigen Tagen meist reichlich belebte Eiland und gehen über die den Radfahrern, Skateboardern und Fußgängern vorbehaltene *Steinspornbrücke* über die *Neue Donau*, den künstlich entstandenen zweiten Donaustrom, der allerdings nichts anderes als ein abgeschlossenes, stehendes Gewässer ist – außer zu Hochwasserzeiten.

Nach Überquerung der *Raffineriestraße* stehen Sie vor dem Roten Hiasl. Das Wirtshaus zum roten Hiasl ist ein Original – ein typisches Wiener Ausflugslokal: Die Küche ist serbisch bis böhmisch, die Speisen deftig, das Bier vom Faß kommt aus der Tschechischen Republik, die schnauzbärtigen Kellner von Prag bis Bukarest. Die Gäste sitzen im Freien, ganz zwanglos auch in Badebekleidung.

Nach ausgiebiger Rast geht es wieder in die Au – diesmal in die *Lobau*, Wiens größtes zusammenhängendes, urwüchsigstes Augebiet. Sie laufen zuerst ein

... wie die Musiker vom Ausflugslokal Roter Hiasl, die für Stimmung sorgen

ganz kleines Stück (höchstens 100 m) die Straße *Biberhaufenweg* entlang, um dann gleich rechts in ein kleines, unasphaltiertes Sträßchen einzubiegen – Richtung *Dechantlacke* (der Beschilderung folgen).

**Baden und picknicken an der Dechantlacke**

Nach 20 Min. Fußmarsch sind Sie dort – an Wiens offiziellem Geheimtip, was Baden, Sonnenbaden und Picknick im Grünen betrifft. Dieses Augewässer liegt inmitten schattiger Bäume und ist teilweise von Wiesen umgeben, auf denen es sich herrlich lagern läßt. Sie können auch getrost in die etwas trüben Fluten gleiten – die Trübung ist durch den sandig-erdigen Untergrund bedingt, bedeutet aber keine gefährliche Verschmutzung.

Auch hier ist eigentlich FKK-Gebiet, doch nicht – wie auf der Donauinsel – per Dekret, sondern informell: Sie können genauso in ganz normaler Badekleidung umherwandern.

Falls Sie auch gegen Abend bleiben wollen, stellen Sie vor diesem Ausflug sicher, sich mit irgendwelchen Mittelchen gegen Mückenstiche versorgt zu haben – es sei denn, Sie sind gänzlich unempfindlich. Beachten Sie Warnrufe wie »die Gössen kommen!« – »Gössen« (Gelsen) ist die österreichische Bezeichnung für Mücken.

Für den Rückweg nehmen Sie denselben Weg wie für den Heimweg – über das autofreie

***Der Wienerwald*** *Das ist der östlichste Teil der Alpen, grob gesprochen die Gegend zwischen St. Pölten und Wien, im Norden durch die Donau, im Süden durch Rax und Schneeberg begrenzt, die beiden »Hausberge« der Wiener (1857 bzw. 2076 Meter hoch). Man unterscheidet den »westlichen Wienerwald« (die Gegend um die Westbahnstrecke bzw. die Westautobahn Richtung St. Pölten) und den »südlichen Wienerwald« (die Gegend Richtung Mödling und Baden bis hin zur »Hohen Wand«) – zwei Gebiete, die sich vom landschaftlichen Charakter durchaus unterscheiden: Im Westen überwiegen Laub-, vor allem Buchenwälder, die von Wiesen und Streusiedlungen unterbrochen werden. Die Hügelrücken sind mild, die Täler sanft, die Besiedlung dünn. Der Süden des Wienerwaldes wirkt dagegen fast mediterran: Hier überwiegen Nadel- und vor allem Föhrenwälder, die Böden sind trockener, manche der Täler ein wenig enger, die Hügel – einige von ihnen mag man fast als Berge bezeichnen – erheben sich höher, es sind auch schon mal Felsen und freiliegendes*

Sträßchen durch den Auwald bis zum Roten Hiasl (der bis 24 Uhr Speis und Trank bereithält).
Dort steigen Sie in den Bus 91 A Richtung Kaisermühlen und fahren bis zur Endstation, wo Sie an der Station *Kaisermühlen/Vienna International Centre* in die U1 umsteigen können.
Dauer der Fahrtzeit vom Roten Hiasl bis zum Stephansdom im Stadtzentrum (ohne Umsteigezeit): 30 Min. Achten müssen Sie abends allerdings auf das frühe Ende der Betriebszeit beim Bus 91A: Der letzte Wagen verläßt den Roten Hiasl an Wochenenden um 22.17 Uhr, an Werktagen um 21.32 Uhr.

**Hinweis für Radler**

Die gesamte Tour können Sie auch problemlos mit dem Fahrrad unternehmen – Räder werden sowohl in der U-Bahn als auch von der Fähre über die Donau transportiert, allerdings nicht im Bus zurück – in diesem Falle fahren Sie am besten vom Roten Hiasl wieder über die *Steinspornbrücke* auf die *Donauinsel* und dann nach rechts immer am Wasser entlang bis zur *Reichsbrücke*. Dort können Sie zusammen mit Ihrem Drahtesel direkt auf der Insel in die U-Bahn einsteigen (U1/Station Donauinsel) oder über den Radweg auf der *Reichsbrücke* und entlang von *Lassalle-* und *Praterstraße* auf Radwegen bis in die Innenstadt fahren.
Dauer der Fahrt mit dem Fahrrad vom Roten Hiasl bis zum Stephansdom: 1 Std.
Dauer: Mit Pausen (Mahlzeiten) und Bad in Neuer Donau oder Dechantlacke 1 Tag

*Gestein zu sehen. An den sonnenreichen Hängen wird Wein angebaut. Der Bereich zwischen Brunn am Gebirge und Baden ist sehr dicht besiedelt – dort liegen die bevorzugten, stadtnahen Luxus-Wohngebiete Wiens. Je weiter westlich bzw. südlich man fährt, desto abgeschiedener sind die dann nur mehr vereinzelten Dörfer.*
*Der Wienerwald ist seit Jahrhunderten das beliebteste Ausflugsgebiet der Wiener Bevölkerung. Ihn zu retten war immer schon eine nationale Aufgabe – vor großflächigen Abholzungen in den Notzeiten nach den beiden Weltkriegen, vor allzu ausufernder Bebauung, vor Mülldeponien und Industrie. Mit den Jahren verwandelte sich die Natur freilich immer mehr in eine Kulturlandschaft, denn der Wiener liebt das ungebändigte Wuchern, Blühen und Grünen nicht allzusehr: Der Wald wird mittlerweile von Tausenden Spazierwegen, Trimmpfaden, Aussichtsstraßen und Spielplätzen durchzogen, »Lagerwiesen« wurden mit Grillplätzen, Fitneßgeräten und Naturlehrpfaden ausgestattet.*

## Mit Bahn, Schiff und Rad: Auf und entlang der Donau durch die Wachau und Niederösterreich

Dieser Tagesausflug (der aber auch auf 2 Tage ausgedehnt werden kann) stellt hohe Anforderungen an Ihre Kondition, er fordert den Frühaufsteher in Ihnen und setzt auf Ihren langen Atem. Die Verkehrsmittel heißen: Franz-Josefs-Bahn, Donaudampfschiffahrtsgesellschaft, Fahrrad und Schusters Rappen. Der Lohn, der Ihnen winkt, ist eine wunderschöne Tour auf und entlang der Donau durch eine der prächtigsten Flußlandschaften Europas, durch die Wachau.

### Vom Franz-Josefs-Bahnhof nach Krems

Die Tour beginnt am *Franz-Josefs-Bahnhof* oder am Bahnhof *Wien Nord* (Praterstern) – je nachdem, für welchen Zug Sie sich entscheiden: Am Franz-Josefs-Bahnhof fährt die Regionalbahn R40 bereits um 7.40 Uhr ab, sie erreicht das Barockstädtchen *Krems* an der Donau eine Stunde später (8.39 Uhr). Die R40 vom Bahnhof Wien Nord fährt knapp eine Stunde später ab (8.32 Uhr), erreicht *Krems* aber erst 9.56 Uhr (alle Verbindungen täglich).
Nehmen Sie den ersten Zug, haben Sie fast 2 Stunden Zeit, sich in Krems umzutun (Morgenmuffel müssen sich mit einer halben Stunde begnügen – eindeutig zuwenig) und die mittelalterlichen Gassen in der steil ansteigende Altstadt zu erklimmen; von etwas weiter oben hat man überall schöne Blicke auf das Donautal.

Das Barockstift Melk thront hoch auf einem steil aufragenden Felsen über der Donau

### Mit dem Schiff durch die Wachau

Zu lange sollten Sie sich allerdings nicht in den winkeligen Gassen verlieren – Punkt 10.30 Uhr verläßt Ihr Schiff den Kremser Stromhafen flußaufwärts. Die Donaudampfschifffahrtsgesellschaft (DDSG) befährt diese Strecke mit modernen Motorschiffen, die maximal 450–800 Passagieren Platz bieten. Die meisten Schiffe verfügen über drei Decks, wovon das oberste als offenes Aussichts- bzw. Sonnendeck dient. Die dreistündige Fahrt zeigt Ihnen die »schönsten 35 km Österreichs«, die Wachau zwischen *Krems* und *Melk*. Hier windet sich die Donau in einem engen Flußtal zwischen terrassierten Lößhügeln, auf deren Flanken die besten Weißweine Österreichs wachsen. Von ferne grüßt das *Benediktinerstift Göttweig*, das Schiff passiert *Dürnstein* mit seinem barocken blitzeblauen Stift, die idyllischen Dörfer *Weißenkirchen* und *St. Michael*, wo eine der ältesten Kirchen der ganzen Gegend zu sehen ist. Vorbei an *Spitz* geht die Reise nach *Aggsbach* mit der gegenüberliegenden Ruine *Aggstein*, bis sich die weinbewachsenen Hänge vor Melk zu milden, baumbestandenen Hügeln weiten. Auf der linken Seite sehen Sie dann schon die imposante Fassade des *Barockstiftes Melk*. Stift Melk gehört zu den einzigartigen Sehenswürdigkeiten an der Donau.

**Barockstadt Melk**

Falls Sie die Weiterreise mit dem Fahrrad antreten wollen, sollten Sie sich spätestens in Melk ausgiebig stärken (falls Sie das nicht schon unterwegs getan haben – die Donaudampfer der DDSG verfügen über eine ausgezeichnete Bordküche).

Vor der Weiterfahrt sollten Sie sich allerdings keinesfalls eine Besichtigung des auf einem steil aufragenden Felsen über der Stadt (6100 Einwohner) thronenden *Benediktinerstiftes* entgehen lassen: Die Abtei gehört zu den prächtigsten und eindrucksvollsten Barockbauten Europas, sie ist perfekt in die idyllische Donaulandschaft eingebettet.

Dessen 362 m lange Südseite ist weithin über die sanften Rükken des *Dunkelsteiner Waldes* zu sehen, die Vorderfront mit den beiden barocken Zwiebeltürmen überblickt einen Altarm der Donau.

Das Stift wurde nach Plänen des Tiroler Bergbauernsohns Jakob Prandtauer (1660–1726) begonnen, der 25 Jahre an seinem Lebenswerk arbeitete. Im Jahr 1736 vollendete Josef Munggenast den Bau. Höhepunkt der gesamten Anlage ist der glanzvolle Innenraum der *Stiftskirche*, Größe und Prachtentfaltung betreffend einmalig im damaligen deutschen Sprachraum. In ihr sind vor allem der Hochaltar von Antonio Beduzzi mit den Statuen der Apostelfürsten Petrus und Paulus (von Peter Widerin) sehenswert sowie die Fresken in der *Prälatenkapelle* (Johann Wenzel Bergl, 1718–89). Im sogenannten »Kaisergang« befindet sich eine Gemäldegalerie mit Werken des österreichischen Barock, weitere Räume, die Kaiserzimmer, sind ebenfalls zur Besichtigung geöffnet.

Kernstück jeder Stiftsführung ist die *Bibliothek*, eine der größten barocken Büchersammlungen der Welt. In den prächtigen Regalen lagern 80 000 Bände, vor allem wertvolle frühe Drucke und Handschriften. Die Deckenfresken im Prunksaal der Bibliothek stammen von Paul Troger (1698–1762).

**Mit dem Fahrrad von Melk zurück nach Wien**

Ab jetzt kommt es auf Ihre Kondition an – wie wär's mit Radfahren? Falls Sie dazu keine Lust haben – das nächste Schiff bringt Sie um 14.55 Uhr wieder zurück nach Wien, wo Sie dann um 20.15 Uhr abends an der Schiffsstation Reichsbrücke ankommen. Von dort geht es mit der U-Bahn weiter ins Zentrum. Das bedeutet allerdings, daß Sie in Melk nur 90 Minuten Zeit haben – zuwenig für eine halbwegs ausführliche Stiftsbesichtigung.

Die andere, wahrscheinlich sinnvollere Möglichkeit eines bequemen Rückweges nach Wien bietet die Bahn – Züge verkehren stündlich, die Fahrtzeit beträgt 1 Std., Sie kommen am Westbahnhof an.

Anders die Radfahrer: Für sie ist die Route immer der Donau entlang bis nach Wien die verlockendste Variante: Sie führt nicht über Straßen, sondern immer auf dem ehemaligen *Treppelweg*, einem heute asphaltierten Weg direkt neben dem Wasser, auf dem einst die schweren Pferdefuhrwerke Lastkähne flußaufwärts zogen. Nach Wien ist es arg weit – runde 100 km. Unterwegs Übernachtungsmöglichkeiten zu finden ist allerdings kein Problem: Zahlreiche Pensionen, Privatvermieter und Hotels sind auf die radelnden Gäste eingestellt, Hinweisschilder leiten Sie überall in die erholsamen Quartiere.

Die Fahrt mit dem Rad bietet die Möglichkeit, die wichtigsten Sehenswürdigkeiten in der Wachau in Ruhe zu besichtigen: Fahren Sie auf dem südlichen, das heißt in Flußrichtung rechten, Donauufer, dann bieten sich die malerischen Orte Schönbühel und Aggsbach sowie die hoch über dem Fluß gelegene *Ruine Aggstein* an. Falls Sie Lust auf einen kleinen Umweg von insgesamt 8 km haben, sollten Sie das *Benediktinerstift Göttweig* südlich von Krems besuchen, »Österreichs Monte Cassino«, den 449 m hohen, weithin sichtbaren Klosterberg mit der 1083 geweihten Abtei.

Falls Sie am nördlichen, also (in Flußrichtung) linken Ufer unterwegs sind, kommen Sie durch *Dürnstein*. Das Dürnsteiner Stift strahlt im original-barokken, leuchtendblauen Gewand. Der Ort Dürnstein ist eine perfekte Einheit aus der ans Donauufer gedrängten *Altstadt*, dem *Augustiner Chorherrenstift* (1733) und der über allem thronenden *Kuenringer-Ruine* aus dem 12. Jh. – eine romantische Inszenierung am Donauufer, viele Jahrhunderte auf den kleinen Raum zwischen Ufer und Weinbergen zusammengedrängt. Absolut sehenswert!

Sie müssen freilich nicht mit einem Ufer Vorlieb nehmen – natürlich können Sie auch zwischen den Flußufern hin- und herwechseln. Die einzigen Donaubrücken der Region liegen bei Melk und Krems, doch dazwischen bringen Sie einige Auto- und Personenfähren an das jeweils andere Ufer.

Vielleicht haben Sie allerdings auch schon nach den 35 schönsten Treppelweg-Kilometern durch die Wachau genug von Ihrem Drahtesel – dann empfiehlt sich das Umsteigen auf die Österreichischen Bundesbahnen: Von dort verkehren fast stündlich Züge nach Wien, der letzte um 21.38 Uhr (Ankunft in Wien/Franz-Josefs-Bahnhof: 22.31 Uhr)

Dauer: 1–2 Tage

**Sehenswertes**

**Benediktinerstift Göttweig**
Tel. 02732/85581
Ostern – 31. Okt.
Besichtigung nur mit Führung (ab 8 Personen tgl. um 10, 11, 14, 15, 16 Uhr)
Erw. 40 öS, Kinder 25 öS

Ob hoch zu Roß oder auf dem Drahtesel: Entlang der Donau bieten sich die schönsten Strecken

**Benediktinerstift Melk**
Tel. 02752/23120
(tgl. 9–18 Uhr; April, Okt. bis 17 Uhr, Führung zu jeder vollen Stunde)
Erw. 50 öS, Kinder 25 öS

**Allgemeine Informationen**
**DDSG-Donaureisen**
Handelskai 265
A-1024 Wien
Tel. 72750/0
Fax 7289238
Bei Gruppenanmietungen von Fahrrädern ist eine telefonische Reservierung (Tel. 72750/451) notwendig. Fahrpreis Wien–Melk 530 öS, Krems–Melk 238 öS. 50 % Familienermäßigung (bei mindestens einem Elternteil und einem Kind bis 15 Jahren. Kinder unter sechs Jahren in Begleitung der Eltern reisen gratis).

***Fahrradverleih:***
Die DDSG verleiht Fahrräder an den Schiffsstationen Melk, Spitz und Krems – die Drahtesel können an jeder beliebigen Schiffsstation zurückgegeben werden.
Fahrräder (beim gleichzeitigen Kauf einer Schiffskarte): 35 öS/Tag. Jeder weitere Tag 70 öS. Ohne Schiffahrt: 150 öS/Tag. Transport am Schiff: DDSG-Räder gratis, Privaträder 35 öS.
Fahrräder können Sie außerdem an den Bahnhöfen Krems, Melk und an den Wiener Endstationen ausleihen (die Rückgabe kann dann an jedem beliebigen Bahnhof Österreichs erfolgen – außer natürlich an ganz kleinen, unbesetzten Haltestellen).

# Allgemeine Informationen

## Allgemeine Informationen

### Anreise

#### Mit dem Auto

Von Westen erreichen Sie Wien durchgehend auf Autobahnen: aus Süddeutschland von München auf der A 8 nach Salzburg. Von dort auf der A 1 (Westautobahn) bis Wien (445 km von München, 300 km von Salzburg). Die notorischen Wochenend- und Sommerstaus am Grenzübergang Walserberg umfährt man ab der Ausfahrt Bad Reichenhall (die letzte vor der Grenze), von dort weiter Richtung Bad Reichenhall und bei der ersten Kreuzung links auf der Bundesstraße 21 Richtung Salzburg. Nach dem Straßenübergang Walserberg geht es bei Wals wieder auf die Autobahn.
Aus West- und Norddeutschland geht es über Nürnberg auf der A 3 über Regensburg und Passau nach Österreich. Dort auf der A 8 weiter bis zum Knoten Haid, ab da auf der A 1 bis Wien (600 km von Nürnberg, 300 km von Passau).
Aus Nord- und Ostdeutschland fahren Sie über Dresden, Prag, Znojmo und den Grenzübergang Kleinhaugsdorf nach Wien. Teilweise Landstraße, teilweise Autobahn (die letzten 30 km vor Wien auf der A 22) – 650 km von Berlin. Von Leipzig fährt man über Bayreuth, Nürnberg und Passau nach Wien (550 km).
Aus der Schweiz geht es von Zürich über Bregenz, die Inntalautobahn und das »deutsche Eck« bei Rosenheim nach Salzburg, von dort weiter auf der A 1 nach Wien (750 km von Zürich).
*Höchstgeschwindigkeiten*: Autobahn 130 km/h, Bundesstraßen 100 km/h, Ortsgebiet 50 km/h.

#### Mit der Bahn

Sie kommen in Wien immer an einem Kopfbahnhof an – daran erkennt man die alte Bedeutung der zentralen Hauptstadt: Aus Süd-, West- und Norddeutschland sowie aus der Schweiz erreicht man Wien im Westbahnhof, aus Ostdeutschland (Berlin) kommt man am Südostbahnhof an. Die Fahrtzeiten liegen zwischen 12 Std. (Hamburg), 10 Std. (Berlin) und 5 Std. (München). Von Zürich sind es 9 Std. bis Wien. Alle genannten Strecken aus Deutschland und der Schweiz werden mit Schlaf- und Liegewagenzügen befahren. Autoreisezüge verkehren zwischen Bregenz, Innsbruck bzw. Salzburg und Wien.
Alle Bahnhöfe sind direkt an das Wiener S- und U-Bahn-Netz angebunden. Die Fahrtzeit in das Stadtzentrum beträgt 10 bis 20 Min. – ebenso lang wie die Taxifahrt (ca. 70 öS).

#### Mit dem Flugzeug

Sie landen auf dem Flughafen Wien-Schwechat. Im Linienver-

orherige Seite: Der repräsentative
tadtbahn-Hofpavillon Hietzing wurde
on Otto Wagner 1898 gebaut
nks: Detail des buntgedeckten
aches vom Stephansdom

kehr wird Wien aus Deutschland von der Lufthansa, der Austrian Airlines (AUA) und der Lauda-Air angeflogen (nonstop und jeweils mehrmals täglich von Berlin, Düsseldorf, Frankfurt, Hamburg, Hannover, Köln-Bonn, München und Stuttgart). Aus der Schweiz fliegen die Austrian Airlines und die Swissair (nonstop und mehrmals täglich von Basel, Genf und Zürich). Wien wird von rund 80 Fluglinien angeflogen. Charterverbindungen mit Wien gibt es nur von bzw. zu Urlaubsorten.

***Vom Flughafen in die Stadt:***
Wien-Schwechat liegt 17 km südöstlich der Innenstadt und ist per Autobahn und S-Bahn mit dem Zentrum verbunden. Busse fahren rund um die Uhr in nach Tages- oder Nachtzeit zwischen 60 und 20 Min. variierenden Intervallen zum City Air Terminal im Hilton-Hotel am Stadtpark (Fahrpreis 60 öS inklusive 3 Stück Reisegepäck, Fahrtzeit 20 Min.). Von dort geht es per U-, S- und Straßenbahn oder per Taxi weiter.

Bustransfer gibt es außerdem zum Westbahnhof, zum Südbahnhof und zum Internationalen Zentrum Wien (UNO-City in Kaisermühlen).

Mit der S-Bahn (Linie 7) im Flughafenuntergeschoß erreicht man den Bahnhof Wien Mitte (direkt neben dem City Air Terminal) und den Bahnhof Wien Nord (Fahrpreis 34 öS, Fahrtzeit 30 Min.). Falls Sie in Wien mit öffentlichen Verkehrsmitteln weiterfahren wollen, lösen Sie am Flughafen eine entsprechende Tages-, Wochen- oder Streifenkarte – Sie können sie bereits auf der Fahrt in die Stadt nutzen.

Mit dem Taxi sind Sie theoretisch auf niederösterreichische Fahrer angewiesen – der Flughafen liegt nicht mehr auf Wiener Stadtgebiet und ist daher deren Revier. Die Folge: Sie müssen den Schwechater Taxis (Autokennzeichen SW...) auch die Rückfahrt bezahlen (rechnen Sie mit ca. 700 öS).

Aber es gibt noch einen billigeren Weg: Rufen Sie von einem Münzfernsprecher in der Ankunftshalle über einen der zahlreichen Funkdienste (Tel. 1716, 31300, 60160) ein Wiener Taxi – die warten in der Regel mit laufendem Motor hinter der nächsten Ecke und sind in einer Minute beim vereinbarten Treffpunkt. Einige kleine Schalter in der Ankunftshalle (»Transfer«, »Taxi«) sind ebenfalls nur dazu da, Ihnen selbst diese Mühe abzunehmen. Auf diese Weise sollte der Fahrpreis nicht über 400 öS liegen.

Bei der Taxibestellung für die Fahrt von der Stadt zum Flughafen nennen Sie schon am Telefon Ihr Fahrtziel – einige Funktaxigesellschaften bieten Pauschaltarife ab 300 öS an (z. B. Tel. 60160).

***Auskünfte:***
**Flughafeninformationen**
Tel. 71110/2231 oder 2232
(rund um die Uhr)

*Reservierung und Buchung:*
**Austrian Airlines, Swissair, Crossair**
*Stadtbüro:*
I., Kärntner Ring 18
Tel. 5055757, Fax 5051434
Straßenbahn 1, 2, D, J, 71, Bus 59A, 3A (Schwarzenbergplatz)
*Flughafen:*
Tel. 71799 (Mo–Fr 7.30–19, Sa, So, Feiertag 8–17 Uhr)
Fax 7155279
**Lufthansa**
*Stadtbüro:*
I., Mariahilferstr. 123
Tel. 5991199
Fax 5991140 und 5991150
Ticketbüro 589140
U1, U2, U4, Straßenbahn 1, 2, D, J, 62, 65, Bus 3A, 4A, 59A, Lokalbahn (Karlsplatz/Oper)
*Flughafen:*
Tel. 711105711
Fax 711105718

## Apotheken

Apotheken sind Mo–Fr 8–12 und 14–18, Sa 8–12 Uhr geöffnet.
Außerhalb der Öffnungszeiten ist ein Bereitschaftsdienst organisiert. Die nächste diensthabende Apotheke ist an der Tür jeder Wiener Apotheke vermerkt und kann unter der Tel.-Nr. 1550 erfragt werden.
**Internationale Apotheke**
I., Kärntner Ring 17
Tel. 5122825
U1, U2, U4 (Karlsplatz/Oper); Straßenbahn 1, 2, D, J, 62, 65, 71, Bus 59A, 3A (Schwarzenbergplatz)
Besorgt auch ausgefallene ausländische Medikamente.

## Auskunft

*In Deutschland:*
**Österreich Werbung**
Rotwandweg 4
82024 Taufkirchen/München
Tel. 089/66670100
Fax 66670200
Mo–Fr 9–17 Uhr
Informationen, Pläne, Prospektmaterial
Tonbanddienst zum Nulltarif rund um die Uhr:
Tel. 0130/2544 (Gratis-Anforderungsmöglichkeit der Informations-Zeitschrift »Wiener Szene«)
BTX: »Erlebnis Wien« (*5010010#)
*In der Schweiz:*
**Österreich Werbung**
Zweierstr. 146 (»Wiedikerhof«)
Postfach
CH-8036 Zürich
Tel. 01/4511551,
Fax 4511180
*In Wien:*
**Tourist-Information**
*Stadtbüro:*
I., Kärntner Str. 38
Tel. 5138892
U1, U2, U4, Straßenbahn 1, 2, D, J, 62, 65, Bus 3A, 4A, 59A, Lokalbahn (Karlsplatz/Oper)
Tgl. 9–19 Uhr
Hier auch Zimmervermittlung
*Flughafen:*
Auskunftshalle, gegenüber der Gepäckausgabe
Tgl. 8.30–22 Uhr, Juni–Sept. bis 23 Uhr

**Für Autoreisende**
**Westautobahn (A1)**
Autobahnstation Wien/Auhof (Autobahnende)
April–Okt. tgl. 8–22 Uhr; Nov. 9–19 Uhr; Dez.–März 10–18 Uhr
**Südautobahn (A2)**
Autobahnabfahrt Zentrum, Triester Str.
28. März–Juni und Okt. tgl. 9–19 Uhr; Juli–Sept. 8 bis 22 Uhr; 27.–31. Dez. 10 bis 18 Uhr
**Ostautobahn (A4)**
Abfahrt Simmeringer Haide, Landwehrstr. 6
Karwoche bis Sept. tgl. 9 bis 19 Uhr
**Nordeinfahrt (A22)**
Floridsdorfer Brücke/Donauinsel
Karwoche bis Sept. tgl. 9 bis 19 Uhr

**Für Bahnreisende**
**Westbahnhof**
Eingangshalle/Parterre
Tgl. 6.15–23 Uhr
**Südbahnhof**
Eingangshalle/Parterre
Mai–Okt. tgl. 6.30–22 Uhr; Nov.–April 6.30–21 Uhr

**Für Schiffsreisende**
**Schiffsstation Wien**
An der Reichsbrücke/Donau II., Handelskai 265
Passagierhalle/Auskunftschalter der DDSG (Donau-Dampfschiffahrts-Gesellschaft)
Mai–Sept. 7–20 Uhr; Anfang bis Mitte Okt. 7–18 Uhr

**Für junge Leute**
**Jugend-Info Low-Budget-Touristen**
Bellaria-Passage (Dr.-Karl-Renner-Ring, Ecke Bellariastr.)
Tel. 5264637
Direkt an der Station Volkstheater der U2 und U3, Straßenbahn 46, 49, 1, 2, D, J, Bus 48 A, 2A
Mo–Fr 12–19, Sa und in den Schulferien tgl. 10–19 Uhr
Informationen über Jugendherbergszimmer, Konzertkarten

## Auto

Ein Wort der Warnung: Wiener Autofahrer sind aggressiv und rücksichtslos, besonders gegenüber Ausländern. Jedes kurze Zögern und Nach-dem-Weg-Suchen wird angehupt, jedes ziellose Umherirren erntet Kopfschütteln. Besser geht es zu den Hauptverkehrszeiten zwischen 7 und 8.30 Uhr sowie von 16 bis 18.30 Uhr – dann steht sowieso alles.
*Besonderheiten:* Straßenbahnen haben auch von links kommend Vorfahrt. In ganz Wien herrscht Hupverbot. Während des Winters nächtliches Parkverbot auf Schienenstraßen (wegen eventueller Schneeräumung – wird allerdings nicht beachtet und wohl kaum geahndet).

**Parkplätze**
Im Prinzip gibt es keine! Die gesamte Innenstadt (I. Bezirk innerhalb der Ringstraße) ist *Kurzparkzone* (die Höchstparkdauer

beträgt 90 Min. und kostet 18 öS. 60 Min. kosten 12 öS, und 30 Min. kosten 6 öS.) Parkscheine erhält man in Trafiken (Tabakläden), Banken, manchen Tankstellen und bei den Vorverkaufsstellen der Wiener Verkehrsbetriebe. Viele Durchgangsstraßen in den Bezirken sind ebenfalls Kurzparkzonen (Beschilderung, blaue Linien). Die Zonen gelten werktags 8 bis 18 Uhr, Sa meist bis 12 Uhr – während dieser Zeiten mögen Sie noch Glück haben und einen Parkplatz finden, außerhalb davon nicht. Parkplatzsuchzeiten von 15 bis 30 Min. sind in Wien völlig normal – ebenso wie Anmarschwege von 1 km zum glücklich abgestellten Fahrzeug.

*Strafmandate:* Wer in Kurzparkzonen länger als 90 Min. parkt, bekommt (in der Innenstadt) ab etwa 2 Std. Übertretung zu 90 Prozent Wahrscheinlichkeit sein Strafmandat (ab 200 öS). Je länger man bleibt, desto teurer wird es. Kassiert werden bei Parken im Halteverbot 700 öS, bei Parken auf den Gehwegen ab 600 öS (sie sind auch für Motorräder tabu), bei Parken auf dem Radweg sogar 1 200 öS. Es wird schnell abgeschleppt, und das kostet wieder extra (ca. 1 000 öS). Verhängte Strafverfügungen werden auch ins Ausland zugestellt und dort eingeklagt.

*Tiefgaragen:* Sie sind teuer (24 Std. kosten ca. 200 öS), aber hier wird man wenigstens sein Auto los. Eine Auswahl von durchgehend geöffneten, zentral gelegenen Garagen:

**Garage am Hof**
I., Am Hof

**Tiefgarage Franz-Josefs-Kai**
I., Morzinplatz

**Tiefgarage Freyung**
I., Herrengasse

**Hilton-Park-Center (City Air Terminal)**
III., Am Stadtpark

**Tiefgarage Kärntner Straße**
I., Kärntner Str./Mahlerstr. (neben der Staatsoper)

**Garage am Rathauspark**
I., Dr.-Karl-Lueger-Ring (zwischen Burgtheater und Rathaus)

**Votivpark-Garage**
IX., Roosevelt-Platz (neben der Universität)

**Pannenhilfe**

Leistet der Österreichische Automobil- und Touring-Club (ÖAMTC). ADAC-Mitglieder erhalten Hilfe zu ermäßigten Preisen, der ADAC-Schutzbrief verspricht kostenlose Hilfe.

**ÖAMTC**
I., Schubertring 1–3
Tel. 711 99/0
Pannenhilfe Tel. 711 99/120

**Tankstellen**

Sie nehmen Bargeld und Euroschecks, aber keine Kreditkarten. Eine Auswahl von Tankstellen mit 24-Stunden-Service:

I., Börsegasse 11
III., Untere Viaduktgasse 47–49
IV., Paulanergasse 4
VII., Wimbergergasse 14–16
X., Triester Str. 6a–8 (Südausfahrt)

X., Triester Str. 1a (Südeinfahrt)
XII., Altmannsdorfer Str. 94
XIV., Hadikgasse 128–134 (Westausfahrt)
XIII., Hietzinger Kai 99 (Westeinfahrt)
XXI., Floridsdorfer Hauptstr. 17
XXII., Wagramer Str. 14

**Verkehrsfunk**
Radio Ö3 (FM 99,9)
Radio CD International (FM 96,6)

## Behinderte

Behinderungen will der Wiener Tourismusverband auch für »Gäste mit Handicaps« vermeiden – die gleichnamige, vorbildliche Broschüre für Rollstuhlfahrer und andere körperlich eingeschränkte Reisende listet vom rollstuhlgerechten Hotel bis zur behindertentauglichen Kirche alle Einrichtungen und Fallen für Rollstuhlfahrer auf. Erhältlich ist sie gratis bei der Wiener *Tourist-Information* (→ Auskunft).

## Camping

Es gibt sechs Campingplätze am Wiener Stadtrand oder kurz dahinter, ca. 4–10 km vom Zentrum entfernt. Alle verfügen über Duschen und WCs, elektrische Anschlüsse, Kochgelegenheiten, Waschmaschinen, Trockner, Supermärkte, Buffets und Aufenthaltsräume.
Preise: Stellplatz (Zelt, Wohnwagen, Wohnmobil) 53 öS, pro Person 58 öS, Kind (4–15 Jahre) 33 öS, Strompauschale 39 öS
Informationen über die Gratisbroschüre des Wiener Fremdenverkehrsverbandes »Jugendherbergen – Camping«.

## Diplomatische Vertretungen

*In Deutschland:*
**Österreichische Botschaft**
Johanniterstr. 2
D-53113 Bonn
Tel. 0228/53006/0
Fax 53006/45
*Österreichische Generalkonsulate:*
– Wilhelmstr. 64
D-10117 Berlin
Tel. 030/6093865
Fax 6093869
– Cecilienallee 43a
D-40474 Düsseldorf
Tel. 0211/434141 und 434142, Fax 453651
– Alsterufer 37
D-20354 Hamburg
Tel. 040/446004 und 446005
Fax 452907
– Am Weingarten 25
D-60487 Frankfurt/Main
Tel. 069/9799130
Fax 777013
– Ismaninger Str. 136
D-81675 München
Tel. 089/9210900/0
Fax 9810225
*In der Schweiz:*
**Österreichische Botschaft**
Kirchenfeldstr. 28
CH-3005 Bern
Tel. 031/3510111
Fax 031/3515664

Österreichisches Generalkonsulat
Minervastr. 116
CH-8032 Zürich
Tel. 01/3837200
Fax 3820422
*In Österreich:*
Botschaft der Bundesrepublik Deutschland
III., Metternichgasse 3
Tel. 01/71154/0
Fax 7138366
Mo–Fr 9–12 Uhr
Straßenbahn O, 71 (Unteres Belvedere); S1, S2, S2, S15, Bus 77A (Rennweg)
Schweizer Botschaft
III., Prinz-Eugen-Str. 7
Tel. 01/79505/0
Fax 79505/21
Mo–Fr 9–12 Uhr
Straßenbahn D, Bus 4A (Gußhausstraße)

## Einreise

Es genügt ein gültiger Personalausweis oder Reisepaß bei einem Aufenthalt bis zu drei Monaten. Kinder unter 16 Jahren benötigen zumindest einen Kinderausweis oder eine Eintragung im Paß eines Elternteiles.
Tiere wie Katzen oder Hunde benötigen ein tierärztliches Gesundheitszeugnis mit Tollwutimpfnachweis. Die Impfung muß mindestens 30 Tage vor Grenzübertritt erfolgt und darf höchstens ein Jahr alt sein. Vorschriften für andere Tiergattungen erfragen Sie bei den Diplomatischen Vertretungen Österreichs in Ihrem Heimatland.

## Feiertage

1. Jan. Neujahr; 6. Jan. Heilige Drei Könige; Ostermontag; 1. Mai Tag der Arbeit; Christi Himmelfahrt; Pfingstmontag; Fronleichnam; 15. Aug. Mariä Himmelfahrt; 26. Okt. Nationalfeiertag; 1. Nov. Allerheiligen; 8. Dez. Mariä Empfängnis; 25. und 26. Dez. Weihnachten.
Alle Behörden, Museen und Institutionen, die normalerweise sonntags nicht geöffnet sind, sowie alle Geschäfte bleiben an den genannten Tagen geschlossen.

## Geld

Der österreichische *Schilling* (öS) ist in 100 Groschen unterteilt. Banknoten gibt es zu 5 000, 1 000, 500, 50 und 20 öS, Münzen zu 20, 10, 5 und 1 öS sowie zu 50, 10, 5 und 2 Groschen, 1-Groschen-Münzen sind zu Sammelobjekten mutiert – genauso wie die manchmal in Banken und Sparkassen erhältlichen Silbermünzen (zu 25, 50, 100 und 500 öS).
Der Kurs der österreichischen Währung ist fest an den der DM gekoppelt (1 DM = 7 öS, 100 öS = 14,20 DM).
*Geldautomaten* heißen in Österreich »Bankomaten«.
Die Maschinen akzeptieren auch ausländische ec- sowie Kreditkarten (Visa, Master/Eurocard) – freilich gegen eine Gebühr (ec-Karte: 1,75%, mind. 2,50 DM, max. 5 DM. Euro-

**Die genauen Klimadaten von Wien:**

| | Durchschnittliche Temperaturen in °C | | Sonnenstunden pro Tag | Regentage |
|---|---|---|---|---|
| | Tag | Nacht | pro Tag | |
| Januar | 4,4 | – 3,5 | 4,5 | 12 |
| Februar | 4,5 | – 3,7 | 5,9 | 10 |
| März | 9,2 | 0,4 | 6,8 | 12 |
| April | 14,4 | 5,4 | 7,9 | 11 |
| Mai | 20,6 | 11,4 | 8,3 | 11 |
| Juni | 25,4 | 16,6 | 9,5 | 10 |
| Juli | 27,9 | 19,4 | 9,2 | 11 |
| August | 26,9 | 18,9 | 8,4 | 10 |
| September | 23,6 | 15,6 | 7,5 | 9 |
| Oktober | 18,1 | 9,7 | 6,5 | 9 |
| November | 11,7 | 4,2 | 5,4 | 9 |
| Dezember | 5,8 | – 1,7 | 4,3 | 10 |

**Quelle: Deutscher Wetterdienst Offenbach**

card: 2%, mind. 10 DM). Pro Tag und Karte können 5 000 öS (inländische Karten) oder 2500 öS (ausländische Karten) abgehoben werden.

*Kreditkarten* werden von den meisten gehobenen Restaurants und Hotels sowie von vielen Geschäften akzeptiert. Man kann mit ihnen Bahnkarten, Taxifahrten, Theaterkarten und Tiefgaragenplätze bezahlen – nicht aber an Tankstellen.

*Deutsche Postsparbücher* verhelfen auch in Österreich zu Bargeld: max. 1 000 DM in öS pro Abhebung, doch höchstens 2 000 DM in 30 Tagen – in allen Postämtern, jedoch nur bis 17 Uhr.

*Banken und Sparkassen* haben kurze Öffnungszeiten: Mo–Fr

8–12.30 Uhr und 13.30 bis 15, Do bis 17.30 Uhr.
Geld wechseln bzw. Euroschecks einlösen und Bargeldbeträge auf Kreditkarten einlösen können Sie an folgenden Stellen auch außerhalb dieser Zeiten:
**Rieger Bank**
I., Kohlmarkt 5
Mo–Fr 9–19, Sa 9 bis 18, So 9.30–16.30 Uhr
I., Kärntner Str. 16
Tgl. 9–23 Uhr
*Wechselstuben mit längeren Öffnungszeiten:*
**Westbahnhof**
Tgl. 7–22 Uhr
**Südbahnhof**
Mai–Okt. tgl. 6.30–22 Uhr; Nov.–April tgl. 6.30–21 Uhr;
**Flughafen**
Ankunft: tgl. 8.30–23.30 Uhr, Abflug: tgl. 6–21 Uhr
**Österreichisches Verkehrsbüro**
I., Opernpassage/Unterführung vor der Staatsoper
April–Okt. tgl. 9–19 Uhr; Nov.–März Mo–Sa 9–18, So 9–14 Uhr
**Hauptpostamt**
I., Fleischmarkt 19
Hier ist auch der Geldwechselschalter 24 Std. geöffnet.
*Geldwechselautomaten:*
I., Franz-Josefs-Kai 21
I., Graben 21
I., Kärntner Str. 32, 43 und 51
I., Michaelerplatz 3
I., Operngasse 8
I., Schottenring 1
I., Stephansplatz 2
I., Tegetthoffstr. 7
XIII., Schloß Schönbrunn (bei der Wechselstube)

## Klima und Reisezeit

Bedingt durch die geographische Lage (Donautal, Alpenausläufer) ist es in Wien immer windig – angenehm im Sommer, zugig im Winter. Ganzjährig hat das den Vorteil eines größeren Luftaustausches: Wien hat eine bessere Luft, als es – bedingt durch Verkehr, Industrie und Müllverbrennung – verdient.
Die Sommer sind meist heiß und trocken, die Winter kalt und mäßig schneereich, Frühjahr und Herbst wechselhaft – ohne Extreme.
Als optimale Reisezeiten gelten die Monate April–Juni und September–November. Im Sommer sind alle weg, weil die Stadt zu heiß ist – das kulturelle Angebot tendiert dann gegen Null.

## Literatur

Artmann, H.C.: »med ana schwoazzn dintn. gedichta r aus bradnsee«, Salzburg (Otto Müller), 1958
Der Dialektgedichtband aus Wien. Existentielle Lyrik sensationell transkribiert (mit Wörterbuch). Standardwerk.

Doderer, Heimito von: »Die Strudlhofstiege«, München (dtv), 1976
Der große Roman über die Verstrickungen der Wiener Gesellschaft und deren Auflösung. Groß, aber noch lesbar. Standardwerk.

Grieser, Dietmar: »Liebe in Wien. Eine amouröse Por-

Höchste reiterliche Dressurkunst führt die Spanische Hofreitschule dem Pferdekenner vor

trätgalerie«, München (dtv), 1991
Eine Sammlung von Liebesgeschichten, wie sie Dichter in Wien erlebt haben, vom Fin de siècle bis zur Mitte unseres Jahrhunderts. Tod und Liebe, Idyll und Melodram – Wien eben.

Kraus, Karl: »Die letzten Tage der Menschheit«, Frankfurt a. M. (Suhrkamp), 1986 München (dtv), 1964
Das längste Theaterstück der Welt. Unspielbar, ausufernd, bruchstückhaft, entlarvend. Standardwerk.

Magistrat der Stadt Wien (Hrsg.): »Architektur in Wien«, Wien, 1988
Der definitive Architekturführer in Einzelbeispielen.

Parthé, Leo (Hrsg.): »Die schönsten und bekanntesten Wienerlieder«, Wien (Perlen Reihe Nr. 1015), 1994
130 Texte mit Notenrefrainzeilen – alles über das goldene Wienerherz.

Riedl, Joachim: »Das Geniale – das Gemeine. Versuch über Wien«, München (Piper), 1992
Der Journalist philosophiert launisch bis affektiert über Wien. So dürfen nur Wiener über Wien schreiben!

Roth, Gerhard: »Eine Reise in das Innere von Wien« (Die Archive des Schweigens, Band 7), Frankfurt am Main (S. Fischer), 1993
Eine hintergründige Essaysammlung über das, was

Wien im Innersten zusammenhält – oder auseinandertreibt. Über das Gestrige im Heutigen.

Banik-Schweitzer, u.a. (Hrsg.): »Wien wirklich. Der Stadtführer«, Wien (Verlag für Gesellschaftskritik), 1992
Eine umfangreiche Aufsatzsammlung zu verschiedensten, oft unerwarteten Aspekten der Stadt.

## Medizinische Hilfe

Versicherte deutscher Krankenkassen haben nach einem deutsch-österreichischen Abkommen Anspruch auf kostenlose ambulante wie stationäre Behandlung in Österreich (Versichertenausweis). Privatversicherte strecken wie gewohnt die Behandlungskosten vor, um sie von ihrer Kasse erstattet zu bekommen.
Bei Zahnbehandlungen verlangen die meisten Ärzte die Auslage der Kosten.
Informationen gibt es beim Patientenservice der Ärztekammer (Tel. 1771, Mo–Fr 7–19 Uhr) und bei der Wiener Gebietskrankenkasse für Arbeiter und Angestellte (Tel. 60122/0, Mo–Do 8–14, Fr 8–13 Uhr).

## Mehrwertsteuer

Personen ohne Wohnsitz in der EG wird bei Einkäufen über 1000 öS die bezahlte Mehrwertsteuer zurückerstattet. Verlangen Sie beim Einkauf nach dem »Mehrwertsteuerausfuhrformular« (amtl. Bezeichnung: »U 34«), lassen Sie es an der Kasse ausfüllen und bei Ihrer Ausreise aus Österreich vom Zollbeamten abstempeln (die Ware muß bei dieser Gelegenheit unbenutzt vorgezeigt werden). Bei der Einreise in Ihr Heimatland müssen Sie die Waren dann (theoretisch) verzollen. Die Mehrwertsteuer bekommen Sie direkt am Grenzübergang (Straßengrenze, Flughafen Wien, Grenzbahnhof) in den ÖAMTC-Grenzbüros zurück, oder Sie lassen sich die Summe auf Ihr Bankkonto überweisen – das verursacht allerdings extra Kosten.

## Notruf

Apotheker-Bereitschaftsdienst Tel. 1550
Ärzte-Notdienst Tel. 141 (Mo bis Fr 19–7; Sa, So und Feiertag ganztägig)
Ärzteflugambulanz Tel. 401440
Feuerwehr Tel. 122
Polizei Tel. 133
Rettung Tel. 144
Vergiftungsnotruf Tel. 434343
Zahnärztlicher Nacht- und Wochenenddienst Tel. 5122078

## Öffentliche Verkehrsmittel

Das Netz ist dicht und wird laufend ausgebaut (U-Bahn). Alle Verkehrsmittel sind im »Verkehrsverbund Ost-Region« (VOR) zusammengefaßt und sind mit einem Fahrschein benutzbar. Sie können wählen zwischen:

*U-Bahn* (5 Linien. Bezeichnung U + Ziffer). Intervall: 3–8 Min.
*S-Bahn* (9 Linien. Bezeichnung S + Ziffer). Die Wiener sagen »Schnellbahn«. Intervall: 15 bis 50 Min.
*R-Bahn* (24 Linien. Regionalbahnen in die und in der Umgebung Wiens). Intervall: 10 Min. bis 6 Std. (streckenabhängig!)
*Straßenbahn* (35 Linien. Mit Buchstaben bezeichnete Linien fahren tangential zur Stadtmitte, mit Ziffern bezeichnete Bahnen fahren radial, also in und aus dem Zentrum. Die Linien 1 und 2 fahren – in zueinander gegensätzlicher Richtung – immer rund um die Ringstraße). Intervall: 3–15 Min.
*Autobus* (95 Linien. Bezeichnung Ziffer + A: Städtische Busse. Ziffer + B: Privat betriebene Busse. Dreistellige Ziffer: Bundesbusse). Intervall: 3 Min. (Stadtbereich/werktags) bis 1 Std. (Vororte, abends)
*Wiener Lokalbahn* (WLB): Eine Linie zwischen Wien und der Kurstadt Baden. Mittelding zwischen S-Bahn und Straßenbahn, im Volksmund nur »Badner-Bahn« genannt (Abfahrt: Kärntner Ring, vis-à-vis Staatsoper). Intervall 15–30 Min.
*Nachtautobus* (8 Linien. Bezeichnung N + Ziffer.) Verkehren ausschließlich in den Nächten von Fr auf Sa, von Sa auf So sowie in allen Nächten auf einen Feiertag in der Zeit von 0.30 bis 5 Uhr. Abfahrtsort aller Linien: Schwedenplatz. Intervall: 30 Min. Fahrpreis: 25 öS – das einzige öffentliche Verkehrsmittel, das Sie nicht mit VOR-Tickets nutzen können.

**Fahrscheine**
Es gibt sie an folgenden Stellen:
*Automaten* (*an* allen U-, S- und R-Bahnhöfen und *in* allen Straßenbahnen und Bussen)
*Schaffner* (gibt es nur mehr in wenigen Ausnahmefällen in Straßenbahnen zur Hauptverkehrszeit. Größtenteils durch Automaten ersetzt – siehe Aufschrift »schaffnerlos«)
*Fahrer* (in Bussen mit der Bezeichnung B und mit dreistelliger Ziffernbezeichnung)
*Bahnhöfe* der Österreichischen Bundesbahnen (mit der Bezeichnung K, während der Bahnhofsöffnungszeiten)
*Vorverkaufsstellen der Wiener Stadtwerke-Verkehrsbetriebe* (in U-Bahnhöfen, Mo–Fr 6.20 bis 18.30 Uhr an Knotenpunkten, sonst Mo–Mi 6.30–12.30, Do–Fr 12.30–18.30 Uhr)
*Trafiken* (das sind Zeitungskioske mit Tabakwarenverkauf und sehr unterschiedlichen Öffnungszeiten – meist ab 6.30 bis 18 Uhr, oft mit ausgedehnten Mittagspausen, etwa 12.30 bis 15.30 Uhr)
*Postämter* (mit entsprechender Kennzeichnung: »Vorverkaufsstelle ...«)
***Netzkarten***
»24 Stunden Wien«: 50 öS
»72 Stunden Wien«: 135 öS
8-Tage-Umweltstreifennetzkarte (Kernzone an 8 beliebig zu wählenden Tagen): 265 öS

Außerdem gibt es Wochen-, Monats- und Jahreskarten.

**Telefonische Auskünfte:**
Bahnverkehr: 1717 (0–24 Uhr)
Autobusverkehr: 71101 (6–21 Uhr)
Schiffsverkehr (Tonband): 1537
VOR (Verkehrsverbund Ost-Region): 5233000 (Mo–Do 8–16, Fr 8–14.30 Uhr)

**Fahrräder**
Sie dürfen in U- und S-Bahnen Mo–Fr 9–15, Sa ab 9 Uhr, So und Feiertag ganztägig mitgenommen werden. In der U-Bahn nur an den Türen mit Fahrradsymbol (außer U6: dort prinzipiell keine Fahrräder).
Fahrpreis: in der Kernzone ein Halbpreis-Fahrschein, auf allen anderen Strecken eine Fahrrad-Tageskarte (30 öS, mit Umweltticket 15 öS).
*Zuletzt noch ein Tip:* Vergessen Sie das ganze Tarif-, Strecken- und Verkehrsmittelwirrwarr. Kaufen Sie (je nach Dauer Ihrer Anwesenheit) 24-Stunden-, 72-Stunden- oder 8-Tage-Karten – die zahlen sich in jedem Fall aus und ersparen viel Suchen nach Vorverkaufsstellen, Entwertern...

## Post

*Postauskunft:*
Tel. 8921020 (Mo bis Fr 6.30 bis 20.20 Uhr, Sa 7–10 Uhr)
*Postämter* haben Mo–Fr von 7–19 Uhr geöffnet, die Zustellpostämter in den Bezirken (Postleitzahlen enden auf »0«) auch Sa von 7–10, manchmal 8 bis 10 Uhr.
Durchgehend geöffnet sind:
**Hauptpostamt**
I., Fleischmarkt 19
U1, U4, Straßenbahn N, 21, 1, 2, Bus 2A, Nachtbus N1–N8 (Schwedenplatz)
**Postamt Westbahnhof**
XV., Europaplatz
U3, S3, S15, S50, Straßenbahn 5, 6, 9, 18, 52, 58, Bus 57A (Westbahnhof)
**Postamt Südbahnhof**
X., Wiedner Gürtel
U1 (Südtiroler Platz); S60, S80, Straßenbahn D, 18, Bus 13A, 69A (Südbahnhof)
**Postamt Franz-Josefs-Bahnhof**
IX., Althanstr. 35–37
S40, Straßenbahn 5, D, Bus 37A (Franz-Josefs-Bahnhof)
**Flughafen**
Tgl. 7.30–20 Uhr
*Postlagernde Sendungen* lassen Sie sich am besten zur Hauptpost schicken (Postanschrift: A-1011 Wien, hauptpostlagernd). Dorthin können Sie sich auch *Faxe* postlagernd zusenden lassen (Fax 0043/1/5353518).
*Postgebühren ins europäische Ausland:*
Karte: 6 öS
Brief bis 20 g: 7 öS
Brief 20–50 g: 14 öS
Eilbotenzuschlag: 30 öS
Telegramm: 7,30 öS/Wort (mindestens 7 Wörter)
Einschreibegebühr: 20 öS
Päckchen bis 100 g: 12 öS
Päckchen bis 250 g: 20 öS

O
P

*Postleitzahlen* zu Wiener Adressen verraten immer den dazugehörigen Bezirk: Die erste Ziffer der vierstelligen Zahl ist immer 1 = Wien. Die zweite und dritte Ziffer stehen für die Nummer des Bezirkes, die vierte Ziffer steht für die des Zustellpostamtes (Beispiel: 1164 = XVI. Bezirk, Postamt Nr. 4, 1013 = I. Bezirk, Postamt Nr. 3).
*Telegrammaufgabe:*
Per Telefon: 190
Per Fax: 0229042

## Radio und Fernsehen

Der Österreichische Rundfunk (ORF) strahlt in Wien sieben Programme aus:
**Fernsehen**
ORF 1: Unterhaltungslastiges Vollprogramm (Nachrichten »Zeit im Bild« 19.30 Uhr)
ORF 2: Informations- und kulturlastiges Vollprogramm (Nachrichten 19.30 und 22.00 Uhr)

**Radio**
Ö1: Alte und neue E-Musik, Kultur, Politik – FM 92,0
ÖR: Volksmusik, Schlager, Unterhaltung – FM 95,3
Radio Wien: Lokalberichte, U-Musik, Unterhaltung – FM 89,9
Blue Danube Radio: In englischer Sprache. U-Musik, Unterhaltung, Information (Nachrichten in englisch und französisch) – FM 102,5
Ö3: U-Musik, Pop, Information (zu jeder vollen Stunde Nachrichten, Straßenzustand, Wetter) – FM 99,9

Eine *private Radiostation* ist in Wien über Antenne zu empfangen.

## Sport

**Golf**
**City & Country Golfclub am Wienerberg**
X., Gutheil-Schoder-Gasse 9
Tel. 66123/0
Lokalbahn (Gutheil-Schoder-Gasse); Bus 16 A, 65 A (Budokan-Center)
Populär.
**Golf-Club Wien**
II., Freudenau 65 a
Tel. 7289564/0
Bus 77 A (Gärtnerstraße)
Sehr edel. Mitten im »Grünen Prater«. Restaurant.

**Radfahren**
***Information:***
Die Broschüre »Wien vom Sattel aus entdecken« listet alle Verleihe, Radwege und Servicestellen auf (gratis bei der *Tourist-Information* → Auskunft).
***Fahrradbüro:***
IV., Frankenberggasse 11
Tel. 5058435
Mo–Fr 14–18 Uhr

**Reiten**
**Reitstall St. Leopold**
Strandbadstraße 4–6
Klosterneuburg
Tel. 02243/7492
S40 (Klosterneuburg-Kierling); Bus 242 (Freizeitzentrum)
Dressur, Springen, Ausritte. Viereck, Halle. In den Donauauen. Vom Stadtzentrum 1 Std.

mit öffentlichen Verkehrsmitteln, 30 Min. mit dem Auto.

**Reiterclub Prater**
Reitschule Sylvia Kühnert
II., Dammhaufen 62
Tel. 728 13 35
Bus 77 A (Lusthaus); Bus 80 B (Firma Elan)
Dressur, Springen, Ausritte. Viereck, Halle.

**Schwimmen**
***Im Freien:***

**Dechantlacke**
Bus 91 A (Roter Hiasl), dann 15 Min. zu Fuß durch die Au (der Beschilderung folgen)
Naturbelassenes Gewässer in den Donauauen (Lobau). FKK. Kein Eintritt.

**Gänsehäufel**
XXII., Moissigasse 21
Tel. 23 53 92
U 1 (Kaisermühlen/Internationales Zentrum Wien, von dort 20 Min. Fußweg entlang der Alten Donau); Bus 90 A, 91 A, 92 A (Gänsehäufel)
Das größte Bad Wiens. Insel in der Alten Donau. Schlechte Wasserqualität am Naturstrand. Wellenbad. FKK-Bereich. Restaurant und Buffets.

**Krapfenwaldbad**
XIX., Krapfenwaldgasse 73
Tel. 32 15 01/0
Bus 38 A (Wagenwiese)
Oben ohne, am Rand des Wienerwaldes. Tummelplatz eleganter Nobelbezirks-Jugend (oder solcher, die sich dafür hält). Schöne Aussicht.

**Neue Donau/Donauinsel**
*Nordteil:* Straßenbahn 31, 32 (Floridsdorfer Brücke/Donauinsel)
*Mittelteil:* U 1 (Donauinsel)
*Südteil:* S80 (Lobau)
Längster Freibadestrand Wiens (Donau-Entlastungsgerinne) am Ostufer der Neuen Donau bzw. am Ostufer der Insel. Trotz schlechter Wasserqualität überfüllt. Viele Sportangebote (Surfen, Wasserski, Radverleih, Kletterzentrum, Rudern, Kajak). FKK-Bereich am Südende der Insel. Unzählige Restaurants, Imbißbuden, Bars, Diskotheken.

**Neuwaldegger Bad**
XVII., Promenadengasse 58
Tel. 489 39 78
Straßenbahn 43 (Endstation Neuwaldegg)
1. Mai–15. Sept. tgl. 9 bis 18.30 Uhr; Sauna ganzjährig Do 16–22, Fr 17–22, Sa 10 bis 16 Uhr. Mo und Di geschlossene Runden und nach Vereinbarung. Gemischt oder getrennt, »wie es sich ergibt«.
*Eintritt Bad:* ab 9 Uhr Kabine 144 öS, Schließfach 102 öS; ab 13 Uhr 115/73 öS; ab 16 Uhr 92/50 öS. Kinder bis 1,30 m Körpergröße 42 öS
*Sauna:* 183 öS, 10er Block 161 öS, in geschlossenen Runden (Vorausbuchung!) 225 öS
Das schönste Bad Wiens, das einzige Privatbad. Fast schon im Wienerwald. Alte Holzgebäude, Sauna, Restaurant. Die Tickets kosten 3–4mal soviel wie in den städtischen Bädern, sind jedoch wegen Ruhe, Stimmung und Ambiente ihr Geld wert.

*In der Halle:*

**Amalienbad**
X., Reumannplatz 23
Tel. 60112/0
U1, Straßenbahn 6, 67, Bus 7A, 14A, 65A, 66A, 67A, 68A (Reumannplatz)
Das einzige Art-déco-Bad in Wien. Besonders die Sauna ist sehenswert!

**Dianabad**
II., Lilienbrunngasse 7–9
Tel. 262516/0
U1, U4, Straßenbahn 1, 2, Bus 2A (Schwedenplatz); Straßenbahn N, 21 (Marienbrücke); Bus 5A (Karmeliterplatz)
Das am zentralsten gelegene Bad. Wellenbad. Sauna, Dampfbad.

**Kurzentrum Oberlaa**
X., Kurbadstr. 10
Tel. 681611/0
Straßenbahn 67 (Endstation Kurzentrum Oberlaa)
Das einzige Thermalbad Wiens (36° C). Mehr Planschen als Schwimmen. Mit Außenbecken (auch im Winter), Unterwassermassage, Sauna, Eukalyptusstube.

**Stadthallenbad**
XV., Vogelweidplatz 15 (in der Stadthalle)
Tel. 98100/0
U6 (Burggasse/Stadthalle); U3 (Schweglerstraße); Straßenbahn 9, 49 (Hackengasse); U6, 18 (Urban-Loritz-Platz); Bus 48A (Lugner City)
Das Hallenbad für Schwimmer: 50-m-Becken, Sprungtürme, Trainingsbecken. Wettkampfatmosphäre.

**Öffnungszeiten**
Stets wechselnd.
*Freibäder:* Mai bis Sept. ca. 8 bis 20 Uhr
*Hallenbäder:* 8–21 Uhr, oft Mo geschl., dafür ein Wochentag bis 22 Uhr oder länger.
*Auskünfte:* Tel. 1535 (Tonband)

## Stadtrundfahrten und Spaziergänge

**Rundfahrten mit Autobussen**
Die Vienna Sightseeing Tours veranstalten alles von der »Großen Stadtrundfahrt« (3 Std./320 öS) bis zur »Wiener Serenade mit Grinzing« (Walzer-Riesenrad-Abendessen – 4 Std./720 öS). Ebenfalls im Programm: Bustouren ins Burgenland, nach Salzburg, Budapest, Prag sowie individuelle Stadtrundfahrten im Kleinbus.
Abfahrtsorte u.a.: Kärntner Ring/vis-à-vis Staatsoper, Schwarzenbergplatz, City Air Terminal/Vordere Zollamtsstraße. Buchungen übernimmt jedes Hotel oder Reisebüro, Sie können aber auch direkt buchen.
Das Konkurrenzunternehmen Cityrama Vienna verspricht ähnliche Dienste.

**Vienna Sightseeing Tours**
III., Stelzhamergasse 4/11
Tel. 7124683/0
Fax 7124683/77
Tgl. 6.30–22 Uhr

**Cityrama Vienna**
I., Börsegasse 1
Tel. 01/5341312
Fax 5341322 oder 5341328

**Wiener Spaziergänge**
veranstaltet die Tourist-Information der Wiener Stadtverwaltung. In Gruppen zwischen 3 und 25 Personen werden Teile der Stadt jeweils unter einem besonderen Gesichtspunkt erwandert – sicherlich der intelligentere Weg, die Stadt wirklich kennenzulernen. Das Angebot umfaßt so unterschiedliche Themen wie »Sigmund Freud und das jüdische Wien der Jahrhundertwende«, »Wiener Dach-Landschaften«, »Unbekanntes unterirdisches Wien«, »Magie und Erotik am Kaiserhof« oder »Wien um 1900: Textil-, Glas- und Möbeldesign bei Backhausen, Lobmeyr und Thonet«. Die Führungen dauern in der Regel 90 Min., finden bei jedem Wetter statt und starten je nach Thematik an verschiedenen Orten. Es gibt jeden Tag mehrere Angebote – das monatliche Programm ist in allen Büros der *Tourist-Information* (→ Auskunft) erhältlich.
Reservierung der Teilnahme ist nicht nötig. Preis: Erw. 110 öS, Kinder unter 18 Jahren 60 öS
Wie wäre es anschließend mit einer Rundfahrt mit dem Fiaker?

**Kritische Führungen**
Mit dem Bus, öffentlichen Verkehrsmitteln oder zu Fuß veranstaltet die *Stattwerkstatt* Führungen in kleinen Gruppen (»Verein zur Vermittlung des wirklichen Wien«). Die erfolgreichste Führung des Vereins heißt »Traum und Wirklichkeit« und berührt die Schwerpunkte des Wiener Jugendstils ebenso wie die Stätten des »Roten Wien« der 20er und 30er Jahre. Andere Führungen machen die Besucher der Stadt mit deren Nazi-Vergangenheit oder dem gründerzeitlichen Bauboom der Vorstädte bekannt – und nicht nur Besucher, auch interessierte Wiener sind in den Gruppen anzutreffen, in denen sich so manches interessante Gespräch ergeben kann.
Anmeldungen tätigen Sie im:
**Reisebuchladen**
IX., Kolingasse 6
Tel. 3 17 33 84
U2, U4, Straßenbahn 37, 38, 40, 41, 42, 43, 44, 1, 2, D (Schottentor/Universität); Straßenbahn 31, 32 (Schottenring); Bus 40 A (Börse)
Hier (Börse) ist auch der Treffpunkt für die Führungen.
Dauer: 3–4 Std.
Preis: 280–320 öS/Person (Gruppenermäßigungen!)

## Taxi

Taxis sind nicht durch eine spezielle Farbe, aber durch das Dachschild »Taxi« gekennzeichnet. Telefonisch kann man sie vom nächsten Standplatz rufen (das erspart die Anfahrtskosten – Rufnummern im Telefonbuch, Band R–Z, 3. Umschlagseite) oder über einen der zahlreichen Funkdienste (Anfahrtszeit meist 3–7 Min., bei Schlechtwetter während der Hauptverkehrszeit 2–3mal so lange):

Wien hat so manche stillen Winkel … Die Ruprechtskirche gehört wohl mit zu den ältesten Gebäuden der Stadt

**Funktaxirufnummern**
Tel. 31300
Tel. 40100
Tel. 60160
Tel. 81400
Tel. 91011

## Telefon

*Telefonzellen* akzeptieren Münzen zu 1, 5, 10 öS oder Telefonwertkarten (zu 50, 100, 200 öS), die in Postämtern und Trafiken (Tabak- und Zeitungskiosken) erhältlich sind. Manche alten Münztelefone verfügen noch über eine rote »Zahltaste« – sie muß kurz nach Zustandekommen einer Verbindung kurz gedrückt werden, sonst wird das Gespräch wieder unterbrochen. *Ortsgespräche* kosten mindestens 2 öS. *Ferngespräche* nach Deutschland kosten zum Normaltarif 8,67 öS pro Minute (Mo–Fr 8–18 Uhr), zum Sondertarif 6,67 öS (restliche Zeit).

**Telefonauskunft**
Inland: 1611
Deutschland: 1612
Europäische Länder (ohne Deutschland): 1613
Außereuropäische Länder: 1614

**Telefonkarten-Zugangsnummern**
Für diejenigen, die bei internationalen Gesprächen aus Hotelzimmern zwecks Vermeidung hoher Gesprächsgebühren der Hotels ihre eigenen Telefonkarten benutzen, hier die wichtig-

sten Telefongesellschaften für Österreich:
Deutschland Direkt: 0660/8555
Sprint: 022/903014
AT&T: 022/903011

### Vorwahlen

Ortskennzahl Wien: 1 (international), 01 oder 0222 (national)
Von Österreich nach Deutschland: 0049 + Ortskennzahl (ohne 0) + Nummer
Von Österreich in die Schweiz: 0041 + Ortskennzahl (ohne 0) + Nummer
Von Deutschland nach Österreich: 0043 + Ortskennzahl (ohne 0) + Nummer
Von der Schweiz nach Österreich: 0043 + Ortskennzahl (ohne 0) + Nummer

## Trinkgeld

Die mageren Gehälter im Dienstleistungsgewerbe sind auf dieses Zubrot hin ausgelegt. Das bedeutet: Wer kein Trinkgeld gibt, gilt als Schnorrer, Geizhals, Rüpel etc. und wird entsprechend behandelt. Man gibt in der Regel 10 % der Rechnungssumme.

## Zeitungen und Zeitschriften

*Tageszeitungen:*
»Der Standard«: Liberale Qualitätszeitung
»Die Presse«: Konservative Qualitätszeitung
»Kronen-Zeitung«: Populistischer Boulevard
»Kurier«: Konservativer Boulevard
»Täglich Alles«: Allertiefster Boulevard
*Nachrichtenmagazine:*
»News«: Mischung aus Nachrichten und Yellow-Press
»Profil«: Liberales Magazin
*Zeitschriften:*
»Diva«: Zeitgeist für Frauen (monatlich)
»Trend«: Wirtschaftsmagazin (monatlich)
»Wiener«: Sensationsjournalismus (monatlich)
»Wienerin«: Sensationsjournalismus für Frauen (monatlich)
*Stadtzeitungen:*
»City«: Schmal und serviceorientiert (wöchentlich)
»Falter«: Umfassend, kritisch (wöchentlich)
Zeitungen liegen auch in den Kaffeehäusern aus.

## Zoll

Von und nach Österreich können folgende Warenmengen frei ein- oder ausgeführt werden: 200 Zigaretten oder 100 Zigarollos oder 50 Zigarren oder 250 g Tabak, 1 l Spirituosen oder 2 l Likör und 2 l Wein, (für die Schweiz jedoch abweichend 2 l alkoholische Getränke einschließlich Wein bis 15 % Alkohol- oder 1 l mit höherem Alkoholgehalt), 50 g Parfüm oder 0,25 l Eau de Toilette.

## Register

Hier finden Sie die in diesem Band beschriebenen Sehenswürdigkeiten und Ausflugsziele sowie wichtige Stichworte und Persönlichkeiten. Wird ein Begriff mehrfach aufgeführt, verweist die **fett** gedruckte Zahl auf die Hauptnennung. Die Buchstaben-Zahlen-Kombinationen verweisen auf die Planquadrate der Karten in der vorderen Umschlagklappe. *Kursive* Zahlen beziehen sich auf Abbildungen.

M = Der gute Tip von MERIAN

## Der Autor dieses Buches

**Lukas Lessing** wurde am 25. Dezember 1959 in Wien geboren; dort Studium der Germanistik und Publizistik.
Er lebt seit 1986 in Deutschland, zuerst in München und Hamburg, seit 1992 in Berlin.
Lukas Lessing arbeitet als freier Journalist und Autor. Veröffentlicht Reportagen, Porträts und Kulturberichte in der Weltwoche (Zürich), in den Magazinen von Süddeutscher Zeitung (München) und Tagesanzeiger (Zürich), im Spiegel (Hamburg) und im Profil (Wien), außerdem Reiseberichte in GeoSaison und GeoSpecial (Hamburg) sowie in ADAC Special (München).

## Fotonachweis

Bondzio, Bodo 42/43, 132
Hartmann, Herbert 6/7, 8, 10, 12, 14, 20, 30, 38, 39, 44, 45, 62, 68, 69, 73, 74, 82, 99, 107, 112, 125, 137, 148, 164, 169, 176, 180, 182, 186, 189, 190, 191, 195, 198, 208, 212/213, 214, 224
Jung, Gerold 129, 145
Radkai, Marton 5, 18, 19, 21, 22/23, 24, 25, 34, 37, 48, 49, 55, 91, 100, 108, 114, 117, 142, 153, 157, 173, 187, 192/193, 194, 204, 205, 211, 232